MANTOCO

... und morgen die ganze Welt!

Für Horst,
unseren lieben Vater und Schwiegervater

Thomas Lehn & Constanze Kühnel

(Texte)   (Fotografien)

MANTOCO

… und morgen die ganze Welt!

Der Beginn unserer Lebensreise
Ein Jahr unterwegs im Nahen und Mittleren Osten

Engelsdorfer Verlag
Leipzig
2015

Bibliografische Information durch die Deutsche Nationalbibliothek:

Die Deutsche Nationalbibliothek verzeichnet diese Publikation in der Deutschen Nationalbibliografie;
detaillierte bibliografische Daten sind im Internet über http://dnb.dnb.de abrufbar.

ISBN 978-3-95744-928-3

Druck und Bindung STANDARTŲ SPAUSTUVĖ - Vilnius, Litauen (EU)

Gesamtherstellung in Leipzig, Germany (EU)
www.engelsdorfer-verlag.de

24,90 Euro (D)

Thomas Lehn, Jahrgang 1959, gelernter Kaufmann, war schon früh in seinem Leben dem Reisevirus verfallen. Mit wenig Geld, alten Fahrzeugen, aber viel Enthusiasmus machte er sich in jungen Jahren auf, die während eines verlängerten Jahresurlaubs zu erreichenden Regionen in Afrika und Asien zu erkunden. Inmitten der Sahara fasste er dann eines Tages den Entschluss, spätestens mit Mitte 50 dem geregelten Leben in Deutschland adieu sagen zu wollen, um nur noch auf dieser Welt unterwegs zu sein.

Constanze Kühnel, Jahrgang 1972, Optikerin und ambitionierte Fotografin, entdeckte während einer ersten Reise ins südliche Afrika ihre Begeisterung für das Fremde da draußen. Diese Begeisterung ging sogar so weit, dass ihr Plan, nach Namibia auszuwandern, später bereits konkrete Formen angenommen hatte, bevor das Schicksal beider Lebenswege kreuzen ließ.

Namibia, im Jahre 2009, Sonnenuntergang an der Sitzkoppe. Die beiden spürten, dass es so weit war, das inzwischen gemeinsame Leben auf den Kopf zu stellen. Zurück in Deutschland, verdichtete sich der Wunsch zur Realität, und nach nur knapp drei Jahren der Planung waren sie bereit für ihren Lebenstraum.

Das gesamte Hab und Gut wurde verkauft, die einträglichen Jobs gekündigt und der Umzug in „Manni", einem Expeditions-Lkw mit knapp zehn Tonnen Gewicht, vollzogen.

Und dann begann ihre Lebensreise …

Genau ein Jahr sind sie nun unterwegs, 33.000 Kilometer führten sie durch 18 Länder, u. a. besuchten sie Albanien, die Türkei, Georgien und Armenien, den Iran, Oman oder auch Saudi-Arabien. Doch dass nicht alles nur eitel Sonnenschein ist im Leben, mussten sie mit dem plötzlichen Tod des Vaters und Schwiegervaters leidvoll erfahren und ihre Lebensreise für ein Jahr unterbrechen.

Dieses Buch beschreibt das erste Jahr der beiden Globetrotter, die sich konsequent dafür entschieden haben, ein anderes Leben, ein Leben auf Achse zu führen.

INHALT

„Manni"

„Sieh mal, was ich hier gefunden habe!" Beim fast schon täglichen Surfen durch das Netz auf der Suche nach interessanten Angeboten zu einem für uns passenden Fahrzeugs entdeckte ich auf der Homepage eines Expeditionsmobilherstellers eine spannende Verkaufsanzeige. „Schau doch mal, es ist genau unser Wunschfahrzeug als Basis-Lkw, ein MAN LE 10.220, mit gerade mal 11.000 km auf der Scheibe. Und sieh mal, der Koffer hat genau unsere geplanten Ausmaße!" Meine Begeisterung über das soeben Entdeckte entlockte Conny eher überschaubare Emotionen: „Aber in Silber ..."
Frauen!

Doch als wir die Fotos der Innenraumgestaltung im Detail betrachteten, da konnten wir es beide kaum fassen – der gesamte Grundriss des Wohnkoffers entsprach nahezu übereinstimmend unseren bisherigen Zeichnungen. Wir waren plötzlich hellwach! „Was soll der Spaß denn kosten?" – „Keine Ahnung, das steht beim Angebot nicht dabei." – „Oh je, dann kann ich es mir schon vorstellen, wahrscheinlich unbezahlbar ..." Unser bisher geplantes Budget war zwar nach den ersten Verhandlungen über Basisfahrzeuge und Kofferausbauten schon ziemlich schnell irgendwo zwischen Emotion und Ratio verloren gegangen, doch jetzt schienen sich neue Grenzen zum Sprengen anzubieten. Und so war es dann auch. Ein erstes Angebot per E-Mail lag weit über unseren Möglichkeiten, vor allem, nachdem wir erkannten, dass das angebotene Fahrzeug für uns ja noch mit vielen notwendigen Ergänzungen versehen werden musste. Also legten wir den geplatzten Traum im Ordner unter „Expeditionsmobil, Angebote" virtuell ab und vergaßen die ganze Sache.
Monate später, wir hatten bereits einen passenden Basis-Lkw gefunden, den Kauf für kommendes Frühjahr zugesagt und auch die Verhandlungen bezüglich des Ausbaus unseres Wunschkoffers waren in der Endphase und die Verträge mit dem Anbieter unterschriftsreif, kramte ich nochmals die damalige Anzeige samt Angebot aus den Tiefen meines Laptops hervor und wagte einen finalen Versuch. Erstaunlicherweise kam Bewegung in die Sache. Zwar noch nicht so viel, dass es zu einer Einigung hätte kommen können, doch zumindest schien nun ein Besuch vor Ort angebracht. Schon beim Betreten des Koffers wusste ich, dass ich ihn haben wollte. Er war in meinen Augen einfach perfekt, genau unser Stil, unsere eigenen Ideen schienen umgesetzt und das Wichtigste – er war fertig! Wieder zu Hause begann ein Verhandlungsmarathon per Mail und Telefon, Conny erklärte mich für verrückt ob des anvisierten Preises, doch ich war nun nicht mehr zu stoppen. Drei Tage vor Weihnachten 2009 fuhren wir gemeinsam zu Actionmobil nach Saalfelden und machten per Handschlag alles klar.
Jetzt waren wir zu dritt ...

Unser zukünftiges Zuhause

Die Erfahrungen vergangener Reisen und die gestiegenen Ansprüche mit zunehmendem Alter hatten uns nach einigen Monaten des Sondierens die Entscheidung treffen lassen, einen Lkw als Basisfahrzeug für unser mobiles Heim zu wählen. Und als sich dann per Zufall der nahezu fertig ausgebaute Expeditions-Truck, dessen Innenleben exakt unseren Plänen entsprach, anbot, war es um uns geschehen. Jegliche Überlegungen seitens verfügbarer Budgets wurden großzügig vom Tisch gefegt, Rationelles hatte gegen die Wucht des Emotionalen nicht den Hauch einer Chance. Nach harten und erfolgreichen Verhandlungen hatten wir nun also ein neues Zuhause.

Es ist ein MAN LE 10.220, zum Zeitpunkt des Kaufs erst acht Jahre alt, mit kaum Fahrleistung, robusten Geländereifen, permanentem Allradantrieb und drei zuschaltbaren Differenzialsperren. Zwei große Tanks mit insgesamt 700 Litern Fassungsvermögen für Diesel, zwei separate Wassertanks mit einer entsprechenden Filteranlage für rund 450 Liter Frischwasser und 400 Watt Solar auf dem Dach sorgen für die nötige Unabhängigkeit unterwegs. Die Wohnkabine ist vom Branchenführer in Saalfelden konzipiert und gebaut worden, ausgestattet mit einem kuscheligen Bett, einer bequemen Sitzecke, einer praktischen Küchenzeile samt Kühlschrank, Backofen, Gasherd und Tiefkühltruhe, einer großzügig dimensionierten Sanitärzelle samt Toilette mit Wasserspülung, Dusche und Waschbecken, Fußbodenheizung, hochwertigen Hartglasfenstern und endlos vielen Stauräumen für das Alltägliche. Wir montierten noch zusätzlich ein Dachzelt für die Nächte im Freien, Sandbleche, Hebekissen, Ersatzreifen und tausend andere Dinge, die wir unterwegs benötigen würden, fanden schlussendlich ihren Platz. Und dann war er eines Tages reisefertig …

Wir nennen ihn „Manni".

Knapp zehn Tonnen Lebendgewicht transportieren in Zukunft alles, was wir besitzen, vor allem jedoch unsere Träume und Pläne. Ausgestattet mit allem Wichtigen und dem das tagtägliche Unterwegs angenehm Machenden, konnten wir es nun kaum erwarten, unser Leben nachhaltig zu verändern.

Wir werden „Trucker"

So, jetzt waren wir also stolze Besitzer eines Lkw. In einem halben Jahr wollten wir ihn abholen, ergänzt mit allen Wünschen, die wir noch in Auftrag gegeben hatten. Doch das mit dem Abholen war so eine Sache, denn dazu brauchte es einen Lkw-Führerschein. Und den hatten wir beide nicht. Also ab auf die Schulbank, zwischen siebzehnjährige Fahranfänger, und schnell den Schein gemacht.

Erste Hürde souverän genommen …

Nach der Abholung stellte sich allerdings schnell heraus, dass wir vom Leben und Empfinden eines Lkws nicht viel wussten. Ehrlich gesagt, eigentlich gar nichts. Doch wir hatten wieder mal unverschämtes Glück, wir lernten Hans, genannt „Wombi", kennen, der nicht weit von uns zu Hause als Lkw-Mechaniker-Meister freie Hand in der Werkstatt seines Arbeitgebers hatte, selbst einen Expeditions-Lkw sein Eigen nannte und darüber hinaus die treibende Kraft einer Allrad-Lkw-Gemeinschaft im Süden Bayerns war.

Ich ging also bei Hans in die Lehre, sooft es unser beider Zeit zuließ, und fing an, „Manni" besser zu verstehen. Hans ist ein Pfundskerl, unglaublich geduldig mit Krawattenträgern wie mir und sehr nachsichtig bei offensichtlicher Begriffsstutzigkeit und handwerklicher Unzulänglichkeit. Nach zwei Jahren unter seinen Fittichen war ich dann nicht mehr ganz so unbeholfen wie zu Beginn unseres Truckerdaseins.

So nach und nach lernten wir dann auch, eine Reifenkarkasse von der Felge zu nehmen, ohne uns vom Sprengring köpfen zu lassen, finden jetzt zielsicher die gut versteckten Schmiernippel, die regelmäßig nach Fett verlangen, und erledigen pflichtbewusst die immer wieder anstehenden Wartungsarbeiten.

Es konnte also losgehen …

Wie alles begann

Als sich unsere Lebenswege kreuzten, sortierte ich gerade die Trümmer meiner zweiten Ehe und Conny war im Begriff, nach Namibia auszuwandern. Die Startzeichen für eine gemeinsame Zukunft waren also nicht eben vielversprechend. Doch wie das Leben halt so spielt, aus Namibia wurde Oberbayern und die Trümmer wurden erst mal unter den berühmten Teppich gekehrt.

Überraschenderweise erkannten wir sehr schnell, dass uns eine entscheidende, gemeinsame Leidenschaft zu eigen war, nämlich die des Reisens. In den nun folgenden Jahren kristallisierte sich, sofern dies in den knapp bemessenen Urlaubswochen überhaupt möglich war, sehr klar heraus, wie wir uns dieses Reisen vorstellen würden. Und so kamen wir nach und nach mit logischer Konsequenz zu dem Ergebnis, unsere bisherige Lebensform aufzugeben und eine ganz neue Art des Lebens anzugehen.

Doch so einfach ist das nicht, wenn man Verantwortlichkeiten gegenüber Menschen, die einem wichtig sind, ernst nimmt und die sich auch berechtigterweise darauf verlassen. Im Lauf der Zeit entspannten sich diese Hürden allerdings und stellten sich unseren Plänen nicht mehr als Hindernisse in den Weg. Verstehen konnte man uns jedoch nicht so recht, denn das Denken der Menschen in unserem Umfeld war weiterhin von der Meinung bestimmt, dass es doch wohl sehr gewagt sei, alles aufzugeben, was man so habe. Dass es sich dabei in erster Linie nur um materielle Werte handelt und wir dafür die grenzenlose Weite der Welt dazugewinnen würden, das war dann doch sehr schwer glaubhaft zu vermitteln. Denn all das, was ein Mensch sich in einem arbeitsreichen Leben so anschafft, wollten wir nun drangeben für einen Lkw mit zwölf Quadratmeter Wohn- und Nutzfläche.

Dass wir es wirklich ernst meinten erkannten die Menschen um uns herum schlussendlich daran, dass eines schönen Tages unser zukünftiges, mobiles Heim vor unserer Tür stand, Arbeits- und Mietverträge aufgekündigt wurden und alles bewegliche Inventar mittels elektronischer Verkaufsplattformen den Besitzer wechselte. Ungläubiges Kopfschütteln wich also so langsam bewunderndem Respekt ob des Muts, Träume in Taten umzusetzen.

Das neue Leben beginnt

10 – 9 – 8 … In unaufhaltsamen Schritten hetzte uns der Countdown, die anfangs endlos erschienenen 1.000 Tage bis zum Start waren schneller als gedacht zerronnen zwischen Planung und Traum. In unglaublich kurzen drei Jahren war es uns gelungen, alles zu regeln, was zu regeln war. Und nun war es tatsächlich so weit – wir zogen in unseren „Manni" um!

7 – 6 – 5 … Die letzten Tage hausten wir mehr, als dass wir noch wohnten, in unserer nur mehr rudimentär möblierten Wohnung. Geschlafen wurde auf dem Boden (das Bett war bereits weg), auch alle anderen Möbel hatten schon neue Besitzer gefunden. Zwischen Kisten und Tüten versuchten wir, nicht den Überblick zu verlieren, was verladen und was noch verkauft oder verschenkt werden musste.

4 – 3 – 2 … Der Behördenmarathon war gewonnen, unsere Körper verarbeiteten noch größere Mengen von Impfstoffen, die uns hoffentlich vor allen Versuchen, uns gesundheitlich angreifen zu wollen, schützen würden. „Manni" war gepackt, die Wohnung leer – wir zogen um! Noch standen wir bei uns auf dem Hof, aber wir scharrten schon …

1 – „Und tschüss!" Unsere neue Adresse: Welt! Pünktlich zu Connys rundem Geburtstag saßen wir im „Manni" und köpften eine Flasche Sekt. Was für ein Geburtstagsfest …

Die letzten beiden Monate waren zeitweise etwas grenzwertig. Conny hatte bis zum letzten Tag noch gearbeitet (ist ja noch jung und belastbar …), während ich mich ganz easy bei all meinen Geschäftspartnern verabschiede-te. Zwischendurch „Ämterhopping" – ummelden, abmelden, anmelden, kündigen, beantragen, abholen, bestätigen, beglaubigen, unterschreiben – und zahlen … Jeder Zettel, jedes Dokument, jede Bestätigung kostete Geld, ein kleiner Vorgeschmack auf Afrika? Bakschisch auf Deutsch – „Gebührenverordnung" –

wieder was gelernt (Reisen bildet ja bekanntlich …). Jetzt hatten wir einen ganzen Ordner voll mit wichtigen Zetteln, damit wir auch ja nicht vergessen, wer wir sind. Unsere Oberarme sahen aus wie die von den Junkies in Goa, doch jetzt waren wir geschützt gegen jegliche Infektion. Allein das „Reisefieber" lässt sich Gott sei Dank nicht wegimpfen. Auch anspruchsvollste Hürden wurden lässig genommen (erhebliche Reduzierung eines weiblichen Schuhschranks), sämtliche Sportgeräte (Bikes, Tourenski, Rucksäcke, Kletterseile, Alpinequipement, Taucherbrille, Yogamatten) füllten „Mannis" Stauraum im Heck unaufhaltsam. Unsere gut gefüllten Kleiderschränke erlebten dafür eine gnadenlose Altkleidercontainerumlagerung. Nie wieder Krawatte! Zuletzt kämpften wir noch mit Connys Palette Haselnusscremeaufstrich, dann war auch unser Survivalpackage komplett. Unser Weinkeller war bereits ebenso gut sortiert wie vormals zu Hause – alle geheimen Zwischenböden nach den verschiedenen Jahrgängen sortiert – und hält so den strengen, arabischen Kontrollen hoffentlich stand. Das Bett wurde frisch überzogen, der Kühlschrank bestückt, das Navi auf „Irgendwo" eingenordet, und das mit dem Dauergrinsen im Gesicht würde sich sicher auch irgendwann wieder geben …

Wir sagten: „Macht's gut, liebe Freunde", und ab diesem Moment fingen wir an, unsere Grenzen zu verschieben. Die darauffolgenden vier Wochen waren wir noch in der Umgebung unterwegs, ließen uns von unseren Familien und Freunden gnadenlos durchfüttern, aber am 1. Mai, da ging es dann so richtig los, endgültig!

Unserer eigentlichen Weltreise hatten wir quasi einen Prolog vorangestellt, ein volles Jahr unter dem Motto „Wir üben Weltreise". Wir wollten uns die Option erhalten, nach einer ersten Runde noch einmal mit „Manni" nach Deutschland zurückzukommen, neue Reifen aufzuziehen und einen abschließenden Fahrzeugcheck zu machen, um dann endgültig in Richtung Afrika loszuziehen.

Und dann waren wir weg …

Unsere Reiseroute – 18 Länder, 33.000 Kilometer, ein Jahr …

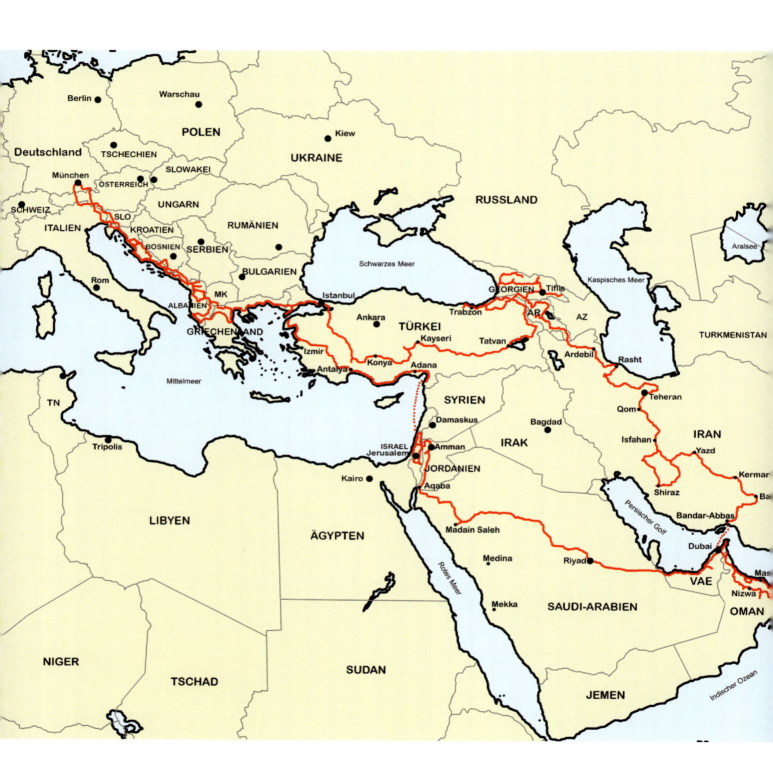

Die ersten Tage auf Achse

„Es geht los!"

Am 1. Mai 2012, morgens um neun Uhr, starten wir unseren „Manni", grinsen uns an und rollen bei unseren Freunden in Wielenbach vom Hof. Es fühlt sich allerdings noch nicht wie Weltreise, wie neues Leben an, eher wie ein Start ins Wochenende. Doch wir sind herrlich aufgeregt, was wird uns wohl so alles erwarten? Bisher war alles nur Theorie, war Planung, war Idee. Doch ab sofort beginnen wir tatsächlich einen neuen Lebensabschnitt! Wir können es noch gar nicht so richtig glauben …

So fahren wir unglaublich beschwingt über Garmisch nach Süden, schieben „Mannis" knapp zehn Tonnen Lebendgewicht vorsichtig den Zirler Berg hinunter ins Inntal und klettern auf der anderen Seite wieder hoch bis kurz vor dem Brenner. Dort verbringen wir unsere erste Nacht „auf Achse" direkt neben einem rauschenden Gebirgsbach.

In diesen ersten Tagen versuchen wir, die Geschwindigkeit unseres bisherigen Alltags und den Stress der letzten Wochen herauszunehmen, um einen neuen Rhythmus zu finden. Das ist jedoch gar nicht so leicht. Wir fahren daher jeden Tag nur zwei oder drei Stunden, die Nachmittage verbringen wir mit wandern, Fahrrad fahren und einfach dasitzen und in die Berge schauen.

5. Mai 2012 – 27. Mai 2012 – Kroatien, Bosnien & Herzegowina, Montenegro

„Balkanesischer Flickenteppich …"

Wir sind in dem kleinen Dorf Kuterevo, irgendwo am Ostrand des Velebit-Gebirges. Dort gibt es eine Kooperative, die sich um die Aufzucht kleiner Braunbären kümmert, die von ihren Müttern getrennt wurden. Hier werden sie aufgepäppelt, versorgt und, wenn sich ein Zoo findet, dorthin verkauft, denn in der freien Wildbahn würden sie nicht mehr zurechtkommen.

Iwan ist hier der Chef, ein pensionierter Lehrer, der viele Jahrzehnte in Deutschland als Pädagoge tätig war und sich nun dieser tollen Aufgabe verschrieben hat. Der Empfang ist überwältigend, wir dürfen direkt vor einem der Bärengehege übernachten und bekommen vom Team alles gezeigt und erklärt. Viele junge Leute verschiedenster Nationalitäten arbeiten hier ein Jahr für ein geringes Taschengeld zur Unterstützung der Kooperative. Die kleinen Bären sind zu drollig und wir haben einen riesigen Spaß bei deren Beobachtung, obwohl die hartnäckigen Schauer der vorangegangenen Tage leider zu anhaltendem Dauerregen mutieren, der jegliche weitere Aktivität im Freien schon im Ansatz ersticken lässt. Doch, oh Wunder, gegen Abend blitzen erste kleine blaue Himmelsfetzen durch das den ganzen Tag lang undurchdringliche Grau, Vögel fangen an zu singen und auch die Grillen zirpen wieder.

Der Ruhetag war gut, wir haben gespürt, dass es völlig egal ist, wenn das Wetter mal nicht mitspielt, wir verpassen ja nichts. Nachdem wir uns von unseren netten Gastgebern verabschiedet haben, führt uns die gut ausgebaute Straße durch ein fruchtbares Hochtal und weiter hinein ins Velebit-Gebirge, dessen bewaldete Hänge das Inland hier von der Küste abriegeln. Wir wollen nach Starigrad, Ausgangsort für den Nationalpark von Paklenica. Dort in der karstigen Schlucht um den Anica Kuk befindet sich eines der renommiertesten Sportklettergebiete Europas mit durchaus alpinem Charakter. Hier wollen wir drei Tage zum Klettern gehen. Wir kaufen uns am Parkeingang ein entsprechendes Ticket und suchen uns für den ersten Nachmittag eine leichtere Route aus, um uns an den hier sehr eigenwilligen und scharfkantigen Fels zu gewöhnen und um zu sehen, wie wir so drauf sind. Und wir stellen fest, wir sind bereit für größere Aufgaben …

Früh sind wir heute auf den Beinen, wir haben vor, auf der Route „Mosoraski", dem Klassiker hier im Tal, die Nordwand des höchsten Gipfels in der Schlucht von Paklenica zu durchsteigen, immerhin 350 Meter hoch aufragend. Erst mit dem Fahrrad, dann zu Fuß geht es bis zum Einstieg dieser perfekt abgesicherten Route. Neun Seillängen in anhaltendem Schwierigkeitsgrad 5c bringen uns Stunde um Stunde höher hinauf an dieser riesigen Wand, die sich immer senkrechter vor uns aufbaut. Unser Adrenalinspiegel bleibt konstant hoch ob der oft äußerst kniffligen Schlüsselstellen, wir sind erkennbar an unserem Limit. Nach vielen Stunden kräftezehrender Kletterei begrüßt uns die wärmende Sonne am Gipfelaufbau. Wir sind durch! Schnell ist der höchste Punkt nun erreicht und die Anspannung des nicht enden wollenden Durchstiegs legt sich so langsam, bevor wir uns an

den zum Teil mühseligen Abstieg zurück in die Schlucht machen. Bei „Manni" angekommen, sind wir sichtlich erledigt, doch beim abendlichen Verarbeiten des Erlebten sind wir stolz auf unseren Erfolg. Eine unvergessliche Tour!

Unsere Wunden des Vortags sind gel+eckt und so entschließen wir uns, zum Abschluss unserer drei Tage in Paklenica die „Centralni Kamin", eine 300 Meter lange Route im Schwierigkeitsgrad 5a, anzugehen. Der Einstieg ist schnell gefunden, die ersten beiden Seillängen sind ohne große Anforderungen routiniert geklettert. Doch dann wird es noch mal so richtig knifflig. Erst ein steiles Band an einer senkrechten Wand und dann als Dreingabe ein an seinem Ausstieg überhängender Kamin fordern uns alles ab, was wir an Kraft und Moral noch in uns haben. Der anschließende Rest bis nach oben ist Genussklettern an feinsten Wasserrillen und so erreichen wir schon bald den Ausstiegsgrat. Auch heute ist der Abstieg etwas mühsam, doch wir sind froh, auch diese Wand noch geschafft zu haben, sodass uns dies nicht weiter stört. Unten angekommen in unserem Olivengarten, lassen wir die drei wirklich tollen Kletterrouten in unseren Köpfen noch mal Revue passieren und zählen dabei die unendlich vielen kleinen Blessuren, die wir uns an den scharfkantigen Felsen zugezogen haben. Doch diese werden verheilen, bleiben wird das große Kletterabenteuer Paklenica …

Schon hinter Sibenik, kurz vor dem pittoresken Örtchen Primosten, entdecken wir im Vorbeifahren, sozusagen aus den Augenwinkeln heraus, ein winziges Autocamp, wie die Campingeinrichtungen hier in Kroatien heißen. Tomas, der Besitzer der Anlage, die jetzt im Mai eigentlich noch geschlossen hat und auch noch eine ganze Menge Arbeit benötigt, um verwöhnte Gäste anzulocken, winkt uns herein. Wir stellen uns direkt ans glasklare Meer, sind natürlich ganz alleine hier. „Herzlich willkommen, leider funktioniert noch nichts, die Toiletten und Duschen sind noch nicht fertig." – „Kein Problem, brauchen wir nicht, haben wir dabei." – „Ja, aber Wasser gibt es auch noch nicht." – „Macht nichts, haben wir auch genügend an Bord. Du sagst uns einfach, was du für die Übernachtung haben möchtest, wir bleiben hier." – „Kein Problem, natürlich nichts, es funktioniert ja auch noch nichts." – „Ja, aber der Stellplatz …" – „Kein Problem, vergiss es einfach …"

Wir liegen nackt in der heißen Nachmittagssonne, schwimmen im für die frühe Jahreszeit schon erstaunlich angenehm temperierten Meer und erholen uns so schnell von den vorhergegangenen Kletterstrapazen. Später,

am Abend, versinkt eine knallrote Sonne im violett anmutenden, spiegelglatten Meer, während ein einsames Fischerboot den blauen Spiegel zart durchschneidet. Auf unserem Grill brutzeln drei fangfrische Doraden und der eiskalte Sekt perlt in den funkelnden Kristallgläsern.

Dann kommt die Bora. Nein, das ist nicht die Hausmeisterin mit dem Reisigbesen, das ist der berüchtigte Fallwind, der blitzartig von den Küstengebirgen herabsaust, der das friedlich in der Morgensonne dahinplätschernde Meer aufwühlt, die grünen Bäume biegt, bis ihre saftigen Blätter fast den staubigen Boden berühren, und mit böigen Regenschauern jegliches Verweilen außerhalb geschlossener Räume einfach unerträglich macht. Die Temperatur schießt in den Keller, die Badesachen werden vom Fleecepulli verdrängt. Drei Tage dauert dieser Spuk in der Regel, mal sehen …

Das mittelalterliche Städtchen Trogir lädt uns zu einem Bummel ein und wir unterbrechen unsere Fahrt, um über blank geschliffenes Kopfsteinpflaster durch schmale Gässchen zu schlendern, den wunderschönen Campanile zu bewundern und die freundliche Stimmung der kleinen Piazzi zu genießen. Im Yachthafen unterhalb eines winzigen Nestes vor Makarska bekommen wir einen kostenlosen Internetzugang, genau das Richtige für einen Regentag. Jetzt wird fleißig geschrieben, geskypt und gemailt. Der aktuelle Newsletter kommt auf die Homepage, das Tagebuch wird bestückt und die ersten Fotos werden bearbeitet. Büroarbeit eben …

Das Biokovogebirge, das sich hier auf über 1.700 Metern direkt vom Meer weg aufsteilt, lockt uns mit einer Rundtour auf den Sv. Ilija. Der ist zwar „nur" 1.640 Meter hoch, aber wenn der Startort lediglich auf 250 Metern liegt, dann ist das auch eine richtig große Tour. Schon während des Aufstiegs begeistern uns die Tiefblicke hinunter zu den Dörfern an der Küste oder auch weit hinaus zu den unzähligen Inseln. Als wir den Gipfelgrat erreichen, ziehen leider dichte Wolkenfetzen von der Küste herauf, sodass die sonst wohl sensationelle Rundumsicht doch etwas getrübt bleibt. Trotzdem, vor allem in Richtung Osten reicht unser Blick weit hinein in die Herzegowina, auch die Inseln im Meer lassen sich immer wieder sehen.

Wir wollen nach Bosnien, besser gesagt in die Herzegowina, wie der Landesteil hier jenseits der kroatischen Grenze heißt. Doch das erweist sich als nicht ganz so einfach. Da wir gerne auf Nebenstraßen durch die Welt reisen, sind auch die dortigen Grenzübergänge entsprechend unbedeutend. Nicht so jedoch das dort zur Bewachung nationaler Interessen eingesetzte Personal. Am ersten Grenzübergang, mitten in einem kleinen Dorf, erwartet uns ein Verschnitt von Rambo und Mafiabodyguard mit einer hochglanzverspiegelten Sonnenbrille, die seine mehrfach gebrochene Boxernase nur mühsam verbirgt. Seine hanebüchene Erklärung, dass wir diesen Grenzübergang nicht benützen können, da er für Trucks gesperrt ist, akzeptieren wir schnell, da es müßig erscheint, dieser ausgesprochen intelligenten Gesamterscheinung zu erklären, dass wir keinen Truck, sondern einen Camper unser Eigen nennen, und da sich der Umweg mit nicht einmal fünfzehn Kilometer in einem wirklich erträglichen Rahmen befindet. Am nächsten Grenzübergang schlägt die verantwortliche Zöllnerin die Hände theatralisch über dem Kopf zusammen, als sie unser Zehn-Tonnen-Gefährt sieht. Dieser Übergang wäre nur für den internen, bäuerlichen Anrainerverkehr, wir möchten doch bitte den „internationalen" benützen …

Also auf zum dritten. Dort weist man uns zumindest nicht ab, schon mal ein Fortschritt. Die kroatische Zöllnerin, für ihr Gewicht eindeutig zu klein, schickt sich an, unseren Wohnkoffer inspizieren zu wollen. Da die Einstiegsleiter jedoch in ihrem „Versteck" bleibt, ist der brusthohe Eingang leider ein unüberwindbares Hindernis für die „sportliche" Dame und die Ausreisekontrolle somit erledigt. Bei den Bosniern erwarten uns drei Jungs, die uns sofort als ein Team der „Paris – Dakar" identifizieren und uns mit besten Wünschen in ihr Land entlassen. Wenig später, am Ortsrand von Kusevo, zieht uns der massive Steinturm der dortigen Kirche Sv. Ilija an, es erwartet uns eine Oase der Ruhe, der Pfarrer heißt uns herzlich willkommen und wir entscheiden, im Schatten seines Gotteshauses zu übernachten. Die ganze Nacht schüttet es dann wie aus Kübeln, schwere Gewitter gehen über uns nieder. Und der morgendliche Rundblick auf die Berge um Mostar zeigt – es hat sogar geschneit!

8. November 1993. Seit Tagen liegt die historische Altstadt von Mostar unter dem mörderischen Beschuss der verfeindeten Parteien. Bevorzugtes Ziel der vernichtenden Granaten ist die 450 Jahre alte Stari Most, die bekannte osmanische Bogenbrücke über die

Neretva. Um 16:00 Uhr ist es passiert, ein Volltreffer reißt das entscheidende Loch in die schon schwer beschädigte, siebenundzwanzig Meter lange Einbogenkonstruktion. Unter lautem Getöse, das sogar den Geschützlärm übertönt, stürzt das einmalige, historische Bauwerk in sich zusammen, eine Brücke, die über Jahrhunderte die verschiedenen Kulturen und Religionen Mostars verband.

Als sich zwei Jahre später der vernichtende Krieg aus der Stadt zurückzieht, haben fast 60.000 Menschen um Mostar ihr meist junges Leben gelassen, das historische Zentrum ist fast vollständig zerstört. Für was?

Mostar heute – auffallend viele junge Menschen beleben das Straßenbild, geben der Stadt Hoffnung auf eine gute Zukunft. Freilich, die Wunden bleiben. Keiner kann abschätzen, wie tief die Traumatisierung der Belagerung und der Straßenkämpfe bei den Überlebenden sitzt. Tausende von Einschusslöchern in Wohn- und Geschäftshäusern, Dutzende ausgebrannter Ruinen zeugen noch immer von den damaligen Gemetzeln. Immer wieder stoßen wir bei unserem Rundgang auf Friedhöfe mit meist jungen Menschen, Todesjahre 1992 bis 1995. Sehr ergriffen und nachdenklich verlassen wir diese Stadt, in der sich Gott sei Dank schon wieder viele Touristen tummeln und so den Menschen dort helfen, den Weg in die Normalität zu finden. Doch nicht umsonst mahnen immer wieder kleine Gedenksteine an das Schreckliche, das Geschehene – „Don't forget 1993".

Wir kommen nach Metkovic, sind also wieder zurück in Kroatien, und passieren die bosnische Enklave Neum, bevor wir in der Bucht von Slano, kurz vor Dubrovnik, ein traumhaft gelegenes, privates Autocamp entdecken. Slatko, der Hausherr, macht uns einen super Preis und wir stellen uns direkt in den Garten vor seinem Haus. Später erzählt er uns mit leiser Stimme von den schrecklichen Tagen des Krieges von vor rund zwanzig Jahren, als die Serben hier in der Region die Küstenorte überfielen, die Männer erschossen oder mitnahmen und die Frauen vergewaltigten. Viele Monate verbrachte er in Konzentrationslagern, wurde gequält und gefoltert. Bis heute hat er die damaligen Ereignisse nicht verarbeiten können, ist immer noch in psychologischer Betreuung.

Dann Dubrovnik. In den Kriegsjahren 91/92 auch schwer beschädigt, wobei man sich fragt, wer eigentlich den absolut unsinnigen Angriffsplan auf eine strategisch völlig uninteressante Kleinstadt von historischer Bedeu-

tung gab, erstrahlt dieses mittelalterliche Kleinod heute wieder in bestem Glanz. Die unglaublichen Massen an internationalen Touristenströmen ließen so viel Geld in die Kassen der Stadt und der einheimischen Bevölkerung fließen, dass es nicht sehr lange gedauert hatte, alles wieder aufzubauen. Doch es ist zu viel des Guten. Gefühlte 100.000 Menschen drängen sich förmlich durch die schmalen Gassen, von genießen oder Atmosphäre keine Spur – jedenfalls nicht für uns. Vor lauter Menschen sieht man fast nichts von den historischen Gebäuden und der nicht abreißende Strom von Pilgern auf dem sicherlich attraktiven Rundgang auf der Mauerkrone rund um die zwei Kilometer lange Stadtmauer ist aufgrund des horrenden Eintrittspreises eine regelrechte Gelddruckmaschine. Den schönsten Blick hat man von außerhalb. Die Massen verwandeln sich in unbedeutende Punkte und die Stadt an sich tritt wieder in den Vordergrund. Und jetzt versteht man auch die Faszination, die Dubrovnik ausmacht – es ist die einmalige Lage.

Wir sind in Montenegro, an der riesigen Bucht von Kotor. Ab Herceg Novi fahren wir entlang dieses Meeresarmes, der mit seinen steil aufragenden Bergen und vielen kleinen Buchten, in denen alte Dörfer liegen, an einen

norwegischen Fjord erinnert. Perast ist ein besonders pittoreskes Dorf, zwei kleine, vorgelagerte Inselchen mit Kirchlein darauf runden das gemütliche Gesamtbild ab. Der Höhepunkt dieser Fahrt ist jedoch zweifellos die uralte Stadt Kotor. Die älteste Kirche stammt aus dem Jahr 809. Die ganze Stadt mit ihrer fünf Kilometer langen Stadtmauer, die sich zum Teil steil über den direkt hinter der Stadt aufragenden Berg windet, ist ein frühmittelalterliches Kunstwerk, heute unauffällig renoviert und mit unzähligen, stilvollen Lokalen, Cafés und Kneipen bestückt. Wir erklimmen den fast 200 Meter hohen Burgberg der Stadt, denn von hier oben ist die ganze Bucht von Kotor, heute zusätzlich mit zwei großen Kreuzfahrtschiffen bestückt, eindrucksvoll zu überblicken und erinnert dadurch noch lebendiger an den Geyrangerfjord in Norwegen.

Rund um Ulcinj ist der Einfluss Albaniens schon überall zu sehen und auch zu hören. Die Straßenschilder sind bereits zweisprachig und die Menschen meist albanischer Abstammung. Ein schmales und kurvenreiches Sträßchen bringt uns nach Vladimir, der heute dort stattfindende Straßenmarkt trägt schon eindeutig orientalische Züge. Unser Weg windet sich nun konsequent nach oben auf einen rund 500 Meter hohen Pass und eröffnet uns tolle Tiefblicke hinunter ins Grenzgebiet zwischen Montenegro und Albanien. Und dann sehen wir ihn, den größten See des Balkans, den Shkoder-See. Hier nennt man ihn Skardarsko Jezero, beide Länder teilen ihn sich auf. Während wir die riesige, glitzernde Wasserfläche bestaunen, fällt unser Blick auf eine winzige Bucht

samt einer kurzen Kaimauer direkt unter uns – ein idealer Platz zum Verweilen. Wir finden den nicht beschilderten, schmalen Abzweiger im nächsten Dorf und schleichen den mannibreiten Weg entlang der dicht stehenden Büsche und Bäume hinunter.

Und wir treffen genau auf unsere von oben gesehene Bucht – traumhaft.

Die Sonne lacht heute fast den ganzen Tag, erst gegen Abend brodeln schwere Gewitter auf der albanischen Seeseite, helle Blitze zucken über die aufgewühlte Oberfläche, dunkle Wolkenberge herannahender Unwetter türmen sich über den nicht sichtbaren Gipfeln. Das Szenario könnte nicht beeindruckender, nicht geheimnisvoller sein. Jahrzehntelang war diese Region nur sehr schwer zugänglich, die bewusste Abschottung Albaniens und die Wachsamkeit Jugoslawiens verhinderten in der Regel einen Besuch dort. Doch was für eine Naturlandschaft öffnet sich uns heute! Nur vereinzelte, winzige Ansiedlungen auf der montenegrinischen Seite, lediglich durch ein schmales Sträßchen miteinander verbunden, lassen eine touristische Nutzung kaum zu. Wenige hundert Paare einer endemischen Kormoranart, eine seltene Spezies dalmatinischer Pelikane, und majestätisch über allem wachende Silberreiher stechen aus der Vielfalt ornithologischer Besonderheiten auffällig hervor. Kleine, harmlose Wasserschlangen wuseln zu Dutzenden durchs erfrischende Wasser und Tausende Frösche geben nachts ein fast schon nervtötendes Konzert.

Bedeckter Himmel begleitet uns in Richtung Norden, immer entlang des Sees. Das Sträßchen windet sich schmal und kurvenreich durch dichte Wälder, Farne zeugen von viel Feuchtigkeit. Kleine Dörfer ducken sich in die seltenen Kessel, die das Gebirge hier freigegeben hat. Spektakuläre Ausblicke auf die von unzähligen, kleinen Inseln gesäumte Steilküste lassen trotz des regnerischen Wetters erahnen, wie schön diese Gegend erst bei Sonnenschein sein muss. Doch auch die düstere Wolkenstimmung hat ihre positiven Seiten. Wie in einem verwunschenen Märchenland präsentiert sich das nördliche Ende des Sees. Über einen Damm fahren wir nach Podgorica, biegen allerdings kurz vor der Hauptstadt Montenegros zur albanischen Grenze ab.

28. Mai 2012 – 9. Juli 2012 – Albanien, Mazedonien, Griechenland

„Ursprüngliches mitten in Europa …"

Sensationelles Wetter weckt uns schon früh, ist denn endlich Sommer? Nach wenigen Minuten sind wir an der albanischen Grenze, die früher jahrzehntelang nahezu unpassierbar war. Doch heute ist alles ganz anders. Schnell, unkompliziert und freundlich ist die Abfertigung, und schon sind wir drin, im geheimnisvollen Land der Skipetaren. Gleich hinter der Grenze biegen wir ab nach Nordosten, wir wollen das so gepriesene Tal von Vermosh besuchen. Dieses abgeschiedene Tal hat in der Mythologie der Albaner einen festen Platz, und solche Plätze interessieren uns natürlich. Der Weg dorthin entpuppt sich allerdings auch als reichlich mühselig, aber da gedeihen Mythen dann ja auch besonders.

Nach dreißig Kilometern Gehoppel durch eine endlose Baustelle stehen wir plötzlich auf dem „Balkon", einem nahezu senkrechten Abbruch hinunter in den Kelmend, wie die Region hier heißt. Waghalsige Kehren, direkt in die Wand gefräst, bringen uns Meter für Meter nach unten an die Ufer der Cem. Auf dem Dorfplatz von Tamare, der größten Ansiedlung in der Region, dann interessiertes Raunen, kommt ja nicht alle Tage vor, dass so ein Truck hier Station macht. Die steinige Piste holpert auf den nächsten Pass, bei Lepushe sind wir bereits wieder 1.370 Meter hoch. Von hier ist es nur noch ein kurzes Stück hinunter ins Tal von Vermosh. Wir wühlen uns die letzten Meter durch aufgeweichten Matsch und stehen plötzlich auf einer nagelneuen Teerstraße. Vergeblich suchen wir nach der gepriesenen Mythologie, dazu sind die Berge zu unscheinbar, das Kiesbett der Vermosh zu dominant und der Asphalt zu gewöhnlich … Wir drehen um, tauschen Teer gegen Morast, und tauchen wieder ein in die wilde Bergkulisse des Kelmend.

Nach einer ungestörten Nacht am Flussufer der Cem erreichen wir wieder Tamare, erstehen fangfrische Forellen bei einer Kooperative des Ortes und sind gegen Mittag bereits in Koplik am Shkoder-See. Bei unserem Einkaufsstopp zeigt uns das dortige Straßenbild deutlich die Unterschiede Albaniens zu den bisher bereisten

Ländern. Alles wirkt ärmlicher, unorganisierter, Straßenhändler dominieren das Bild, Müll liegt in allen Ecken. Aber es ist auch wesentlich preiswerter, irgendwie auch persönlicher, lebendiger. Es ist plötzlich wie eine andere Welt …

Uns lockt die Bergwelt des Dukagjin, einer abgelegenen Region in den zentralen albanischen Bergen. Kurz hinter Koplik fahren wir buchstäblich in eine Gewitterwand. Heftigster Starkregen, grell leuchtende Blitze und prasselnde Hagelschauer nehmen uns jegliche Sicht auf die eigentlich tolle Landschaft um uns herum. So machen wir Halt am Ortsrand von Boge zwischen Schafen, Kühen und Schweinen, bevor es morgen endgültig in die Region der noch schneebedeckten Berge hinaufgeht. Gegen Abend hört der Regen auf, die dichten Wolken verschwinden und ein herrliches Panorama lässt uns hoffen …

Grässlich tief unter uns der Talgrund von Theth. Rund 900 Meter fast senkrechter Höhe stürzen vor uns ins Bodenlose – da sollen wir runter? Mit „Manni"? Schon die Fahrt bis hier hoch war teilweise grenzwertig. Endlose Kehren, tief ausgewaschene Passagen, kopfgroße Brocken, das Ganze fast immer ganz hart am ungesicherten Abgrund. Neunzig Minuten für vierzehn Kilometer sagen alles, aber wir schaffen es. Auf fast 1.700 Meter Höhe empfängt uns die Passhöhe, um uns dolomitische Dimensionen karstiger Spitzen über der 2.500er Höhe. Nach einer erholsamen Pause zum Aufsaugen der uns von der Natur dargebotenen Show tasten wir uns hinunter nach Theth. Kehre um Kehre klettern und rutschen wir über den noch feuchten Felsgrund, oft ist rangieren notwendig. Neben uns der Abhang, Zentimeter trennen uns meist vom Nichts. Doch wir kommen talwärts, die Piste wird fahrbarer, die Vegetation jedoch dichter. Wie Peitschen schlagen Tausende Zweige an „Mannis" Außenhaut, hinterlassen Spuren dieser Etappe unserer Reise.

Wir tauchen ein in ein verwunschenes Tal, die Metapher vom Ende der Welt ist angebracht. Eine Kirche, massiv, aber doch filigran, flankiert und beschützt von drei riesigen, dunkelgrünen Linden, eine vom Regen weiche Wiese, von den Schafen glatt gefressen wie ein Teppich, das Dorf dahinter wie in einem Amphitheater aufsteigend. Von den schroffen Spitzen der steil aufragenden Gipfel lecken letzte Schneezungen in den schattigen Karen tief hinunter bis fast an die dunklen Matten der grünen Wälder.

Das Ensemble ist stimmig, die Kulisse das Theater. Der Weg war hart, aber er ist es wert. Ein Ort zum Verlieben, zum Verweilen, zum Finden. Die Menschen hier, sie sind freundlich zurückhaltend, lassen einen ankommen,

das Ganze wirken. Hier wollen auch wir etwas bleiben.

Eine tolle Bergtour auf den Arapit schenkt uns einen umfassenden Blick über dieses wundervolle Tal, zeigt uns die Gesamtheit des Vollkommenen, das Gesehene brennt sich tief in unser Gedächtnis ein. Eindrucksvoll schließt er das Tal von Theth nach Norden hin ab. Als markanter Zapfen krönt er die höchste Wand Albaniens, ja des gesamten Balkans. Ein Eldorado für Kletterer der gehobenen Klasse, wir steigen ihm jedoch auf dem Normalweg aufs Haupt, immerhin rund 1.400 Höhenmeter warten auf uns. Weit ist der Weg durch das morgendlich friedliche Tal, kein Laut ist zu vernehmen. Langsam rückt die gigantische Felsmauer näher, unser Weg findet einen Durchschlupf, steil zwar, aber problemlos. Oben am Pass öffnet sich uns ein erstes Panorama der Extraklasse, viel Schnee hat es noch auf den umliegenden Zweieinhalbtausendern.

Den Gipfel bereits in Sichtweite starten wir noch mal durch und nach fünf Stunden Gehzeit stehen wir ganz oben. Der Arapit ist zwar nur 2.217 Meter hoch, dafür bietet er das umfassendste Panorama der zentralen albanischen Berge. Ganz alleine genießen wir diesen exponierten Platz, erst später gesellt sich noch ein junger Bergsteiger aus unserer Lenggrieser Nachbarschaft zu uns – so klein ist die Welt …

Ein paar Tage später landen wir in Shkoder. Bei den ersten Gemüseständen bleiben wir mangels Parkplätzen einfach mitten auf der löchrigen Straße stehen; stört auch keinen, man fährt halt einfach um „Manni" herum. Unsere Suche nach einem ruhigen Platz für den Nachmittag und die Nacht ist auf der Südseite des Sees erfolgreich, genauer gesagt, am Ende der Straße auf der albanischen Seite vor der kleinen Dorfmoschee von Zogaj. Ein paar hundert Meter weiter ist bereits wieder Montenegro, in Sichtweite unser herrlicher Platz von voriger Woche. Kaum wagen sich am nächsten Morgen die ersten Strahlen der Sonne über den Horizont, weckt uns der dorfeigene Muezzin, keine zwanzig Meter von uns entfernt, mit seinem melodischen Singsang.

Wir brauchen mal wieder frisches Wasser. Am Dorfbrunnen von Zogaj entdecken wir einen Anschluss für unseren Schlauch. Eng ist es hier, Parkplätze gibt es keine. Und so bleiben wir einfach mitten auf der Dorfstraße stehen, packen unser Wassernachfüllequipement aus und werden so zur vormittäglichen Attraktion, die das halbe Dorf mit sichtbarem Interesse verfolgt. Nach dreißig Minuten ist unser Auftritt vorbei, wir geben die Straße für die geduldig Wartenden wieder frei und werden mit anerkennendem Kopfnicken wie alte Freunde verabschiedet.

Wir wollen in den unbekannten Osten Albaniens. Der spannendste Weg dorthin führt von Shkoder erst mal nach Komani. Nach einer kurvenreichen Fahrt über die Fragmente einer vormaligen Teerstraße entlang des Stausees und einer finalen, dunklen Tunnelpassage, durch die „Manni" gerade mal so passt, stehen wir am dortigen Fähranleger. Von hier aus geht ein Ponton nach Fierze, passiert dabei in rund drei Stunden fjordähnliche Landschaften. Doch die Enttäuschung ist groß, angeblich fährt der Ponton im Moment nicht, wir hören verschiedenste Gründe. Die Hoffnung stirbt allerdings bekanntlich zuletzt und so übernachten wir erst mal am Ufer des Stausees. Leider kommt es so, wie schon prophezeit – der große Ponton für den Autoverkehr fährt zurzeit nicht, und es ist auch nicht absehbar, wann er wieder eingesetzt werden kann. So müssen wir die gestern gefahrene Strecke wieder zurück bis nach Vau i Dejes, um von dort die alte Transitstrecke nach Osten zu nehmen. In einem nicht enden wollenden Auf und Ab und Kurve um Kurve schlängelt sich die stellenweise arg ramponierte Straße durch dichte Wälder verschiedenster Vegetationen hinüber bis nach Kukes.

In Albanien ist es in den meisten Städten verboten, mit dem Lkw durchzufahren. Die Hinweisschilder auf diese Bestimmung sind allerdings meist so sinnig angebracht, dass sie für Auswärtige schlicht nicht zu sehen sind oder man sie „aus Versehen" gerne übersieht. Wie in Puke, einem Städtchen mit einer nicht als solches zu erkennenden Umgehungsstraße. Wir schleichen fast im Schritttempo durch die Hauptstraße, als uns am Ende der Stadtdurchfahrt ein wichtig fuchtelnder Uniformierter aufschreckt. Wir kommen der schlussendlich als solche identifizierten Aufforderung des Anhaltens nach.

„Documenti, Documenti!" Wir übergehen die vergessene Begrüßung geflissentlich, die ihm zuvorkommend gereichten Reisepässe lehnt er sichtlich genervt ab. „Documenti Macine!" Ich identifiziere seine Anforderung damit, ihm die Fahrzeugpapiere und den Führerschein zu reichen. Nebenbei glotze ich, wie auf unzähligen Reisen im Umgang mit Ordnungshütern zur Perfektion entwickelt, unheimlich blöde und unterstütze diese intelligente Maßnahme noch mit deutlichem Anheben von Schultern und Augenbrauen. Sein mir entgegenbrausender Redeschwall verschließt sich mir ob seines mittelalbanischen Dialektes, sodass unsere Unterhaltung nicht wirklich von Erfolg gekrönt ist.

Es ist mir schon klar, irgendwas habe ich falsch gemacht, und das will er mir jetzt verklickern. Da ich aber wie eine Glucke auf unserer Reisekasse sitze, bemühe ich mich, bestenfalls nichts zu verstehen. Nun gesellt sich ein des Englischen mächtiger Kleinbusfahrer zu uns und erklärt mir, dass ich mit einem Lkw hier nicht durchfahren dürfte. Mein Einwand, ein Wohnmobil zu steuern, fällt durch, da alles über fünf Tonnen unter die Lkw-Regelung fällt. Aufgrund dieser fatalen Situation verstärke ich nun meinen pantomimischen Einsatz des Dorftrottels, worauf es meinem spontanen Helfer doch tatsächlich gelingt, unseren diensteifrigen Ordnungshüter davon zu überzeugen, dass er es hier mit einem dusseligen Touristen zu tun hat, der das Schild am Ortseingang einfach nicht entdeckte und somit dieses schwerwiegende Delikt beging. Sein selbstloser Einsatz zeigt nach einiger Zeit Erfolg, der Uniformierte reicht mir etwas wirsch meine Papiere zurück und überlässt mich ungeschoren dem albanischen Straßenwirrwarr. Mit einem grinsenden Augenzwinkern verabschiedet sich mein spontaner Retter …

Kurz vor Kukes, wir sehen die Stadt schon unter uns am Ufer der hier aufgestauten Drin liegen, fällt uns ein kleiner Hügel, fast wie ein Plateau, auf dem Weg in ein etwas abseits der Straße liegendes Dorf auf. Was für ein Stellplatz für den Nachmittag und die kommende Nacht! Wie in einem riesigen Theater präsentiert sich die herrliche Landschaft um uns herum. Im Schatten zweier großer, dominierender Berge duckt sich Kukes entlang des tiefblauen, angestauten Flusses, der Kosovo ist bereits zum Greifen nahe. Hinter uns die zentralen albanischen Berge mit ihren noch schneebedeckten Gipfeln, um uns herum liebliche Hügel mit kleinen Dörfern inmitten satt bestellter Felder. Stundenlang saugen wir die Szenerie in uns auf und genießen einen allerdings immer stürmischer werdenden Abend auf unserem exponierten Platz.

Wir sind in Radomire, einem aus etwa vierzig Häusern und Hütten bestehenden Nest an einem steilen Berghang, auf den letzten fünf Kilometern nur erreichbar über eine heute ob des vor kurzem niedergegangenen Regens ziemlich schlammigen Piste. Vor uns die ersten Häuser, es geht wieder mal eng her, wo sollen wir denn hier parken, geschweige denn im „Manni" übernachten? Eine letzte Ecke und wir stehen mitten im Dorf. Das muss man sich nun so vorstellen: Ein fensterloser Kramerladen, in dem sich Säcke und Kisten stapeln, eine bewohnte Steinhütte, vor der eine runzelige Alte auf ihren Stock gestützt sitzt, eine Wellblechgarage, in der die Reste eines verrosteten Ladas vor sich hin gammeln, ein aufgelassener Viehpferch, zwei schlammige Gassen, die ins Oberdorf hinaufführen, ein angepflockter Muli, zwei glotzende Kühe, ein Haufen neugieriger Kinder und schwer beschäftigt herumhockende Männer. Sofort sind wir umringt von einem Dutzend Burschen und Männern, die uns erst mal alle mit Handschlag herzlich willkommen heißen. Außer Albanisch geht hier erst mal gar nichts, doch wir hören schnell heraus, dass wir natürlich auf dem Platz stehen bleiben dürfen, auch zum Übernachten. Germania ist wieder mal das Zauberwort, auf den Korabi, den höchsten Berg Albaniens wollen wir, das erste Dutzend neugierig Interessierter hat sich längst kontinuierlich aufgestockt. Ein in London zur Schule gehender, momentan auf Heimaturlaub befindlicher junger Bursche gesellt sich zur Runde, und jetzt wird es kommunikativ. Stundenlang wird sich nun unterhalten, alles ist interessant, ein großer Dorfstammtisch breitet sich aus. Bevor es beginnt, leicht anstrengend zu werden, legt sich die Dämmerung über Radomire und alle verabschieden sich, um sich in ihre Häuser und Hütten zurückzuziehen.

Kurz nach sechs Uhr morgens starten wir zu unserer Bergtour auf den Korabi, dem mit über 2.700 Metern Höhe höchsten Gipfel Albaniens. Die letzten Wolken verziehen sich mit der aufgehenden Sonne und das Dorf verharrt noch in morgendlicher Stille, als wir uns durch ein Gemisch aus Eselsdung, Straßendreck und Abfallresten tasten. Schnell gewinnen wir an Höhe, lediglich die fast überlaufenden, ziemlich reißenden Bäche, die uns begleiten und ab und an überquert werden müssen, fordern einiges an Balanceakten und auch mal ein barfüßiges Durchwaten der eisigen Fluten. Herrlicher Sonnenschein begleitet uns hinauf zu den ersten Schneefeldern, die wir problemlos queren, doch fast unbemerkt verdichten sich plötzlich erste Wolkenfetzen über den Gipfeln des Massivs. Wir kürzen den Aufstiegsweg durch die steilen Südhänge ab, um Zeit zu gewinnen, doch die

Wolken sind schneller. Als wir am Vorgipfel ankommen, ist Schluss. Der Grat zum Hauptgipfel ist noch ganz schön vereist, unterhalb davon hält sich hartnäckig eine gefährliche Schneeflanke. Eine ziemlich heikle Angelegenheit, die sich fast ohne jegliche Sicht schnell zu einer risikoreichen Unternehmung entwickeln kann. So entscheiden wir uns, auf den Gipfel zu verzichten und uns vernünftigerweise an den Abstieg zu machen. Zurück in Radomire haben wir irgendwie keine Lust, „Mittelpunkt des Dorfgeschehens" zu sein und entscheiden uns, sofort nach unserer Ankunft auf den einige Kilometer vor dem

Dorf liegenden Pass zu fahren. Dort erwartet uns ein sensationelles Rundumpanorama samt dem jetzt im gleißenden Nachmittagslicht frech zu uns herübergrüßenden Massiv des Korabi.

Die Bergpiste entlang der Drin in Richtung Peshkopi soll spannend zu fahren sein, doch dazu müssen wir erst mal einige Kilometer zurück in Richtung Kukes. Der unbefestigte Abzweiger ins tiefe Tal der Drin ist steil und rau, sehr enge Kehren und schmale Passagen zwingen uns zu extrem langsamem Tempo und stellenweise waghalsigem Rangieren. Am Talgrund führt uns eine alte Eisenbrücke mit angefaulten Holzbohlen ans andere Ufer der Drin, wo sich die schmale Piste wieder heftig nach oben schraubt. Die Vegetation ist teilweise so dicht, dass wir das Gefühl haben, im Unterholz unterwegs zu sein. „Manni" leidet natürlich schwer, unzählige Kratzer der dicht wachsenden Bäume und Büsche malträtieren seine Außenhaut. Empfindlich darf man auf einer solchen Strecke nicht sein …

Plötzlich eine Engstelle, leicht überhängender Fels auf der einen, eine tief ausgewaschene und abgebrochene Kante auf der anderen Seite, die tiefen Fahrspuren schlammig. Conny steigt aus – „Ich geh dann mal fotografieren …" – und dirigiert. Wie auf Schmierseife schlingert „Manni" hin und her, die Hände am Steuer werden feucht. Ist unsere Fahrt hier zu Ende? Doch Zentimeter um Zentimeter schieben wir uns durch. Geschafft!

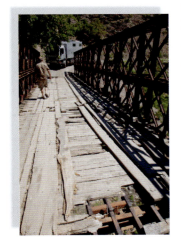

Endloses Rückwärtsfahren auf dem einspurigen Weg hätte uns gedroht, bleibt uns nun aber erspart. Dann die alte Eisenbrücke im Mitteltal. Eine rechtwinklige, an der Kante abgebrochene Anfahrt; mehrmaliges Rangieren ist nötig, um überhaupt auf die Brücke zu kommen. Jetzt wird es spannend – es fehlen viele Holzbohlen, ich kann locker durch die Eisenträger tief hinunter in den reißenden Fluss blicken. Das Besondere daran – die wenigen Eisenträger sind in Fahrtrichtung angebracht! Zentimetergenaues Treffen der Träger ist nun angesagt, um nicht durchzubrechen.

„Das geht nie! Da kommen wir nicht drüber!" – „Ach was, das geht schon. Du musst mich nur ganz exakt dirigieren, damit ich mit den Reifen auf den Längsträgern bleibe." – „Du spinnst doch, das ist doch viel zu gefährlich! Was machst du, wenn du von den Trägern fährst?" – „Mache ich doch nicht, du sagst doch an …" Damit sind die Verantwortlichkeiten klar verteilt. Langsam taste ich mich vorwärts, kann natürlich nicht sehen, ob ich mit den Reifen genau auf den Trägern fahre. Ich fixiere Conny und ihre Anweisungen, ein bisschen nach links, eine kleine Korrektur nach rechts. Und wir

schaffen es, dank Connys exakter Ansage. Schweißgebadet steigt sie wieder zu mir ins Fahrerhaus; ich dagegen lasse mir derweil nicht anmerken, dass ich fast eine frische Unterhose gebraucht hätte. Gibt ja Heldenpunkte … Der Rest der Etappe ist fahrtechnisch einfach, auch wenn es weiterhin sehr steinig und eng ist und daher langsam vorwärtsgeht. Die Landschaft entlang der immer wieder durch schmale Schluchten schießenden Drin ist wirklich toll und wir haben jetzt auch die Muße, dies zu genießen. Später, im beschaulichen Peshkopi, gehen wir noch etwas bummeln und einkaufen, bevor wir uns zur Grenze nach Mazedonien aufmachen. Die Einreise dort ist problemlos und schnell und noch vor Debar, der ersten Stadt auf mazedonischer Seite, schlagen wir uns seitlich in die Büsche und finden zwischen den vielen Feldern einen ungestörten Platz für die Nacht.

Unser Hauptgrund, überhaupt ein kleines Stück über Mazedonien zu fahren, ist der hier doch um rund fünf-undzwanzig Cent billigere Diesel gegenüber Albanien. Und bei rund 600 Litern, die wir jetzt brauchen, ist das schon eine Menge Holz. Nach dem Wechseln der entsprechenden Summe auf zur nächsten Tanke. Die anfangs etwas mürrische Tankwartin wird ob der nicht enden wollenden Menge, die „Manni" da so verschluckt, immer zugänglicher, und nach dem Abzählen der nicht unerheblichen Menge Scheinchen verabschiedet sie mich sogar mit Handschlag und den besten Wünschen für die Weiterreise. Mir dagegen ist eher zum Heulen zumute …

Uns begleitet nun wieder die Drin, hier heißt sie jetzt allerdings Crni Drim. Die Straße ist gut, kurvenreich schlängelt sie sich durch dicht bewaldetes Bergland und zügig erreichen wir Ohrid. Die kleine Stadt direkt am gleichnamigen See überrascht uns als interessantes Natur- und Kulturerbe der Menschheit mit enormen Relikten der Vergangenheit und sie sprüht geradezu vor aktivem Leben. Eine Fußgängerzone entlang schön renovierter, alter Häuser, die nun zu unzähligen Läden, Cafés, Eisdielen und Restaurants umgebaut sind, führt direkt zum kleinen Hafen unterhalb der alten Basiliken und Kirchen. Bunte Märkte mit reichhaltigen Warenan-geboten zu überraschend günstigen Preisen lassen unsere Vorräte großzügig anwachsen.

Nach zwei entspannten Badetagen kribbelt es wieder und wir starten in Richtung Süden, immer direkt am See entlang. Beim hübsch gelegenen Dorf Trpejca zweigt eine schmale, aber gute Passstraße ab, klettert hoch hinauf auf rund 1.600 Meter. Wir sind jetzt fast 1.000 Meter über dem Ohrid-See, doch leider ist das gigantische

Panorama durch dichter werdende Wolken getrübt, sodass wir schon bald die Höhe verlassen, um auf der anderen Seite an den großen Prespa-See zu kommen. Dieser See ist so ganz anders als der von Ohrid. Flach ist er und ziemlich verschilft, eignet sich daher nicht überall zum genussvollen Baden. Vogelfreunde finden hier allerdings reiche Beute zum Beobachten; Reiher, Kormorane und sogar Pelikane fühlen sich hier wohl. Dumpfes Donnergrollen begleitet uns nun über die Grenze nach Albanien, die wir wieder zügig und problemlos passieren dürfen. Es sind die Ausläufer eines nachmittäglichen Gewitters, die uns nur mit ein paar Tropfen, jedoch mit starkem Wind begleiten. Zwischen den einsamen Dörfern Liqenas und Zaroshke stellen wir uns direkt ans Ufer, während so langsam die Sonne wieder die Überhand gewinnt.

Vorsichtig weckt uns das schwere Rauschen der Blätter der in akkurater Phalanx neben uns aufgereihten Pappeln, in ihren Kronen lärmen unzählige Vögel in morgendlicher Unbekümmertheit. Die ersten der von den noch mit Schneeresten geschmückten mazedonisch-griechischen Grenzbergen freigegebenen Sonnenstrahlen bringen die vom zarten Wind leicht gekräuselte Seeoberfläche zum Glitzern wie Abertausende fein geschliffene Diamanten. Am Horizont schwebt die kleine Insel Malingrad über der silbrigen Fläche. Das weiche Licht des frühen Morgens erweckt Hunderte leuchtend roter Mohnblumen zu einem floralen Feuerwerk und sanft, wie leichte Wellen, wiegt der leichte Wind die prallen Ähren auf den reich bestückten Feldern hin und her, während die ersten Menschen aus den umliegenden Dörfern, zu ihrem Tagwerk strebend, das Tal beleben.

Kein störendes Geräusch trübt den Einklang der Natur mit den hier Arbeitenden, lediglich das klagende Rufen der Esel unterbricht ab und zu die satte Zufriedenheit der Szenerie. Die ersten Boote der Fischer gleiten lautlos hinaus in die nun spiegelglatte, blaue Weite, flinke Sensen schneiden präzise die Halme der Wiesen, kleine Kälber weiden zufrieden im saftig-dunklen Grund. Ein zum Gruß gehobener Arm signalisiert Akzeptanz.

Wir wechseln die Seite, den See, das Land. Die Ufer des kleinen Prespa sind unser Ziel. Dazu ist ein Abstecher nach Griechenland notwendig. Und dort finden wir sie endlich, die seltenen Dalmatinischen Pelikane. Das tiefe Dunkelblau der beiden Prespas lässt die grellweißen Gefieder der riesigen Vögel noch edler erscheinen. Elegant gleiten sie dicht über der spiegelnden Wasseroberfläche, jeden Moment scheinen sie einzutauchen, doch ein paar lässige Flügelschläge im letzten Moment geben ihnen wieder den nötigen Auftrieb, um den sicher scheinenden Absturz zu verhindern. Die Thermik geschickt ausnutzend, spielen sie in waghalsigen Formationen mit dem Wind, ihre schiere Größe und das unglaubliche Gewicht scheinen ihnen dabei nichts auszumachen. Seit fast zwei Monaten füttern sie nun ihre nimmersatte Brut in unerlässlicher Geduld und Energie, jeder Ausflug lässt sie mit vollem Schnabelsack zu ihren Nestern mit den hungrigen Jungen zurückkehren. Die ersten der noch hellgrau gefiederten Jungvögel sind bereits flügge, schwimmen selbstständig in der Bucht umher, üben sich mit ersten Startversuchen. Ein faszinierendes Schauspiel.

Psarades heißt hier das Ende der Welt, in dieser abgeschiedenen Bucht endet die Straße, dahinter kommt nichts mehr. Nein, stimmt nicht ganz, der See verbindet jetzt die verschiedenen Welten, die sich so lange nicht erreichen konnten. Albanien und Mazedonien sind in Sicht-, ja man könnte meinen, fast in Rufweite. Dreiländereck eben …

Für uns geht es wieder zurück nach Albanien, auf demselben Weg wie vor zwei Tagen. Schnell passieren wir die Grenze und über Korce fahren wir hinauf in das Dorf Voskopoje. Dort befinden sich einige wirklich interessante Kirchen und Klöster aus dem 17. Jahrhundert, die wir entdecken wollen.

Wir schreiben das Jahr 1769. Eine bedeutende Handelsroute der damaligen Zeit strebt hier in stetigem Auf und Ab mühsam nach Süden. Viele Orte am Rande der Route profitieren von den Reisenden, leben auf, gewinnen an Bedeutung. So auch die reich gewordenen Handelsstädte Vithkuq und Voskopoja. Doch der Wohlstand ist ihnen nicht vergönnt, sie werden niedergemacht, ausgeraubt, gebrandschatzt, verfallen zur Bedeutungslosigkeit. Lediglich eine Handvoll versteckter Kirchen und Klöster, überbaut von unscheinbaren Mauern und Dächern, überstehen diese gewaltvollen Zeiten, werden in unsere Tage gerettet.

Kleine Dörfer ducken sich heute verschämt in die dichten Wälder, wo vor rund 250 Jahren Städte von bis zu 50.000 Bewohnern die Region beherrschten. Übrig geblieben von der damaligen Pracht sind Namen wie Shen Mehilli und Shen Petri in Vithkuq oder Shen Kolli, Shen Merise und Shen Thanasi in Voskopoja, kleine, von außen unauffällige Kirchen und Klöster. Doch was für eine Symphonie der Farben, der mystischen Symbolik begeistert beim Betreten dieser Relikte längst vergangener Epochen. Ergriffen von so viel religiöser Kraft stolpern wir hinaus in die grelle Sonne, können kaum greifen, was wir da soeben sehen durften.

Doch da ist noch etwas. Hoch über Voskopoja schmiegt sich das winzige Shipcka, längst zur halb verfallenen Bedeutungslosigkeit verkommen, eng an die schwer erreichbaren Hänge. Vor dem Dorf, filigran zwischen hohen Gräsern gebettet, die Gräber der Altvorderen bewachend, schwebt sie beinahe, leicht und verletzlich –

Shen Gjergji. Die alte Bäuerin kommt von ihrem nahen Feld, bringt uns den Schlüssel zu diesem Geheimnis. Wir sind stumm, werden ganz klein. Es ist unfassbar, unbegreiflich, einer Schatzkammer gleich öffnet sich nie Erwartetes. Worte werden bedeutungslos, die Geschichte fängt uns ein. Lange, sehr lange sitzen wir inmitten dieser Bilder, die wie ein dramatisches Feuerwerk auf uns herniederblicken. Später am Abend, Shen Gjergji wird von der untergehenden Sonne in ein goldenes Licht gerückt, genießen wir die gedrungen-elegante Fassade, die ein solches Wunderwerk verbirgt. Wir bleiben über Nacht, keine weiteren Eindrücke sollen uns stören.

Auf dem Weg nach Vithkuq ist er uns schon aufgefallen, der so perfekt in die liebliche Landschaft eingebettete, kleine Stausee. Die sattgrünen Wiesen reichen fast bis an die an seinen Ufern leckenden Wellen. Nur zwei unauffällige Gehöfte auf der gegenüberliegenden Seite unterbrechen die ungestörte Natur. Schafherden laben sich an den saftigen Gräsern, lediglich das monotone Zirpen der Grillen unterbricht die mondäne Stille. Eine winzige Insel, dekoriert mit einem perfekten Baum, spiegelt sich im dunklen Blau. Gegenüber teilt eine tropfenförmige Landzunge das glasklare Wasser, schmal im Zugang, leicht erhöht. Genau dorthin stellen wir uns, ein Traumplatz …

Nach ein paar Tagen haben wir genug gefaulenzt, wir brechen schon relativ früh auf, um die Fahrt in den tiefen Süden Albaniens zu genießen. Und es wird eine ausgesprochen abwechslungsreiche Fahrt. In ständigem Auf und Ab tuckern wir von Kurve zu Kurve, unser Reisetempo ist sehr langsam aufgrund der schmalen, extrem kurvenreichen und natürlich meist auch ziemlich schadhaften Straße. Wir erreichen Erseke, immer hart an den Grenzbergen zu Griechenland entlang, Pass auf Pass geht es durch dichte Wälder und schließlich tief hinunter nach Carshove, wo wir auf die smaragdgrün dahinfließende Vjose stoßen. Fünfunddreißig heiße Grad erwarten uns hier unten, aber auch eine fantastische Landschaft. In unzähligen Schleifen windet sich der schnell dahinbrausende Fluss um kleine Dörfer, dahinter bauen sich gigantische Felswände bis in 2.500 Meter Höhe auf.

Wir entdecken die alte türkische Bogenbrücke über die Lengarica, ein wirklich stattliches Bauwerk aus längst vergangenen Zeiten. Sie markiert den Anfang einer spannenden Schlucht, die sich über rund vier Kilometer durch die Berge gefräst hat. In Badeklamotten marschieren wir los und stehen nach ein paar hundert Metern im Bachbett plötzlich vor den ersten Becken schwefelhaltigen, ungefähr dreißig Grad Celsius warmen Wassers, das hier direkt aus unterirdischen Felsschlitzen an die Oberfläche sprudelt. Conny wird gleich mal von mehreren Frauen, die sich in den Becken aufhalten, in Beschlag genommen und in die richtige Nutzung der natürlichen

Ressourcen eingeweiht, also so richtig mit Schwefelschlammpackungen und zeitlich abgestimmter Badezeit. Währenddessen wird natürlich pausenlos geplappert und gelacht. Gereinigt, gepflegt und leicht nach faulen Eiern riechend, machen wir uns anschließend auf, die geheimnisvolle Schlucht zu erkunden. Den Weg müssen wir uns immer wieder im Bachbett suchen, aber tiefer als Schritthöhe wird das Wasser nicht. Bestimmt hundert Meter hoch sind die Wände, die teilweise so eng zusammenrücken, dass sie nur noch gut fünf Meter trennen. Nach unzähligen Biegungen ist Schluss für uns, das Wasser wird grundlos tief und mit Rucksack und Kamera nicht mehr weiter passierbar. Wir kehren um, und da wir die richtigen Furten noch im Gedächtnis behalten haben, sind wir schnell wieder am Ausgangspunkt. Ein abschließendes Bad in einem der Wasserbecken erfrischt uns nur bedingt und so laufen wir zurück zu „Manni", um an unseren gestrigen Übernachtungsplatz an der Vjose zu fahren.

Kaum weckt uns die Sonne, wird es teuflisch heiß. Deshalb machen wir uns erst am Nachmittag über eine ziemlich wilde Bergpiste auf in Richtung Corovode. Tief ausgewaschene Passagen hart am ungesicherten Abgrund fordern konzentriertes Fahren, eine durchhängende Stromleitung muss von Conny mit einem Ast auf die richtige Durchfahrtshöhe gebracht werden. Wir erreichen die Passhöhe, jetzt windet sich die Piste in steilen Kehren nach unten. Plötzlich ein kleiner See am Wegesrand, natürlich springen wir sofort hinein, um den Staub der anstrengenden Fahrt abzuspülen. Kurz darauf erreichen wir den Talboden, eine mehr als marode Brücke überspannt den Fluss. Lose und angefaulte Bohlen liegen auf verrosteten

Eisenträgern. „Da willst du jetzt aber nicht wirklich drüber, oder?" – „Warum nicht, das wird schon halten …" – „Aber das ist doch nicht nötig, das Risiko einzugehen, da war doch vor ein paar hundert Metern ein Abzweig, der führt doch sicher zu einer Furt!" – „Ach was, das passt schon …" Connys Vernunft hat gegen meinen Starrsinn keine Chance, sie steigt aus, um die finale Versenkung von „Manni" zu fotografieren. Ich wage es. Ächzend und splitternd wehrt sich das alte Gestell gegen „Mannis" Gewicht. „Gib Gas, gib Gas, sie bricht!" – doch sie hält. Drüben angekommen, entdecken wir auf der nun hinter uns liegenden Uferseite einen netten Übernachtungsplatz, also ab durch die Furt zurück. Conny kriegt die Krise – zu Recht. Das Risiko mit der Brücke war definitiv ein Blödsinn, denn bei genauerer Betrachtung der Auflieger und der Restbeplankung sowie der vorhandenen Furt war es unnötig, es einzugehen. Die verdiente Standpauke lasse ich reumütig über mich ergehen und lerne daraus, in Zukunft eine zweifelhaft erscheinende Brücke nicht nur nach der Oberfläche, sondern vor allem auch nach der Bausubstanz zu beurteilen. Und mehr auf meine kluge Frau zu hören …

Nur ein paar Kilometer nach unserem Übernachtungsplatz erreichen wir die Brücke über die tiefe Schlucht, die der Osum hier gegraben hat. Bestimmt 100 Meter reicht der Blick hinunter zum Fluss, der sich hier durch die steilen Wände seines Canyons windet. Immer wieder reizen uns die Ausblicke zu einem Stopp, bis wir auf vernünftiger Piste schließlich Corovode erreichen. Jetzt ist es nicht mehr weit und wir sind in Berat. Die bis in die Altstadt hinunterreichenden Hänge der umliegenden Berge lassen den Burgberg mit dem ältesten Stadtteil Kalaja und den vielen kleinen Kirchen steil und unbezwingbar erscheinen, die bekannten Fensterfronten des Stadtteils Mangalem dagegen fließen stimmig in dichtem Nebeneinander zwischen schmalen Gassen um den Fuß des Hügels. Moschee und Kirche zeigen einträchtiges Nebeneinander, zwei Fußgängerbrücken verbinden den alten Teil Gorica mit den anderen beiden. Die lange Vergangenheit ist durchaus erkennbar, man versucht behutsam, sie wieder aufleben zu lassen. Doch wendet man den Blick, ist die Stadt auch heiß und staubig. Und der Müll entlang des Osum ist mehr als störend, er ist abstoßend. Warum empfinden dies die Menschen, die hier leben, nicht auch so? Kurz, es fehlt uns das Ambiente, um länger zu verweilen, Weltkulturerbe hin oder her …

Vlore, Hafenstadt mit der Tür nach Europa, nach Italien. Die Innenstadt lässt zweifeln, ob man sich vor wenigen Augenblicken wirklich noch durch archaisch geprägtes Hinterland, durch grundlose Schlaglöcher, vorbei an Eselsgespannen und staubigen Müllkippen gemüht hat. Moderne Fassaden, Einkaufsarkaden, gut sortierte Ladenzeilen, Namen aus den einschlägigen Werbeprospekten zieren die Schaufenster. Die Menschen, gestylt und geschäftig, Cayenne neben S-Klasse, Eisdielen und noblen Restaurants. Aber daneben auch die noch nicht verbannte Gegenwart – Armut und Hoffnungslosigkeit, Menschen in Lumpen gekleidet, Mülltonnen werden nach Verwertbarem durchwühlt. Die Kontraste sind hart. Südlich der Stadt grüßt die Adria dann mit bekannten Bildern. Hunderttausende, in Reih und Glied in den Kieselstrand gerammte Sonnenschirme lassen den kommenden Massentourismus schon spürbar werden, Hotel an Hotel säumt die zumindest einwandfrei saubere Wasserfront. Doch es geht auch anders. Hinter dem Llogara-Pass ist durchaus karibisches Ambiente zu fühlen. Helles Sonnenlicht durchdringt das glasklare Meer, schneeweiße, runde Kiesel werden von türkisfarbenem Wasser immer wieder neu gemischt, in der nicht allzu großen Ferne schwebt Korfu, umrahmt von seinen Trabanten, am dunstigen Horizont. Eine Traumbucht schließt sich der nächsten an, doch auch deren Tage sind anscheinend gezählt, denn es führen schon vielerorts gut befahrbare Wege zu diesen versteckten Träumen.

„Bleibt doch noch ein bisschen", rät uns Todor, albanischer Wohnmobilbewohner und seit März hier am Traumstrand. Doch uns zieht es nach ein paar Tagen weiter, entlang der tollen Küste mit ihren unzähligen, kleinen Buchten, den schmucken Dörfern und den hohen Bergen im Hintergrund. Aber wir sind nun verwöhnt.

Keine der vielen Buchten, die wir sehen und auch anfahren, kommt auch nur annähernd an unsere erste Traumbucht heran. Kurz vor Sarande biegen wir ab ins Landesinnere und sind plötzlich im urwaldähnlichen Biotop von Syri i Kalter, wo ein gewaltiger, senkrechter, zehn Grad Celsius kalter Quellstrom aus über fünfzig Metern Tiefe an die Oberfläche schwillt. Klarstes Wasser, auch aus mehreren anderen Bächen im Zulauf, schaffen in diesem schmalen Gebirgstal eine dschungelartige Oase, in der unzählige Schmetterlinge und Libellen ihr munteres Spiel über den Wasserflächen treiben. Auch wir genießen diesen erfrischenden Kontrast zu den Tagen am Meer im üppigen Grün und eiskalten Nass. Wir parken direkt am gurgelnden Bach unter riesigen Bäumen, die uns lichtdurchflutet wie ein luftiges Zeltdach vor der heißen Sonne schützen.

Die kurvenreiche Passstraße gleitet hinunter in den weiten Talboden.

Eine imposante Burganlage wacht majestätisch über die in sanfte Hügel und Hänge gebettete Stadt. Viele der beeindruckenden, großen, historischen Bürgerhäuser wurden bereits restauriert, grob gepflasterte Gassen und schmale Straßen verbinden die verschiedenen Stadtteile und durchschneiden die alten Ladenzeilen des osmanischen Bazars. Gjirokaster hat Potenzial, die Ansätze sind bereits deutlich zu erkennen. Aber es ist noch viel zu

tun, um ein ganzheitlich intaktes Bild zu schaffen. Doch sie werden es schaffen, aus ihrer geschichtsträchtigen Stadt ein Schmuckkästchen zu machen, ganz sicher, aber es wird noch einige Jahre dauern. Zu viel ist noch in Trümmern, heruntergekommen oder einfach nicht schön genug, um schon jetzt in Begeisterung zu schwelgen. Eines ist jetzt schon sichtbar, es ist die mit Abstand sauberste Stadt, die wir in Albanien vorgefunden haben – und das ist ja auch schon mal was …

Ein Fazit unserer Zeit in Albanien macht klar – wir haben uns verliebt! Verliebt in ein uns bisher unbekanntes Land, verliebt in die Herzlichkeit seiner Menschen. Natürlich haben wir nicht alles gesehen, was Albanien bietet, so waren wir nicht an der Küste im Norden und in der Landesmitte, auch nicht in den großen Städten. Aber wir haben in den vergangenen vier Wochen genug gesehen, um uns ein persönliches Urteil erlauben zu dürfen.

Für Albanien braucht man in erster Linie Zeit, viel Zeit. Und Geduld. Und eine nicht zu tiefe Verbundenheit zum fahrbaren Untersatz. Die Straßen sind, nun ja, in vielen Bereichen sehr rudimentär vorhanden. Man lernt, dass eine Teerstraße auch dann eine Teerstraße ist, wenn der Teer nur noch ansatzweise zu erkennen ist. Und wenn dieser dann ganz weg ist, dann gibt es eine Baustelle. Und die kann sich dann gleich mal über Dutzende Kilometer hinziehen. Und zwar über die gesamte Straßenbreite, nicht wie bei uns erst die eine, dann die andere Seite. Eine Hauptstraße ist dann eine Hauptstraße, wenn sie wichtige Orte und Landesteile verbindet. Egal, wie breit oder kurvig sie ist. Oder wie viele Schlaglöcher sie hat. Das realistische Stundenmittel wird also auch auf diesen Hauptachsen selten mehr als dreißig Kilometer sein. Nebenstraßen sind mit normalem Pkw kaum zu meistern, außer man ist Albaner und fährt einen alten Mercedes. Diese Kombination meistert jede Strecke …

Hat man dann die vorgesehene Etappe gemeinsam mit seinem Fahrzeug halbwegs unbeschadet überstanden, entschädigt die Landschaft mit grandiosen Arrangements. Einerlei, ob man ein Freund wilder Berge, romantischer Täler, weiter Ebenen, klarer Seen oder unendlicher Wälder ist, jeder kommt hier voll auf seine Kosten. Kulturelle Highlights sind sicherlich die außergewöhnlich schönen und historisch interessanten Kirchen und Klöster, die sich dem Betrachter meist erst auf den zweiten Blick so richtig erschließen. Die Städte und Dörfer, die wir gesehen haben, sind dagegen in der Regel bar jeglicher Attraktivität, sehen wir mal von den Altstädten von Berat oder Gjirokaster ab. Lebhaft sind allerdings die Märkte, das Einkaufen insgesamt. Preiswert, frisch und immer ein Lachen im Gesicht der Verkäufer. Dorf- und Stadtdurchfahrten sind in der Regel geprägt von unkonventionellem Parken der einheimischen Autofahrer, fehlenden Gullideckeln, die wohl Schlaglöcher simulieren sollen, und freilaufenden Haus- und Nutztieren aller Art.

Und damit sind wir bei den Menschen, die dieses Land prägen. Egal, wo man ist, mit wem man spricht oder ob man Unterstützung benötigt, die Hilfsbereitschaft, die Freundlichkeit und die Selbstlosigkeit sind frappierend. Warum fällt dies uns Mitteleuropäern eigentlich immer sofort auf …? Kein Neid ist zu spüren, obwohl der Durchschnittsalbaner wirklich arm an materiellen Dingen ist. Hat er denn Arbeit, was nicht so oft vorkommt, so ist sein Monatsverdienst selten über dem einer dreistündigen Handwerkerrechnung, nach deutschen Maßstäben gerechnet. Aber niemand bettelt oder belästigt einen, keiner läuft heruntergekommen umher.

Die albanische Gesellschaft beweist auch das Funktionieren zweier Religionen gemeinsam im Alltäglichen. Kirche und Moschee stehen einträchtig nebeneinander, Friedhöfe werden nicht selten von beiden Glaubensgemeinschaften parallel genutzt. Sollten sich mal die Hüter der kirchlichen Moral von Kreuz und Halbmond bei Gelegenheit genauer ansehen …

Der Norden und der Osten des Landes kamen uns insgesamt ärmer und heruntergekommener vor als der Süden. Hier unten ist die Landwirtschaft effektiver, die Straßen sind besser, Beschilderungen vorhanden, die Häuser schöner, die Orte sauberer. Damit sind wir bei einem der großen Probleme Albaniens – dem Müll. Wilde Kippen an jeder Ecke lassen vor allem die Dörfer total vermüllt erscheinen, Millionen herumirrender Plastiktüten und Restmüll aller Art verschandeln so gut wie jeden Platz. Hier ist noch sehr viel Sensibilisierung nötig. Allerdings, es gibt bereits Lichtblicke, vor allem auch hier wieder mehr im Süden. Hier findet man auch die Traumstrände, die selten geworden sind in Europa. Glasklares, türkisfarbenes Wasser, weiße Kies- und Sandstrände und dort, wo die Zufahrten zu den Buchten noch nicht asphaltiert sind, auch Ruhe und Abgeschiedenheit, denn auch die Albaner wissen inzwischen den Badefreuden zu frönen.

Wir können eine Reise durch Albanien bedingungslos und uneingeschränkt empfehlen, ja raten geradezu, es noch zu tun, bevor die Ursprünglichkeit, die dieses Land und seine Menschen so liebenswert macht, von Europa aufgesogen wird … „Faliminderit Albania" – wir sind froh, hier gewesen zu sein.

Von unserem Übernachtungsplatz, einem kleinen Kratersee unweit der Straße, sehen wir es schon, das Pindos-Gebirge. Dort oben, wo die Adler kreisen, gleich nach der albanischen Grenze, ganz im Nordwesten Griechenlands, da wartet dieses sehr ursprüngliche Gebirge auf uns. Lange Zeit war es nur sehr schwer erreichbar, nun führen schmale, aber asphaltierte Straßen zu den einzelnen Dörfern. Zagoria heißt die Gegend dort oben, die denkmalgeschützten Dörfer nesteln unauffällig in den dichten Wäldern. Schwere Steinplatten decken die gedrungenen Häuser, aufgerichtet aus grob behauenen Felsen. Über 300 Jahre alte Steinbrücken, filigran, mehrbogig, haushoch oder auch nur unauffällig in der Landschaft versteckt, überbrücken die Bäche, verbinden die Dörfer. Bis fast in unsere Zeit waren sie die einzigen Möglichkeiten, sich in diesem unwegsamen Gebirge fortzubewegen.

Hier, versteckt zwischen den unzugänglichen Bergen, ist ein besonderes Naturschauspiel zu bewundern und zu bewandern, die Vikos-Schlucht. 900 Meter tief hat sich der Fluss in Jahrmillionen in das weiche Gestein gegraben und damit den tiefsten Canyon der Welt geschaffen. Gigantische Wände fallen nahezu senkrecht hinab, tief unten das Bachbett und ein Weg. Behende führt uns der steile Pfad Hunderte Meter hinunter zum Boden der Schlucht, zum nun ausgetrockneten Bachbett. Häusergroße Felsbrocken zeugen von der Urkraft des Wassers, das hier unten im Frühjahr mit brachialer Gewalt die Natur formt. Jetzt ist es versickert. Dichter Wald säumt die Hänge an seinen Ufern, die Bäume sind bis in die lichtdurchfluteten Kronen mit Moos bewachsen. Große Farne und schlingender Efeu ranken in der feuchtwarmen Luft, in der schwer der süßliche Duft unbekannter Blüten hängt, um die Wette. Einem Zauberwald gleich begeistert der Weg durch die satte Natur, eine kalte Quelle bietet kleine, klare Becken zum Erfrischen der Lebensgeister, die betört sind vom Dargebotenen. Spät brechen wir auf, der Rückweg ist beschwerlicher, der morgendlich behände nach unten führende Pfad zieht sich nun mühsam und fordernd aufwärts in der Schwüle des Nachmittags.

Wir bewegen uns immer in etwa 1.000 Meter Höhe entlang dicht bewaldeter Bergflanken, passieren auf schmalen Sträßchen winzige Dörfer und nähern uns so langsam dem großen Stausee oberhalb von Metsovo. Hier entspringt der Aoos, jetzt aufgestaut zu einem wirklich schönen See mit vielen Inseln und geschützten Buchten. Als Übernachtungsplatz entdecken wir eine tolle Halbinsel, von der aus sich uns ein umfassendes Panorama über den See bietet.

Kommt man dann von den kühlen Höhen des Pindos-Gebirges hinunter in die vor Hitze flimmernde thessalische Ebene, dann tauchen sie auf wie eine Fata Morgana – die Felsnadeln von Meteora. Selten ist Natur und Mensch ein stimmiger Einklang gelungen, eine Symbiose, die einen staunen lässt und ehrfürchtig verharren. Wie Storchennester krönen die Kirchen und Klöster der sich hier vor Hunderten von Jahren zurückgezogenen Mönche die senkrechten Felsen, unnahbar und unbezwingbar erscheinend.

Respektvoll, fast schüchtern nähern wir uns dieser Landschaft, als würden wir mit unserem plötzlichen Eindringen Gewachsenes stören. Doch die Mönche sind vorbereitet auf den Gast, lassen ihn gerne ein in die früher für jedermann verschlossenen Relikte kirchlicher Geschichte. Wege und Treppen führen heute sicher dort hinauf, wo in vergangenen Zeiten Strickleitern und Seile die einzigen Hilfsmittel waren; der Obolus am Tor hilft, diese Geschichte zu bewahren. Der Einblick macht demütig, weihrauchgeschwängerte Atmosphäre empfängt den Besucher. Eine sakrale Ruhe umgibt das Ganze, man kommt zu sich, die Ausblicke in die Felsen und zu den nächstliegenden Klöstern scheinen nicht von dieser Welt.

Abends verschwindet das verwunschene Tal unter melodischem Glockenspiel der umliegenden Klöster im weichen Licht der untergehenden Sonne, bevor der milchige Schein des Vollmonds ein geisterhaftes Schattenspiel zwischen den schemenhaft unter uns auftauchenden Felsen inszeniert. Drei Tage wandern und klettern wir in dieser geheimnisvollen Welt, lassen uns Zeit für unsere Gedanken und Empfindungen, genießen nach spannenden Klettertouren die außergewöhnlichen Perspektiven von den Gipfeln der Felsen.

Wir verlassen das Tal von Meteora, landwirtschaftlich genutzte Flächen bestimmen nun das Bild. In Kallithea nehmen wir die schmale Bergstraße direkt am Massiv des Olymp entlang und plötzlich stehen wir am Steilabbruch oberhalb von Leptokaria. 1.000 Meter unter uns lockt die tiefblaue Ägäis, der wir natürlich nicht widerstehen können. Ein erfrischendes Bad lässt uns die weite Fahrt über die endlosen Kehren vieler Pässe abschütteln und wir fahren gegen Abend noch hoch hinauf nach Prionia, dem Ausgangspunkt zur Besteigung des Olymp, mit 2.917 Metern der höchste Gipfel Griechenlands. Gewohntes alpines Ambiente und angenehme Frische empfangen uns dort oben in 1.100 Metern Höhe, wo wir uns auf dem Wanderparkplatz für die Nacht einrichten.

Mit Schaudern würden sie sich heute wenden, die alten Götter der Griechen, wenn sie sehen könnten, was wir aus dieser Welt gemacht haben. Doch Zeus und seine Truppe haben sich schon längst davongemacht, ver-

schwunden im Mysterium der Geschichte. Wir wollen uns davon überzeugen, ob sie wirklich alle verschwunden sind, so sang- und klanglos. Und so starten wir im Morgengrauen tief unten oberhalb der Vithos-Schlucht, um der sengenden Sonne des griechischen Sommers zu entgehen, zumindest eine Zeit lang.

Um 4:30 Uhr klingelt uns ein gnadenloser Wecker aus den kuscheligen Träumen. Der Geist versucht, das Geräusch zu ignorieren, das Fleisch stellt sich vorsichtshalber tot. Doch es hilft alles nichts, wir müssen raus. Eine Stunde später sind wir bereits unterwegs, der Vollmond weist uns den Weg durch den dichten Wald. Schnell wird es hell, die morgendliche Frische lässt uns zügig steigen, und so sind wir bereits zwei Stunden später an der Schutzhütte. Leichtfüßig kommen wir voran, der Weg zum Sitz der Götter ist ausgetreten von Abertausenden Sterblichen. Nach dem Passieren der Schutzhütte fängt uns die Morgensonne ein, sie macht die steilen Serpentinen gnadenlos, doch wir lassen uns nicht beirren auf unserem Trip zu den Göttern. Und wir werden belohnt, das Gipfelmassiv des Olymp rückt in unser Blickfeld. Der salzige Schweiß in den Augen brennt schon lange nicht mehr, als wir erst den Stefani, mit 2.909 Metern der Dritthöchste im Bunde, und anschließend den Hauptgipfel, den Mytikas, in 2.917 Metern Höhe erreichen. Erfrischende Kühle erwartet uns, die Nebengipfel Stefani, Skala und Skolio grüßen zu uns herüber.

Doch der Thron ist tatsächlich verlassen, keiner von der alten Göttertruppe lässt sich sehen. Vorsichtshalber besteigen wir auch noch die anderen beiden Gipfel, da wir schon in der Nähe sind, um auch dort nachzusehen. Weit reicht unser Blick nun hinunter in die dunstige Welt der Gegenwart. Und wir können erahnen, warum sie gegangen sind …

Rund 3.000 Meter unter uns glitzert das Meer in der Ferne, viele weitere, niedrigere Gipfel des Massivs stehen rings um uns herum. Von nun an geht es nur noch bergab, 1.800 weite Höhenmeter malträtieren unsere schon leicht müden Knochen, der Abstieg zieht sich gewaltig. Kurz vor Erreichen des Parkplatzes tauchen wir noch in ein eiskaltes, von zwei erfrischenden Wasserfällen gespeistes Becken, um uns den Schweiß und den Staub dieser gewaltigen Bergrunde abzuspülen, ehe uns Geist und Körper endgültig signalisieren, dass sie jetzt wirklich tot sind …

Schon weit hinter Kavala, inmitten einer Lagunenlandschaft, stehen auf zwei winzigen Inseln ein kleines Kloster und eine Kapelle, die zu den Athos-Gütern gehören und denen wir einen kurzen Besuch abstatten. Ein verwunschener Ort der Ruhe am Rande der Fernstraße empfängt uns, bevor wir uns ein verspätetes Frühstück gönnen. Die Fahrt über Komotini nach Alexandroupoli gibt uns einen kleinen Vorgeschmack auf die Türkei. Die meisten Dörfer sind schon muslimisch geprägt durch die dort lebende, türkische Minderheit, die Moschee steht neben der Kirche, die Frauen sind verschleiert. Viel Landwirtschaft, u. a. Tabak und Seidenraupenzucht, prägen das Bild. Alexandroupoli selbst erweist sich als eine moderne und lebenslustige Stadt, wie wir auch an der Beschallung durch eine Stranddisse merken, die plötzlich mitten in der Nacht ganz in der Nähe unseres Übernachtungsplatzes den Betrieb eröffnet und uns intensiv mit Laserkanonen und Discorhythmen bis zur Morgendämmerung beschießt.

10. Juli 2012 – 18. August 2012 – Türkei

„Brücke zwischen Orient und Okzident ..."

Die Griechen schaffen es, dass wir fast eine Stunde brauchen, um bei ihnen durch zu sein. Man spürt, sie mögen sich einfach nicht, die Nachbarn, da eigentlich ausschließlich Türken auf der Heimreise unterwegs sind. An der türkischen Grenze ist das Ganze nach nur zwanzig Minuten erledigt, trotz dreier Stempelstellen und fünf Kontrollen. Für was, erschließt sich uns allerdings nicht immer.

Aber dann – Istanbul. Wer kennst sie nicht, diese Skyline aus Tausendundeiner Nacht, diese schlanken Minarette der berühmtesten Moscheen der Welt, die sich anmutig und elegant in den Abendhimmel schrauben. Doch diese Skyline eröffnet sich dem Reisenden nicht sofort, wenn er die Stadt erreicht.

So geht es den Besuchern seit über zweieinhalbtausend Jahren. Zuerst ist es Byzanz, das sich über mehr als achthundert Jahre neben Rom zur bedeutendsten Stadt der Antike entwickelt. Der Perserkönig Dareios, Phillip von Mazedonien, Alexander der Große und schließlich die römischen Legionen, sie alle belagern und schleifen diese einmalige Stadt, doch sie steht immer wieder auf. Im Gegenteil, sie wird zur schönsten Stadt der Welt. Konstantinopel heißt sie jetzt, als Gegenpol zu Rom überlebt sie die ehemalige Kolonialmacht um Jahrhunderte. Dann kommen die Kreuzfahrer, die Venezianer und schließlich die Osmanen. Wieder wird sie zerstört und ihrer Schätze beraubt, doch prächtiger denn je wieder aufgebaut. Unter den Osmanen wird sie zur Metropole, zum Mittelpunkt eines riesigen Reiches. Doch Verschwendungssucht und politische Veränderungen in der moderner werdenden Welt lassen den Reichtum langsam verblassen. Die Türkei wird geboren, eine Republik entsteht. Und Istanbul, wie sie seit einiger Zeit heißt, ist nicht mehr der Nabel der östlichen Welt. Doch sie bleibt, was sie immer war in ihrer wechselvollen Geschichte – Schmelztiegel, Metropole, heimliche Hauptstadt.

Seit Stunden fahren wir durch den Siedlungsgürtel. Die Vororte, jeder mal eben ungefähr eine Million Einwohner stark, gehen konturlos ineinander über. Gesichtslose Betonklötze der modernen Zeit überragen die über Nacht aufgestellten Wellblechhütten der Hoffnungslosen, dazwischen verlieren sich die Minarette kleiner Moscheen, Inseln der Gläubigen. Schwarzer Ruß Hunderter menschenfressender Busse verpestet die Luft, eine endlose Blechkarawane schiebt sich geduldig von irgendwo nach irgendwo. Eingekeilt in diesen rollenden Lindwurm treiben wir unaufhaltsam unserem Ziel entgegen, dem Goldenen Horn, dem Topkapi Serail, der Hagia Sofia, dem alten Kern von Byzanz, von Konstantinopel, von Istanbul. Wir passieren die durchlässig gewordene Befestigungsmauer, es wird überschaubarer, die Stadt bekommt Struktur. Und dann sind wir plötzlich da, inmitten der Geschichte, die hier so entscheidend mitgestaltet wurde. Ruhig, ja majestätisch, präsentieren sich die Relikte der Vergangenheit, souverän über der pulsierenden Gegenwart thronend.

Unser Ziel ist der Leuchtturm unterhalb der Blauen Moschee, dort befindet sich ein bewachter Parkplatz, auf dem man über Nacht stehen darf. Einen zentraleren Platz gibt es in ganz Istanbul nicht – direkt am Meer, direkt unterhalb der Hauptsehenswürdigkeiten, direkt neben einem Park, in dem abends noch lange gegrillt, geangelt und flaniert wird.

Dass diese Riesenstadt nie schläft, dürfen wir in der Nacht am eigenen Leib erfahren. Ununterbrochene, lautstarke und natürlich irgendwann auch nervige Beschallung verschiedenster Geräusche und Lärmpegel machen ein ruhiges Schlafen schlicht unmöglich, doch das können wir ja später wieder nachholen.

Auf unseren Rundgängen sind wir gefangen von der Symbolik, die Kraft der Geschichte wird uns bewusst. Wir streifen durch die Moscheen und Paläste, von denen aus die damalige Welt beherrscht wurde. Das heutige Leben aber, das spielt sich in den überdachten Basaren, in den schmalen Gassen, rund um die Galatabrücke ab. Wir spüren den Herzschlag dieser mitreißenden Lebendigkeit, tauchen ein, nehmen sie an. Dank der bewährten Berghüttenohrenstöpsel war die zweite Nacht erholsamer und so sind wir wieder fit für einen weiteren Tag Istanbul. Wir schließen uns einer Rundfahrt durch den Bosporus an. Dieser Bootstrip führt entlang des europäischen Ufers hinauf bis zur neuen Hängebrücke der Autobahn, die hier Europa und Asien verbindet, um anschließend entlang des asiatischen Ufers wieder zum Ausgangspunkt zurückzukehren. Im Rahmen dieser zwei Stunden bekommen wir einen guten Überblick über die sich an dieser berühmten Meerenge entlangschlängelnden Stadt mit ihren tollen Palästen und Türmen. Anschließend bummeln wir durch den großen Bazar wieder hinüber auf die andere Seite der alten Stadt, besuchen noch kurz den Fischmarkt im Stadtteil Kumkapi und erreichen ziemlich verschwitzt unseren Übernachtungsplatz am Leuchtturm, wo wir, sehr zur Erheiterung der Anwesenden, durch die Wassersprenger im Park toben.

Erfrischt packen wir zusammen und nehmen die Stadtfähre, die hier annähernd im Minutentakt ablegt, um nach Asien hinüber zu tuckern. Hier, auf der anderen, der asiatischen Seite der Stadt, finden wir dann auch endlich die Skyline, die berühmte. Erst von Kadiköy aus, wo die Stadt viel beschaulicher und ruhiger erscheint, präsentieren sich Geschichte und Gegenwart in dieser einmaligen Linie über den dunklen Wassern des Bosporus. Und wenn dann abends die Sonne als glutroter Ball zwischen den schlanken Minaretten der berühmtesten Moscheen der Welt versinkt, so, wie sie es tagtäglich seit weit über tausend Jahren macht, dann erst versteht man den Zauber dieser Stadt wirklich …

Als wir die ersten Planungen für unser Prologjahr anstellten, veranschlagten wir für die Reise durch Südosteuropa gute vier Wochen. Zehn sind es schlussendlich geworden. An was lag es wohl, dass unser Plan dermaßen danebenlag? Nun, es war der Plan an sich, der scheitern musste, da er sich gewohnheitsgemäß an Urlaubszeiten maß. Wir lernten schnell, dass das Reisen ohne Zeitlimit es ermöglicht, viel länger zu verweilen, viel intensiver zu erleben und alles viel ruhiger anzugehen. Regentage werden einfach mal ausgesessen, es muss ja nicht auf Gewünschtes verzichtet werden, nur weil das Wetter kurzfristig nicht mitspielt. Tagesetappen werden viel überschaubarer angesetzt und vor allem der Spontanität angepasst. Tolle Übernachtungsplätze werden angefahren, sobald sie sich anbieten, auch wenn es erst Mittag ist. Da wird dann viel öfter auch mal ein „Urlaubstag" eingelegt, so ganz ohne Programm.

Nun also werden wir Europa für längere Zeit verlassen. Wir tun dies hier in Istanbul, der einzigen Metropole der Welt, die auf zwei Kontinenten liegt. Und in welcher Stadt wäre dieser Schritt passender als hier, der Mittlerin zwischen Orient und Okzident. Wir sind angekommen. Angekommen in unserer Lebensreise. Wir haben verstanden, wie es sein muss, damit wir es richtig leben. Und jetzt freuen wir uns auf Asien …

Nach einer endlich mal wieder ruhigen Nacht hier auf der asiatischen Seite decken wir uns auf dem Fischmarkt von Kadiköy ordentlich ein, ehe wir uns dem Wochenendverkehr der Istanbuler Stadtflüchtlinge hingeben. Bei Gebze nehmen wir die Fähre hinüber nach Yalova, eine Strecke, die von einem Dutzend Autofähren ununterbrochen bedient wird. So dauert es nicht lange und wir erreichen das Südufer des Sees von Iznik. Durch nicht enden wollende Olivenhaine führt uns die schmale Straße am Ufer entlang und nach gut der Hälfte der Strecke sehen wir einen brauchbaren Übernachtungsplatz direkt am Wasser. Wir reinigen den Uferstreifen vom obligatorischen Müll, und schon ist es ein herrlicher Badeplatz … Von den Bewohnern der umliegenden Häuser werden wir winkend begrüßt und mit Obst beschenkt, zwei nette Trucker verwöhnen uns wenig später mit Eiscreme und wir genießen ein paar ruhige Tage nach dem Großstadttrummel. Drei Tage später passieren wir Afyon, fahren gleich weiter in Richtung Egirdir-See. Es wird gebirgiger, wir sind auf rund 1.200 Metern Höhe. Gleich hinter dem Dorf Uzunpinar schlagen wir uns in die Büsche, es ist bereits dunkel, unser bisher längster Fahrtag geht hier zu Ende.

Die Büsche von gestern Abend entpuppen sich im Morgengrauen als Obstplantagen und kurz darauf tuckern auch schon die Bauern mit ihren Traktoren an, um ihrem Tagwerk nachzugehen. Sie grüßen uns durchs Fenster, also nichts war's mit entspannt ausschlafen. Plötzlich klopft es an unserer Tür: „Merhaba, hier, für euch, willkommen!" Die vierköpfige Familie, an deren Plantagenrand wir stehen, begrüßt uns mit lachenden Gesichtern und mehreren Kilo frisch geernteten Aprikosen und Sauerkirschen. Wir kochen Tee für alle und revanchieren uns mit einer Einladung zum Frühstück unter Kirschbäumen; es ist wieder mal so ein gelungener Moment, für den wir unterwegs sind …

Eine gemütliche Stunde später muss die Familie wieder an die Arbeit und wir starten in Richtung Egirdir-See. Nur ein Pass und einige wenige Dörfer sind zu passieren und schon sehen wir die glitzernde Wasserfläche vor uns, einen glasklaren See, in etwa so groß wie der Bodensee. Langsam fahren wir am Westufer südwärts, immer Ausschau haltend nach dem ultimativen Standplatz. Und dann sehen wir ihn: Eine Lagune, die in einer schmalen Landzunge ausläuft, breitet sich unter uns aus, schattenspendende Bäume ziehen sich einer Allee gleich am Strand entlang, Kühe weiden im saftigen Gras und Störche staksen im seichten Nass. Das Wasser schimmert türkisfarben zu uns herauf, der helle Kiesstrand leuchtet in der Sonne. Klar, das ist es! Wir finden die Zufahrt, durch eine seichte Furt erreichen wir die baumbestandene

Landzunge. Was für ein Plätzchen! Wir genießen zwei traumhaft schöne Sommertage am See, das Wasser ist erfrischend und klar, schattenspendende Bäume und ein leichtes Lüftchen lassen selbst die Mittagszeit angenehm vorübergehen. Abendliche Spaziergänger grüßen uns, ein junges Pärchen auf ei-

nem alten Mofa hält an und schenkt uns vier selbst gefangene, große Fische, man kennt uns inzwischen. Ein kleines Stückchen weiter, südlich von Egirdir, lockt der Yazili-Kanyon zu einer spannenden Wanderung, eine wilde Schlucht mit unzähligen Badegumpen, anschließend genießen wir den Karacaören-Stausee inmitten der tollen Bergkulisse. Für die Weiterfahrt entscheiden wir uns für kleine Nebensträßchen, die zum Teil nicht einmal in unserer Karte vermerkt sind. Vorher aber stocken wir unseren Forellenbestand dank unserer Tiefkühltruhe noch mal um einige Prachtexemplare auf, da diese auch so frisch schmecken, wie sie aussehen.

Wir erklettern so manche Höhe, um danach sofort wieder tief ins nächste Tal abzutauchen. Endlich erreichen wir die Piste hinüber nach Beysehir, auf der wir das Edegöl-Gebirge queren müssen, das sich hier wie ein unbezwingbar scheinender Riegel durch die Landschaft schiebt. Auf fast 1.800 Metern Höhe schrauben wir uns auf gutem Untergrund hinauf, auch die Abfahrt auf der östlichen Seite ist kein Problem. Es zieht sich allerdings, denn es geht weit hinunter und hinaus in die Hochebene nach Beysehir am gleichnamigen See, an dem wir erst nach der dritten „Dorfbesichtigung" auf der Landzunge von Akburun ein gemütliches Plätzchen finden, das unseren Vorstellungen entspricht und das wir jetzt mit einigen Anglern die halbe Nacht teilen.

Irgendetwas ist uns unterwegs wohl nicht gut bekommen, denn in der Nacht geht es plötzlich los mit Bauchschmerzen und dem nicht enden wollenden Drang, die Toilette aufzusuchen. So sind wir denn auch fix und alle am Morgen und bleiben den ganzen Vormittag im „Manni" liegen, nur unterbrochen vom blitzartigen Rundlauf zur Toilette und anschließend ab in den See. Den Rest des Tages dösen wir so vor uns hin und leiden ein bisschen. Gegen Abend behält der geschwächte Körper erstes trockenes Weißbrot, es geht also steil bergauf! Mal sehen, ob wir morgen weiterfahren …

Und tatsächlich, wir sind wieder fit, einigermaßen zumindest. In der heißen Luft flimmert bald Konya vor uns, die Stadt der tanzenden Derwische und ehemalige Hauptstadt der Seldschuken, heute eine Millionenmetropole inmitten einer staubigen Ebene. Doch zumindest die Innenstadt macht einen sympathischen Eindruck, der Verkehr fließt ruhig und gesittet, Straßenbahnen erinnern ein bisschen an zu Hause, alles wirkt aufgeräumt und sauber.

Dann wird es eintönig. Die vierspurige Schnellstraße zieht schnurgerade weiter nach Osten, endlose Sonnenblumenfelder wechseln mit wogenden Weizenfeldern, Weizenfelder mit Sonnenblumenfeldern. So geht es bretteben dahin, einzig Tankstellen unterbrechen die eintönige Fahrt. An einer solchen machen wir Mittagsrast, dort gibt es einen Ein-Mann-Lkw-Service mit ölverschmierter Grube und so wird „Manni" ordentlich abgeschmiert, das Fahrerhaus gewaschen, wir bekommen einstweilen einen Tee und das alles für nicht mal fünf Euro. Da braucht man sich die Hände wirklich nicht selbst schmutzig machen …

Kurz hinter Karapinar gibt es dann doch noch ein Highlight. Zwei beeindruckende Vulkankrater, Meke Gölü und Aci Göl, schaffen ein fast schon urzeitliches Ambiente in der trostlos kahlen Landschaft. Der eine beein-

druckt durch seinen Kraterberg in der Mitte, umflossen von einer übel riechenden Schwefelbrühe, der andere ist aufgefüllt von einem stark salzhaltigen See, der in seiner Konsistenz an das Tote Meer erinnert, aus kalten unterirdischen Quellen gespeist wird und in den wir zur Erfrischung sofort hineinspringen. Von hier aus sehen wir dann bereits unser kommendes bergsteigerisches Ziel, den Aydos Dagi, mit 3.430 Metern einer der ganz großen im Taurusgebirge. Ein paar Kilometer weiter duckt sich der kleine Stausee von Ivriz in die Hügelland-schaft, an dessen Ufer entdecken wir einen ruhigen Übernachtungsplatz.

Eine schmale Teerstraße führt uns durch kleinste Dörfer, schraubt sich immer höher. In einem dieser Dörfer halten wir an. „Merhaba, wir würden gerne etwas Brot kaufen. Kann man das hier?" – „Nein, einen Laden gibt es hier nicht, aber wartet, wir geben euch was." Minuten später kommen aus mehreren Häusern Frauen mit selbst gebackenem Brot und Körben voller Obst. „Hier, für euch, lasst es euch schmecken." – „Oh, vielen Dank, was bekommt ihr dafür?" – „Nein, nein, natürlich nichts, das ist ein Geschenk für euch." Jeglicher Versuch, etwas zu bezahlen, wird freundlich, aber bestimmt zurückgewiesen. Wir revanchieren uns dafür mit kleinen Stofftieren für die Kinder, die mit leuchtenden Augen entgegengenommen werden.

Ganz gerührt ob dieser herzlichen Begegnung fahren wir, nun auf einer teilweise abenteuerlich in den Hang gefrästen Piste, auf der anderen Bergseite hinunter ins Tal. Dort erreichen wir schließlich unseren Ausgangsort, das Dorf Cakillar. Wir wollen uns nach dem Weg zum Berg erkundigen und werden in bestem Deutsch von auf Heimaturlaub weilendem Vater und Sohn mit der Information überrascht, dass man auf einer passablen Piste praktisch fast bis unter den Gipfel fahren kann, Allrad natürlich vorausgesetzt. Also machen wir uns auf den Weg nach oben. Die Piste ist wirklich ordentlich, das Panorama überwältigend. Bis auf ca. 2.350 Meter Höhe hoppeln wir hoch, dort bleiben wir auf einem aussichtsreichen, kleinen Plateau stehen, um zu übernachten. Wir genießen das letzte Tageslicht mit einem tollen Rundumblick über die gesamte Region. Von hier wollen wir morgen Früh zu Fuß starten; weiterzufahren verbietet uns der alpinistische Ehrgeiz. Wir wollen den Aydos Dagi ja schließlich nicht „erfahren" …

Um sechs Uhr morgens geht es los, begleitet von einem tollen Sonnenaufgang über den schroffen Wänden der unter uns aufragenden Spitzen. Es ist eine leichte Wanderung bis auf den Gipfel und so sind wir bereits kurz vor neun Uhr oben auf 3.430 Metern. Weit reicht unser Blick über die wüstenartigen Höhenzüge des Bolkar-Gebirges, wie diese Taurus-Region hier genannt wird. Nach einer ausgiebigen Gipfelrast machen wir uns wieder an den Abstieg und erreichen „Manni", unser Hochlager, nach zwei Stunden Fußmarsch. Da unser Platz so außergewöhnlich exponiert inmitten der zerklüfteten Bergwelt liegt, entscheiden wir, den Nachmittag einfach noch hier oben zu verbringen.

Die Abfahrt hinunter ins Tal ist ganz entspannt, die Pistenverhältnisse kennen wir ja schon. Unten angekommen, entscheiden wir, direkt über die Berge hinaus nach Ulukisla zu fahren. Die schmale Teerstraße endet schließlich auf dem Dorfplatz eines Nestes hoch oben auf fast 2.000 Metern, doch die Piste, die jetzt weiterführt, ist gut zu befahren und nach ein paar Flurbereinigungsarbeiten passt „Manni" auch ganz locker durch die Botanik. Ein tolles Panorama begleitet uns schließlich hinunter nach Ulukisla, dort treffen wir auf die Fernstraße, die uns enormen Lkw-Verkehr beschert. Es geht nun stetig bergab, bis wir kurz vor Pozanti nach Demirkazik hinauffahren, dem Ausgangspunkt unserer nächsten Bergtour. Wir sind nun in den Aladaglar-Bergen, den nordöstlichen Ausläufern des Taurus-Gebirges. Hier befinden sich die höchsten Gipfel dieser Region und auf den höchsten, den Demirkazik, wollen wir hinauf. Das Basecamp für diesen 3.756 Meter hohen Berg ist auf genau 2.000 Metern und bis dahin können wir auf einer guten Bergpiste auch noch fahren. Und so richten wir uns am Nachmittag neben zwei Dutzend Zelten zahlreicher Trekkingtouristen hier oben ein.

Um fünf Uhr, noch vor Sonnenaufgang, geht es los. Der Pfad windet sich durch eine erste Schlucht hinauf in einen imposanten Kessel, der von steilen Wänden umringt ist. Am anderen Ende des Kessels erwartet uns wieder eine enge Schlucht, die stetig bergauf führt, bis sie in ein langes Hochtal mündet, das links und rechts von den hohen Flanken der mächtigen Bergriesen begrenzt wird. Kurz bevor das Hochtal an einem Pass steil abfällt, wenden wir uns nach links und stehen vor der Mutter aller Schuttrinnen. Mindestens 300 Meter hoch und in einer unglaublichen Steilheit durchzieht eine gigantische Rinne mit losem Gestein das felsige Gemäuer, und genau hier müssen wir durch und hoch. Eine ziemlich mühselige Angelegenheit, die uns ganz schön Kraft kostet. Gott sei Dank ist uns der Himmel gnädig und schützt uns mit einer relativ dichten Wolkendecke vor der zentralanatolischen Sommersonne. Am Ende der endlos erscheinenden

Rinne stehen wir auf einem Sattel, von dem aus wir nun den Weg ganz nach oben sehen. In vielen Kehren erreichen wir schließlich den Fels unterhalb des Gipfels und in drei leichten Seillängen klettern wir zügig bis ganz nach oben. Ein Panorama aus einem guten Dutzend Gipfeln in ähnlicher Höhe empfängt uns hier oben, doch wir stehen auf dem höchsten der Aladaglar-Berge! Erste Regentropfen lassen uns jedoch schneller als erwünscht wieder zusammenpacken und gemeinsam mit zwei türkischen Bergsteigern, die den Gipfel von der anderen Seite bezwangen, machen wir uns wieder an den langen Abstieg. Wir haben Glück, das drohende Gewitter zieht knapp an uns vorbei und so erreichen wir müde, aber trocken am späten Nachmittag wieder unser Basecamp.

Nach einer erholsamen Nacht sind wir wieder fit für Neues. Und so machen wir uns auf nach Kappadokien, dieser fantastisch gestalteten Märchenlandschaft aus Tuffgestein, die vor Millionen von Jahren durch unzählige

Vulkanausbrüche geschaffen wurde. Wir passieren eine Handvoll abgelegener, einfacher Bauerndörfer, in denen man uns immer wieder erstaunt hinterherblickt. Im Tal von Pancarlik bekommen wir dann einen ersten Eindruck dessen, was uns in den nächsten Tagen hier erwarten wird. Wir erreichen schließlich Ortahisar und

entdecken direkt oberhalb der sogenannten Roten Schlucht am Ende eines schmalen Hohlweges einen fantastischen Übernachtungsplatz mit traumhafter Aussicht.

Noch vor Sonnenaufgang weckt uns leises Fauchen und Rauschen, was ist das? Ein erster Blick aus dem Fenster lässt uns sofort hellwach sein – gut hundert Heißluftballons gleiten vor uns über den Morgenhimmel, der langsam von der aufgehenden Sonne in helles Licht getaucht wird. Was für ein Bild! Wir frühstücken inmitten der rötlichen Gesteinsschichten der Kizilcukur, der Roten Schlucht, anschließend wandern wir durch selbige und das daneben liegende Rosental, immer im stetigen Auf und Ab zwischen den beeindruckenden Tuffsteingebilden, in die unzählige Kirchen und Wohnungen gegraben sind. Dann streifen wir durch das Tal von Zelve, dessen Höhlenwohnungen erst Anfang der Fünfzigerjahre aufgegeben werden mussten, als sie gefährlich baufällig wurden, und bewundern noch die eleganten Feenkamine im Tal von Pasabagi, skurrile Gebilde, die die Natur hier geschaffen hat.

Wir stehen auf einem kleinen Plateau direkt über dem Hauptstartplatz der Heißluftballons. Direkt um uns herum werden noch bei Dunkelheit unzählige dieser Ungetüme startklar gemacht. Die Flammen der Brenner beleuchten die bunten Hüllen, nach und nach steigen die Kolosse auf und treiben mit dem Wind davon, teilweise nur wenige Meter über unsere Köpfe hinweg.

Ein Spektakel der Extraklasse – und wir mittendrin! „Merhaba, willkommen in unserer Zauberwelt!" Osman steht neben uns, er baut sich hier gerade einen der Tuffsteinfelsen zu einer witzigen Wohnung aus. „Kommt heute Abend mit zu mir nach Hause, wir haben ein Haus in Göreme. Ihr seid herzlich eingeladen zum Abendessen." Und so sitzen wir später die halbe Nacht auf der Dachterrasse im Kreise der ganzen Familie und lassen uns mit einem tollen Essen verwöhnen.

Der Erciyes lockt uns schon lange mit seiner mächtigen Präsenz am Horizont. Knappe 4.000 Meter ist er hoch, dieser markante Vulkan, der für die Schaffung der Tufflandschaft in Kappadokien verantwortlich war. In Kayseri, der Millionenmetropole am Fuß des Erciyes, ist die Anfahrt zur Passhöhe am Berg nicht leicht zu finden, doch nach einigen Irrfahrten sind wir auf dem richtigen Weg und erreichen am Nachmittag auf rund 2.200 Metern Höhe unseren Ausgangspunkt zur Besteigung; hier befindet sich im Winter ein ganz ordentliches Skizentrum. Hinter dem jetzt im Sommer geschlossenen Restaurant und Snowboard-Verleih „Arlberg" stellen wir uns in den Windschatten, es bläst gewaltig, später zieht auch noch ein Gewitter über uns hinweg. Und es ist ganz schön frisch hier oben, doch die vielen Erdhörnchen, die um „Manni" herumwuseln, lassen sich davon nicht stören.

Es ist schon ein gigantischer Brocken, der sich um fünf Uhr morgens im hellen Licht des Vollmonds da vor uns aufbaut. Und weit ist der Weg bis dorthin. Anfangs geht es noch gemütlich durchs Skigebiet entlang der Pisten, doch schon bald müssen wir einen steilen Rücken erklimmen, der sich schier endlos nach oben zieht. Es ist der südliche Kraterrand, auf den wir uns hinaufmühen und auf dessen Krone wir nun den gesamten Krater bis zum Gipfelaufbau umrunden. Eine sehr steile, mit losem Geröll gespickte Rinne fordert uns noch mal ordentlich, bevor wir schließlich nach sechs Stunden Aufstieg auf dem höchsten Punkt Zentralanatoliens stehen. Nebelschwaden wabern um uns herum, ein starker Wind lässt uns alles anziehen, was wir dabeihaben. Immer wieder geben die Wolken den Blick frei über die unendlich weit unter uns erscheinenden Hochebenen. Es ist ein erhabener Moment, so zentral und hoch über Anatolien zu stehen! Später, auf dem langen Weg hinunter durch die Flanken des erloschenen Vulkans, hören wir hinter uns plötzlich ein immer näher kommendes, unheimliches Geräusch. Was ist das? In wilden, unkontrollierten Bocksprüngen rast ein mächtiger Felsbrocken direkt auf uns zu, viele Steine in seinem Schlepptau. „Schnell, nach rechts, lauf, lauf!" Conny reagiert Gott sei Dank sofort, ich laufe in die andere Richtung, nur weg, raus aus der Falllinie. Doch sie stolpert und fällt der Länge nach hin. Und jetzt ändert er auch noch die Richtung, rast direkt auf sie zu! Nur wenige Augenblicke später schlägt der Brocken haarscharf neben ihr auf und rumpelt Staub aufwirbelnd vorbei. Was für ein riesiges Glück … Noch lange zittern uns die Knie, wird uns erst so langsam bewusst, wie knapp wir einem schrecklichen Unglück entgangen sind.

Der Erciyes hat uns ganz schön geschlaucht. So starten wir erst am späten Vormittag, hinunter auf die Südseite, nach Develi. Die Strecke führt durch verschiedenste Landschaftsformen, unendlich scheinende landwirtschaftliche Flächen wechseln sich ab mit kargen Hochebenen und schluchtartigen Tälern. So nähern wir uns dem Nemrut Dagi, dem größten Grabhügel der Welt, in Auftrag gegeben von Antiochos, dem Gottkönig von Kommagene. In Katha erreichen wir den Ausgangspunkt für die Besichtigungen rund um den Nemrut Dagi. Unser mittäglicher Versuch, am Atatürk-Stausee einen Badeplatz zu finden, scheitert kläglich, da sich die einzige

Stelle am See, die von Katha aus erreichbar ist, dermaßen vermüllt zeigt, dass wir gerne darauf verzichten, dortzubleiben. So entscheiden wir, nach einer Mittagspause am Karakus-Hügel, dem Grabhügel der Frauen von König Mithridates, gleich auf den Nemrut Dagi hochzufahren. Dazu wählen wir die alte Straße, vorbei an der fast 2.000 Jahre alten Cendere-Brücke, der Burg Yeni Kale und den antiken Resten von Arsameia. Sehr steil und stellenweise aufregend schmal windet sich die Straße hinauf auf den Berg, dessen Gipfel der gigantische Grabhügel ziert. Knapp unterhalb des höchsten Punktes stellen wir uns auf eine ebene Fläche, ein außergewöhnlicher Übernachtungsplatz mit einem einmaligen Rundumblick. Zum Sonnenuntergang wandern wir zu den weltbekannten Steinköpfen hoch und genießen die besondere Stimmung zwischen Antike und Gegenwart.

Also sprach Antiochos, König von Kommagene: „Als ich die Anlage dieses Hierothesions unzerstörbar durch die Schädigungen der Zeit in nächster Nähe der himmlischen Throne zu errichten beschloss, in welchem die bis ins Greisenalter hinein wohlerhaltene Hülle meiner Gestalt, nachdem sie die gottgeliebte Seele zu den himmlischen Thronen des Zeus-Oromazdes entsandt hatte, durch die unermessliche Zeit ruhen soll, da nahm ich mir vor, auch diesen heiligen Ort zur gemeinsamen Thronstätte aller Götter zu machen."

Selten ist in der Antike ein beeindruckenderer Ort für eine Kultstätte gewählt worden. Noch heute, mehr als 2.000 Jahre nach der Errichtung dieser kolossalen Steinfiguren, ist dieser Platz hoch über der anatolischen Ebene von mystischer Harmonie geprägt. Selbst Erdbeben, die im Lauf der Jahrhunderte die steinernen Köpfe von den Schultern der riesigen Torsi haben stürzen lassen, konnten dem Ensemble der Ebenbilder von Mächtigen und Göttern nichts von ihrer Würde nehmen.

Wenn mit der leuchtend gelben Sonne frühmorgens über den schroffen Bergspitzen Anatoliens langsam der neue Tag erwacht und die fein modellierten Köpfe der Götter und Herrscher Kommagenes in warmes Licht getaucht werden, dann erfasst demütiges Schweigen den Betrachter und man begreift die Großartigkeit des Augenblicks. Und wenn die höher steigende Sonne das karge Land weit unten in einen glühenden Backofen verwandelt, dann thronen die Wächter der Vergangenheit erhaben in der Kühle des lange Zeit schwer erreichbaren Gipfels. Und wenn nachts eisige Winde um die kahlen Höhen pfeifen, dann trotzen diese erhabenen Zeugen der Geschichte dort oben jeglichen Angriffen, so wie es Antiochos einst prophezeit hatte …

Vorsichtig schiebt sich „Manni" die gut 1.000 Meter vom Nemrut Dagi herunter zum Fähranleger, hier kreuzt ein ziemlich angerosteter Kahn den Atatürk-Stausee. Natürlich sind wir sofort der interessante Mittelpunkt des Geschehens, fast jeder der auf die Fähre Wartenden möchte uns willkommen heißen, Tee wird uns gereicht. Und als diese anlegt, dürfen wir als Erste auf den Seelenverkäufer rangieren. Auf der anderen Seite erwartet uns

ein unwirtliches, steiniges Plateau, das sich fast bis nach Diyarbakir zieht. Die heimliche Hauptstadt der Kurden ist in den letzten Jahren bevölkerungsmäßig förmlich explodiert, fast eine Million Menschen leben heute hier. Riesige Neubauviertel sind entstanden, um die stetig wachsende Menschenmenge aufzunehmen. Eine vierspurige Schnellstraße durchschneidet nach der Stadt unendliche Weizenfelder, hundert Kilometer in alle Richtungen wandert der Blick über die eintönige Landschaft, nur selten von ärmlichen Dörfern besiedelt. Wir sind im Kerngebiet der türkischen Kurden. Die militärische Präsenz der Jandarma ist zurückhaltend, aber doch nicht zu übersehen. Aktuelle Anschläge und Kampfhandlungen in nicht allzu weiter Ferne verlangen einerseits dieses Auftreten, provozieren allerdings auch die andere Seite. Doch wir fahren unbehelligt durch nun tiefe Schluchten hinauf nach Bitlis und weiter nach Tatvan.

Hoch über der unendlich scheinenden Wasserfläche des tiefblauen Van-Sees, inmitten der feindlich kahlen Berge und trockenen Hochebenen der ostanatolischen Steppe, da wartet der gigantische Vulkankrater Nemrud Dagi auf seine Entdeckung. Steil führt die Piste über die gerölligen Flanken hinauf zu seinem Rand, ebenso steil geht es auf seiner inneren Seite wieder hinunter in die von mehreren eiskalten und warmen Seen geprägte Caldera. Ununterbrochen blubbert es im klaren Wasser, vulkanische Quellen speisen die Kraterseen in den unterschiedlichsten Temperaturen. Manche der Quellen sind so heiß, dass man sich verbrühen würde, wenn man ihnen zu nahe käme. Tiefschwarzes Vulkangestein, federleichte Bimssteine und üppige Vegetation, ein nahezu senkrechter Kraterkessel von mehreren Kilometern Durchmesser über uns, ein glasklarer, dunkelblau schimmernder See – die urweltliche Szenerie lässt uns mehrere Tage bleiben.

Es soll hier angeblich Bären geben, man möge bitte nachts aufpassen beim Herumlaufen. So ein Quatsch, wir lassen uns doch selbigen nicht einfach so aufbinden …

Wir hören es noch mal, diesmal von anderen Reisenden. Hmm …

Mal sehen. Wir legen Melonenschalen vor unserer Tür aus, glauben aber nicht wirklich daran. Weit nach Mitternacht raschelt es unter unserem Fenster. Tatsächlich, Meister Petz schnappt sich gerade die Leckereien, keine drei Meter von uns entfernt – unglaublich. Und ich wollte eigentlich soeben mal kurz vor die Tür … Auch die anderen Camper in unserer Nähe hatten dieses Erlebnis. Es waren zwei große und ein kleiner Schwarzbär, die sich die ausgelegten Frucht- und Gemüsereste holten. Was für ein spannendes Erlebnis! In der nächsten Nacht gibt es wieder Besuch von den Bären,

kein Wunder, bei dem verlockenden Angebot, das wir unter unser Fenster legen. Wir können sie wunderbar beobachten, leuchten sogar alles gut aus, und trotzdem lassen sie sich lange nicht stören. Ist schon was Besonderes, Bären in der freien Wildbahn so nah zu erleben.

Nach einigen Tagen verlassen wir unseren idyllischen Platz, da wir alle Vorräte aufgebraucht und verfüttert haben, und fahren auf einer guten Piste über den Kraterrand hinunter nach Ahlat, wo wir über den uralten, riesigen Friedhof mit

reich verzierten Stelen aus der Seldschukenzeit wandeln. An einem schönen Strand hier am nördlichen Ufer des Van-Sees, im Hintergrund lediglich ein paar einzeln stehende Häuser, ist mal wieder Wäsche waschen angesagt und ich werde mit der interessanten Aufgabe betraut, in einer baumlosen Ebene eine Wäscheleine zu spannen. Nach der Lösung dieser Herausforderung, man wächst ja bekanntlich mit den gestellten Aufgaben, kommen zwei Jungs mit einem Tablett zu uns, darauf eine Kanne Tee und zwei Gläser. Von der Terrasse des in einiger

Entfernung stehenden Hauses winkt uns der Vater zu, während uns seine Jungs die Einladung zum Abendessen überbringen. Lange noch sitzen wir dann gemeinsam auf der erhöhten Veranda und genießen einen einmaligen Blick über den riesigen Van-See und die imposanten Bergketten Kurdistans.

Nach einem morgendlichen Bad im etwas seifigen Wasser des Van-Sees wird uns von unseren gestrigen Gastgebern frischer Tee zum Strand heruntergebracht – was für eine neuerliche Geste der Gastfreundschaft! Wir fahren die kurze Strecke nach Adilcevaz und von dort hoch zum fast kreisrunden Kratersee Aydir Gölü, der uns mit glasklarem Wasser inmitten einer tollen Landschaft verwöhnt, bevor wir am frühen Abend die sandige Piste hoch zum Süphan, unserem morgigen Bergziel, in Angriff nehmen. Immer höher schraubt sich die ganz gut zu befahrende Wegstrecke, bis hinauf zum Hochlager einiger Schafhirten. Ab hier wird es nun richtig steil und auch eng zwischen vielen herabgestürzten Felsbrocken. Das Geröll ist teilweise so lose, dass „Manni" schlussendlich sogar nach den Differentialsperren verlangt. Doch alles geht gut, und als die Piste schließlich bei einigen leeren Schafpferchen endet, stehen wir oben auf 2.920 Metern. Es ist bereits stockdunkel, als plötzlich zwei Lichtpunkte am Hang über uns auftauchen, Hundegebell kündigt eine späte Herde Schafe an. Dann hören wir sie auch schon blöken, als sie in einen der Pferche getrieben werden. Kurze Zeit später erhellt der Schein eines Lagerfeuers die Gesichter der Hirten, wir nähern uns zur Begrüßung. Sofort werden wir aufgefordert, Platz zu nehmen, der rußige, verbeulte Teekessel steht bereits auf dem Feuer. Ein ganzes Huhn wird mit dem Taschenmesser in handliche Stücke zerteilt und in einen Blechnapf zum Kochen gelegt. Nüsse und Brot machen die Runde, der heiße und süße Tee wärmt. Bevor das Huhn fertig ist, verabschieden wir uns, wir wollen die Hungrigen nicht in die Verlegenheit bringen, mit uns teilen zu wollen.

Es ist sechs Uhr morgens, zügig steigen wir auf, passieren eine weitere große Herde mit Schafen und Ziegen und werden von den begleitenden Hirten gebeten, zu warten.

Gemeinsam erklimmen wir ein grasiges Plateau, es liegt bereits in der Sonne. Schaffelle werden ausgebreitet, gekonnt wird ein kleines Feuer entfacht, der alte Teekessel darübergestellt, selbst gemachter Schafskäse, Brot und Oliven werden herumgereicht. Lange sitzen wir mit den beiden kurdischen Hirten am Feuer, um uns herum mehr als hundert Tiere, die die grünen Matten genießen. Als wir schließlich aufbrechen, spüren wir wieder die Einmaligkeit der spontanen Situation, die sich uns hier eröffnet hat, und wir wissen, warum wir uns für diese Lebensform entschieden haben. Die Bergtour, der Gipfel, sie werden dabei fast zur Nebensächlichkeit …

Dann stehen wir oben auf dem Süphan, auf 4.058 Metern! Starker Wind bläst uns um die Ohren, doch das Panorama ist großartig. Der gesamte Van-See liegt uns zu Füßen, inmitten der ihn umgebenden Bergketten des kargen südostanatolischen Hochlandes. Nach einer ausgiebigen Gipfelrast machen wir uns wieder auf den weiten Rückmarsch und erreichen „Manni" schließlich ziemlich eingestaubt, da wir beim Abstieg unheimlich viel Sand aufwirbeln. Wir packen schnell zusammen und holpern noch die steinige Piste hinunter zum schon von weit oben lockenden Aygir Gölü, in dessen reinigendes Nass wir uns sofort stürzen.

Es geht weiter in Richtung Osten, wir passieren Ercis und verlassen kurz darauf die Ufer des größten Sees der Türkei. Vorbei an Caldiran steigt die Straße stetig an, bevor sie den Tendürek-Pass, bereits in Sichtweite der iranischen Grenze, auf 2.644 Metern Höhe erreicht. Eine fast surreale Landschaft umgibt uns hier, man sieht noch deutlich die erkalteten Lavaströme, die der Tendürek Dagi bei seinem letzten Ausbruch weit in die Ebenen hinaus geschoben hat.

Und plötzlich sehen wir ihn. Mächtig taucht er unvermittelt hinter kahlen Bergrücken auf, füllt mit seiner majestätischen Größe den Horizont, alles andere wirkt auf einmal klein und unbedeutend. Weit leuchtet seine strahlend weiße Schneehaube hinaus in die ihn umgebenden Ebenen – der Ararat, was für ein Berg!

Die weitere Strecke hinunter nach Dogubayazit steht ganz im Schatten dieses Kolosses. Dort angekommen, fahren wir hinauf zum etwas außerhalb der Stadt imposant auf einem Hügel gelegenen Ishak-Pascha-Palast. Direkt oberhalb der historischen Anlage stellen wir uns auf den Platz, an dem früher einmal ein Café zum Verweilen einlud, und genießen den wohl schönsten Blick auf den Palast und die umliegenden Reste der alten Stadt, während draußen ein mächtiger Sturm „Manni" ganz schön zum Schaukeln bringt. Irgendwann hört der Sturm dann auf, uns zu nerven, und so haben wir doch noch eine absolut ruhige Nacht oberhalb des Ishak-Pascha-Palastes. Diesen dürfen wir am Morgen besichtigen, obwohl montags die Anlage eigentlich geschlossen ist, denn die freundlichen Arbeiter, die mit Restaurierungsarbeiten beschäftigt sind, lassen uns hinein, wobei wir

um den Eintrittspreis herumkommen und angenehmerweise den gesamten Palast für uns alleine haben. Unseren Plan, den Ararat zu besteigen, verwerfen wir jedoch, da uns das Permit mit 900 Euro einfach zu teuer ist. Wir umrunden den mächtigen Koloss auf seiner Westseite und fahren durch seine erkalteten Lavaströme hinunter in das in einem äußerst fruchtbaren Talkessel liegende Igdir.

Auf dem weiteren Weg nach Ani bleiben wir in Oyuklu hängen. Was ist passiert? Wir fahren von Tuzluca immer nah an der armenischen Grenze entlang. In Pazarcik dann eine Piste, die laut Navi und Karte direkt nach Ani führen soll. Kahle Berge, sonst nichts. Eine lange Staubfahne, vom Wind zerrissen, kündigt schon von Weitem

unser zufälliges Kommen an. Die steinige Piste erreicht ein unscheinbares Dorf. Geduckt schmiegen sich schmucklose Steinbauten und halb verfallene Lehmhütten in eine schützende Senke, lediglich der schlanke Turm der kleinen Moschee ragt trotzig in den wolkenlosen Himmel. Viehherden ziehen gelassen über die steilen Hänge oberhalb der Häuser, in den ausgewaschenen Gassen tummeln sich Gänse und Hühner, Kinder und Frauen blicken uns erstaunt nach. Riesige Heuhaufen für die Versorgung der Tiere und pyramidenartig aufgeschichteter Kuhdung zum Heizen kündigen bereits den nicht mehr fernen Herbst an. Archaisches Leben geht hier nach wie vor seinen gewohn-

ten Gang, nur einzelne Traktoren und Satellitenschüsseln auf den Hütten zeugen von der Moderne. Der Hohlweg verliert sich zwischen abgeernteten Feldern, unsere Navigationsgehilfen bekommen einen vernichtenden Blick ab, während ein alter Bauer auf uns zukommt. Ich gehe mit der Straßenkarte auf ihn zu, um zu versuchen, eine vernünftige Wegbeschreibung auch ohne Sprachkenntnisse zu bekommen. „Merhaba, äh, wir hier, jetzt nach Ani, wo?" – „Schau an, ein Münchner, wie kommt ihr denn hierher?" Das gibt es doch eigentlich gar nicht, oder? Es gibt sicher nicht viel mehr abgeschiedene Plätze in der Türkei, und jetzt das … „Nein, hier geht es nicht mehr weiter, deine Karten taugen nichts. Aber jetzt kommt erst mal herein." Seine Frau ist gerade am Butterfass beim Stampfen, führt uns aber sofort in die gute Stube. „Ja, ich habe fünfundvierzig Jahre bei Borsig in Berlin gearbeitet, und jetzt bin ich in Rente. Und mein Sohn ist Rechtsanwalt in Deutschland." Nach einigen Augenblicken steht ein reichhaltiges Mittagessen vor uns auf dem Tisch. „Langt zu, fühlt euch wie zu Hause!" Nach und nach trudeln weitere Familienmitglieder ein. „Ich muss jetzt dann weg, nach Kars, aber ihr bleibt hier bei uns, ihr seid heute unsere Gäste. Wir sehen uns dann morgen wieder." Und weg ist er, der Einzige, der Deutsch spricht. Damit ist die Konversation mit dem Rest des Dorfes auf eine höchst überschaubare Größe zusammengeschrumpft, was sich aber schlussendlich als nicht wirklich störend herausstellt.

Den ganzen Tag genießen wir den unaufgeregten Ablauf des Tagwerks, beobachten die Menschen, sitzen mit ihnen im Schatten und palavern, lachen mit den Kindern. Der Nachmittag vergeht wie im Flug, gegen Abend pfeift bereits ein kühler Wind über die baumlosen Berge. Das Leben ist hart hier draußen, vor allem im Winter. Bis zu minus dreißig Grad Celsius, meterhoher Schnee und eiskalter Sturm lassen die Menschen immer wieder ums Überleben kämpfen. Doch davon ist jetzt nichts zu spüren. Lebensfreude begleitet den Tag, wir bleiben über Nacht. Es wird für uns mitgekocht, die Tischplatte ist randvoll mit einfachen, aber schmackhaften Speisen, die dem kargen Boden abgerungen und selbst hergestellt sind. Männer und Frauen essen in verschiedenen Räumen, anschließend sitzen wir auf weichen Kissen entlang der Wand auf dem Boden und trinken Tee.

Am nächsten Morgen verabschieden wir uns von der großen Familie, die fast das halbe Dorf ausmacht, voll mit emotionalen Erlebnissen, ergriffen von der selbstlosen Gastfreundschaft. Die Umarmungen sind ehrlich, Tränen sind zu sehen – „Wenn ihr wiederkommt, ist das hier eure Familie …" Wir bedanken uns mit kleinen Geschenken für die Kinder, bekommen selbst gemachten Käse und Joghurt, Brot und Butter mit auf unseren weiteren Weg. Lange noch wenden wir unseren Blick und unsere Gedanken zurück in dieses unscheinbare Dorf mit seinen herzlichen und liebevollen Menschen …

Wir fahren die Piste zurück nach Pazarcik, dann vorbei an Kars und schließlich nach Ocakli, an dessen Ortsrand die Ruinenstätte von Ani liegt. Mächtige Mauern und gewaltige Tore kündigen schon vor der Ortseinfahrt den alten Befestigungswall an. Das mystische Dunkel der Geschichte gestattete Ani eine kurze Blütezeit, bevor die Heerscharen fremder Mächte und ein finales Erdbeben die Stadt der tausend Kirchen in Schutt und Asche legten. Hunderttausend Menschen sollen hier gelebt haben, in einer trostlos abgeschiedenen und kahlen Landschaft, geprägt von heißen Sommern und eiskalten Wintern. Auch heute noch ist Ani ein geheimnisvoller Ort. Ein dreieckiges, steiniges Plateau, begrenzt von zwei Canyons, direkt an der armenischen Grenze und deshalb lange Jahre nur sehr schwer zugänglich, verbirgt hinter einer mächtigen Mauer sakrale Bauten aus dieser Zeit. Ein aufziehendes Gewitter unterstützt das Geheimnisumwitterte, grelle Blitze zucken am schwarzen Horizont, schwere Tropfen klatschen gegen die porösen Mauer-

werke. Die untergehende Sonne blitzt durch die dunklen Wolken, setzt die letzten Zeugen dieser Geschichte in ein gespenstiges Licht und zeichnet einen alles umspannenden Regenbogen an den stürmischen Abendhimmel.

Die Choreographie der Natur ist perfekt, unsere Sinne applaudieren dem Regisseur. Gelungener kann man Ani nicht erleben.

Nachdem sich sämtliche Hunde der Umgebung ausgiebig alle Neuigkeiten zugebellt haben, kehrt endlich Ruhe ein, bis im Morgengrauen die Dorfkühe und unzählige, schnatternde Gänse, die direkt an unserem „Manni" vorbeigetrieben werden, unseren Schlaf sanft beenden. Nach einem gemütlichen Frühstück vor dem Haupttor von Ani füllen wir noch unsere Wassertanks auf, bevor es weitergeht nach Norden. Im Dorf Basgedikler ist Schluss, hier endet die Straße abrupt und wird zu einer holprigen Erdpiste, die sich kerzengerade durch unendliche Felder zieht; irgendwann queren wir eine Bahnlinie mitten im Nirgendwo und fahren weiter hinauf in die Berge an den Cildir Gölü. Dieser See liegt fast 2.000 Meter hoch auf einem Plateau, umrahmt von Feldern, die bis an seine Ufer reichen, und kleinen Dörfern mit schönen Plätzen zum Verweilen. Einen solchen finden wir inmitten eines Wäldchens von jungen Birken und Kiefern. Herrlich frisches Wasser, aufgewühlt von starkem Wind, und schattige Stellen unter den saftig grünen Bäumen tun uns gut nach all dem kargen Hochland der letzten Tage.

Dicke Wolken begrüßen uns zwei Tage später, als wir uns in Richtung georgischer Grenze aufmachen. Die Landschaft verändert sich total, alles ist grün, viele Wälder säumen die Strecke durch die Berge. Kurz vor Hanak verlassen wir die Straße und fahren auf einer unscheinbaren Fahrspur durch grüne Wiesen zu einem vor sich hin plätschernden Bach. Dort stellen wir uns hin und genießen die für unsere Augen ungewohnt gewordene Umgebung. Kurz darauf kommt der Bauer, dem das Areal gehört, auf seinem Traktor zu uns und heißt uns willkommen. Er würde uns auch gerne zu sich mit ins Dorf nehmen, um uns zu bewirten, doch heute sind wir einfach zu müde. So lassen wir uns vom plätschernden Bach sachte in den Schlaf wiegen.

Das Wetter bleibt schlecht, die Nacht über hat es viel geregnet, tief hängen jetzt die Wolken in den Tälern. Wir verabschieden uns von den freundlichen Bauern und starten in Richtung georgischer Grenze. Diese versteckt sich hinter einem 2.550 Meter hohen Pass. Dichter Nebel verhindert dort oben und bei der anschließenden Abfahrt nach Posof jegliche Sicht, unser Thermometer zeigt gerade noch vierzehn Grad Celsius an – und das mitten im August. Doch an der Grenze unten im Tal sieht die Welt schon wieder besser aus. Dort stauen sich in einer langen Reihe unzählige Lkw aus dem Iran, wir passieren sie langsam und stehen sogleich im türkischen Zollhof. Die Abfertigung ist sehr freundlich und schnell, in der Zwischenzeit kommen wir mit einer iranischen Familie ins Gespräch. Es ist Mohsen mit seiner Frau Elaheh und ihrem neunjährigen Sohn Hesam, die gemeinsam mit einem befreundeten Pärchen eine Rundreise machen.

„Hello, you are from Germany?" – „Ja, und ihr seid aus dem Iran, oder?" – „Ja, das stimmt." – „Da wollen wir auch noch hin auf unserer Reise." – „Wirklich? Das ist ja toll. Also, bitte keine Angst vor dem Iran, das Problem dort sind nicht die Menschen, das Problem dort ist einzig die Regierung …" – „Ja, das denken wir auch. Woher aus dem Iran seid ihr denn?" – „Wir sind aus Teheran. Und wenn ihr im Iran seid, dann seid ihr herzlich eingeladen, ihr könnt bei uns im Haus wohnen und wir zeigen euch alles in der Stadt." – „Aber …" – „Nein, nein, ihr könnt so lange bleiben, wie ihr wollt. Wir freuen uns, wenn ihr unsere Gäste seid. Habt ihr was zum Schreiben? Ich gebe euch meine Telefonnummern, dann könnt ihr anrufen, wenn ihr da seid oder wenn ihr Hilfe braucht."

Unsere sofort sehr lebhafte Unterhaltung lässt die weitere Grenzabfertigung zur Nebensache werden, denn diese unglaublich herzliche Begegnung steigert unsere Erwartungshaltung für den Iran enorm und wird, was wir jetzt noch nicht ahnen können, der Steigbügel zu einer höchst emotionalen Freundschaft werden.

Sechs Wochen waren wir nun in diesem abwechslungsreichen Land unterwegs. Sechs Wochen, die uns von der brodelnden Millionenmetropole Istanbul bis zum abgeschiedenen kurdischen Dorf Oyuklu an der Grenze zu Armenien brachten. Nichts kann die Verschiedenartigkeit dieses Landes besser charakterisieren als die Gegenüberstellung dieser beiden Orte.

Es hat sich viel getan in der Türkei in den letzten Jahren – und auch wieder nicht. Die großen Metropolen sind moderner, aufgeschlossener geworden, Städte wie Kayseri, Konya oder Afyon sind nicht wiederzuerkennen. Das Straßennetz ist enorm verbessert, fast überall trifft man nun auf vierspurige Fernstraßen. Jedes Dorf ist an das Straßennetz angeschlossen, meist sogar mit Teer oder Pflastersteinen. Jedoch hat sich die Bevölkerung in den letzten vierzig Jahren nahezu verdreifacht und hinterlässt eine unglaubliche Müllhalde. Es ist für jeden Türken absolut normal, überall alles einfach fallen oder liegen zu lassen. Und entsprechend vermüllt sieht es in jedem Dorf, an jedem Strand, an jedem Picknickplatz aus.

Kommt man in die Dörfer, so scheint die Zeit dann doch meist stehen geblieben zu sein. Gut, ein paar Traktoren mehr stehen heute zur Verfügung und die unvermeidbare Satellitenschüssel auf jedem Stall verändert das idyllische Bild, aber sonst ist eigentlich noch alles so wie vor dreißig Jahren. Und das ist, wenn man mit den Menschen spricht, oft gar nicht so schlecht. Die Situation der Frauen hat sich dagegen erheblich verändert. Sie bewegen sich heute in der Öffentlichkeit wesentlich freier und selbstbewusster als noch vor ein paar Jahren. Natürlich sind besonders in den ländlichen Gebieten die Traditionen nach wie vor im Tagtäglichen bestimmend, doch man spürt auch hier, dass die jüngeren Frauen durchaus auch mal den Ton angeben.

Dass das heutige Gebiet der Türkei schon immer im Brennpunkt der Geschichte stand, erkennt man sehr schnell daran, dass sich eine unglaubliche Fülle an Zeugnissen menschlicher Kultur über das Land verteilt. Namen wie Hagia Sophia, Ephesus, Milet, Nemrut Dagi, Hatussa, Troja, Göreme und Ishak Pascha sind nicht nur Geschichtsprofis ein Begriff. Fast 10.000 Jahre Kultur vereinen sich hier zwischen Orient und Okzident. Die fragile erdgeschichtliche Lage zwischen Europa und Asien hat das Land durch unzählige Vulkanausbrüche und Erdbeben immer wieder verändert und neu geformt. So entstanden gigantische Vulkane wie der Ararat, der Süphan oder auch der Erciyes, die ihrerseits wieder sensationelle Landschaftsformen schufen wie die Tuffsteintäler von Kappadokien oder die Region um den Van-See. Der Massentourismus beschränkt sich Gott sei Dank auf wenige Brennpunkte wie die West- und Südküste, auf die Altstadt von Istanbul und die Höhlenkirchen in Kappadokien, ansonsten verliert er sich jedoch in der Weite des Landes. Und das ist gut so …

Eines hat sich in all den Jahrzehnten nicht verändert – die unglaubliche Gastfreundschaft und Hilfsbereitschaft. Egal, ob man sich in einer Großstadt im Westen der Türkei oder in einem kurdischen Dorf in Ostanatolien befindet, die Herzlichkeit der Menschen ist einfach wundervoll. Und sie ist echt, diese Gastfreundschaft, keine wirtschaftlichen Hintergedanken stören die Einladung zum Tee oder zum Bleiben. Antalya, Alanya, Marmaris und Co. möchte ich jedoch hiervon ganz bewusst ausnehmen, dort ist die alte Türkei schon längst verschwunden.

Jeden Abend stellten wir uns irgendwo in die Natur, an den Rand eines Dorfes oder ans Ufer eines Sees, nie hatten wir ein ungutes Gefühl, im Gegenteil, man beteuerte uns immer wieder, dass es dabei keine Probleme gebe. Und nie wurden wir in irgendeiner Form belästigt, bedrängt oder gar angefeindet. Beim Einkaufen freute man sich, dass wir den Weg in genau diesen Laden oder an jenen Marktstand gefunden hatten, oft genug steckte man uns noch Zusätzliches in die Tüten. Immer wieder brachte man uns schon fertig Gegrilltes ans Auto oder lud uns spontan zum Tee ein, begleitet von einem ehrlichen „Merhaba"…
Die Türkei ist ein perfektes Reiseland, wir fühlten uns hier so richtig wohl.

19. August 2012 – 2. Oktober 2012 – Georgien, und noch mal ein Abstecher in die Türkei

„Zwischen Palmen und Gletschern …"

Die Einreise in dieses kleine Land zwischen dem Schwarzen und dem Kaspischen Meer, zwischen dem Kleinen und dem Großem Kaukasus verläuft schnell und problemlos; an dem von uns gewählten Grenzübergang herrscht so gut wie kein Verkehr. Wir fahren durch ein erstes kleines Dorf – und werden ein wenig nachdenklich. Alles ist ziemlich verfallen und heruntergekommen, die Menschen wirken ernst und verschlossen. Ein riesiger Kontrast zur soeben verlassenen Türkei. Nach wenigen Kilometern erreichen wir Akhaltsikhe, die mit rund 20.000 Einwohnern größte Stadt im südlichen Samzche-Dschawachetien, wie der Bezirk hier genannt wird. Hier sieht es auf den ersten Blick etwas besser aus, die Burganlage über der Stadt ist gekonnt restauriert, Einkaufsmöglichkeiten sind vorhanden. Doch in den Gassen der Altstadt herrscht Tristesse, der Zerfall ist spürbar, kaum jemand hat Arbeit. Hier wechseln wir erst mal Geld und geben „Manni" für freundliche 1,07 Euro pro Liter was zum Schlucken. Kurz vor Aspindza fahren wir ans Ufer der Mtkwari, des Flusses, der sich hier durch den kleinen Kaukasus schlängelt.

In der Nähe treibt ein alter Bauer geduldig seine Kühe zusammen. Er begrüßt uns freundlich, die Unterhaltung ist ein Mischmasch aus Georgisch, Russisch und Bayrisch, auch mit Händen und Füßen. „Hallo, woher seid ihr?" – „Aus Deutschland." – „Ah, Deutschland, gut! Wollt ihr zu mir auf den Hof kommen zum Essen und Trinken? Ihr seid herzlich eingeladen!" – „Vielen Dank, aber wir sind dummerweise schon am Kochen." – „Gut, dann komme ich später und bringe Wein. Ich treibe die Kühe nach Hause und dann komme ich wieder." – „Okay, bis dann."

Eine Stunde später leuchtet der schwache Schein einer Taschenlampe durch die stockdunkle Nacht, der alte Bauer kommt tatsächlich noch mal vorbei. Wir bitten ihr herein in unseren „Manni", er hat einen prall gefüllten, abgegriffenen Rucksack dabei. Und jetzt packt er aus: selbst gekelterten Rotwein, selbst gebrauten Wodka,

frisches Wasser, selbst gebackenes Brot, Käse aus eigener Produktion. – „Für euch, herzlich willkommen in Georgien." – Wir sind sprachlos, kippen gemeinsam einige Gläser seines Selbstgebrannten, unsere Einladung zum Essen lehnt er ab. Mit einem zahnlosen Lachen verschwindet er wieder im Dunkel der Nacht …

Wir sind im Kleinen Kaukasus. Er ist die Wetterscheide zwischen der nordöstlichen Türkei und den Kaukasusländern. Häufige Niederschläge machen die Region hier grün und fruchtbar, den Menschen auf dem Land geht es deshalb etwas besser als denen in den Städten. Nicht weit von hier, ganz hinten im engen Tal der Mtkwari, versteckt sich ein historisches Highlight Georgiens, die Höhlenklöster von Wardzia. Die wollen wir uns natürlich nicht entgehen lassen. Schnell sind wir an der mächtigen Burg von Khertvisi, folgen dort weiterhin dem Lauf der Mtkwari über die zwar kurvenreiche, aber ziemlich neue Straße. Eine imposante, bis zu 500 Meter hohe Felswand baut sich plötzlich im engen Tal auf, über und über durchlöchert von unzähligen Räumen, die hier vor rund 1000 Jahren in den weichen Fels gegraben wurden. 2.000 Räume sind es ursprünglich gewesen, die den Mönchen und im Notfall bis zu 50.000 Menschen Zuflucht geboten haben. Nur ein Teil ist nach Erdbeben davon noch übrig geblieben, doch dies ist immer noch eindrucksvoll genug. Gute zwei Stunden sitzen wir in dieser Wand, laufen durch die niedrigen Gänge, die die Stockwerke und Wohnungen verbinden, und bewundern die uralten Fresken in der erstaunlich großen, vollständig in den Fels hinein-gearbeiteten Kirche. Am Abend stellen wir uns direkt gegenüber der hohen Wand auf die andere Flussseite und genießen noch lange die herrliche Aussicht auf die eindrucksvolle Anlage.

Die ganze Nacht gehen heftige Gewitter über uns nieder, am Morgen heißt es bei nur vierzehn Grad Celsius mal wieder Heizung an. Doch schon bald klart es auf und wir verlassen dieses schöne Tal. In Akhalkalaki schlendern wir über den heute stattfindenden Markt und kaufen für wirklich wenig Geld richtig viel ein, sodass unsere Vorräte wieder für ein paar Tage reichen. Danach geht es hinauf auf über 2.100 Meter. Zahlreiche Seen in karger Landschaft begleiten uns nun in Richtung Tiflis, der Hauptstadt Georgiens. Wir stoßen auf einen Staudamm, überqueren dessen Krone und entdecken einen Platz auf einer Waldlichtung unter einer weit ausladenden, knorrigen Eiche. Sanfte, grüne Hügel, dicht bewachsen von Buschwerk und Bäumen, dazwischen Maisfelder und abgeerntetes Ackerland; Bauern, die Strohballen mit dem Traktor einholen und uns zuwinken, weißblaue Schäfchenwolken am Himmel – Farben und Stimmungen wie in Süddeutschland, wie zu Hause.

Langsam rollen wir immer weiter hinein in den heißen Kessel von Tiflis, bei Koda erreichen wir die Randbezirke der georgischen Metropole. Der Verkehr fließt angenehm entspannt auf holprigen Straßen, mit ihm treiben wir problemlos in die Innenstadt. Doch nun wird es spannend. Wir wollen die für unsere Weiterreise notwendigen iranischen Visa besorgen und dafür müssen wir das entsprechende Konsulat finden. Da in Tiflis selten Straßennamen angeschrieben sind und die wenigen, die man entdeckt, lediglich in georgischer Schrift, die definitiv kein Mitteleuropäer auch nur im Entferntesten entziffern kann, angebracht wurden, das Navi dank permanenter Umbennennung von Straßennamen am Austicken ist, kommt man sehr schnell in regen Austausch mit der einheimischen Bevölkerung. Interessanterweise kennt die sich meist genauso gut aus wie der herumirrende Reisende, nämlich praktisch gar nicht.

Gut, schlussendlich stehen wir vor der iranischen Botschaft, deren sporadische Öffnungszeiten uns erst mal drei Stunden in der Mittagshitze ausharren lassen. Zum Vorsprechen im Auslandsrefugium der Mullahs verkleiden wir uns als iranisches Ehepaar, also ordentliche Kleidung wie zu arbeitsreichen Zeiten und Conny zusätzlich mit islamischem Kopfschutz. Als wir denn endlich eingelassen werden in die erweiterte Pförtnerloge, dürfen wir von einem nicht gerade freundlichen Mitarbeiter der Botschaft unsere Anträge entgegennehmen mit der Ansage, sie morgen Vormittag nach Einzahlung der entsprechenden Visagebühr wieder abzugeben.

Gleich hinter dem Konsulat steigt eine schmale Straße hoch hinauf zu einem netten Park samt Badesee und Ausflugslokalen, von denen aus man einen schönen Blick über Tiflis genießt. Wir dürfen über Nacht auf den Parkplätzen stehen bleiben, und als gegen Mitternacht die letzten Besucher die Ausflugsmeile verlassen haben, kehrt auch angenehme Ruhe ein, die jedoch bereits im ersten Morgenlicht durch zahlreiche Frühjogger ein jähes Ende findet. Trotzdem ist der Übernachtungsplatz prima, denn wir haben für die morgendliche Erfrischung ja sogar einen Badesee vor der Tür. Und das praktisch mitten in der Stadt.

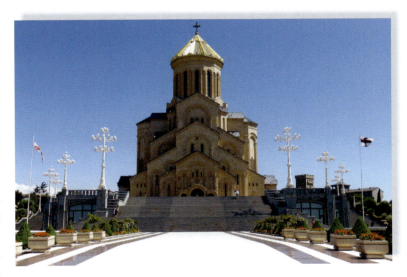

Um zehn Uhr finden wir uns pünktlich und im entsprechenden Outfit auf der iranischen Botschaft ein. Die Entgegennahme unserer nun ausgefüllten Visaanträge läuft heute deutlich freundlicher ab als gestern die Aushändigung der Formulare. Ein nettes Gesprächsverhör mit dem Konsul gibt uns allerdings auch keine klare Antwort auf unsere Frage, ob und wann wir unsere Visa bekommen. Doch zumindest unsere Pässe dürfen wir morgen Nachmittag wieder abholen. Na prima, also noch ein Tag in Tiflis …

Nun gut, dann machen wir eben Sightseeing. Da die Attraktivität von Tiflis nur sehr bedingt zu solch einer Aktion einlädt, wirkt das Suchen nach reizvollen Fotomotiven etwas angestrengt. Schlussendlich finden wir dann aber doch noch ein paar nette Ecken. Am nächsten Tag holen wir gegen 15:00 Uhr unsere Pässe in der iranischen Botschaft ab, verlassen Tiflis auf einer autobahnähnlichen Schnellstraße, die sich hier nördlich der Stadt durch eine dicht bewaldete Hügellandschaft schlängelt, und erreichen bei Zhinvali schließlich den gleichnamigen Stausee, an dessen nordwestlichem Ende sich die Festung von Ananuri mit ihren sehenswerten Kirchen pittoresk in den Abendhimmel reckt.

Wir folgen weiter der Georgischen Heeresstraße, die sich entlang des Aragwi schlängelt. Über unzählige Serpentinen schrauben wir uns nun hinauf nach Gudauri, dem Wintersportzentrum Georgiens. Etwas außerhalb des Ortes, oberhalb der tiefen Schlucht des Weißen Aragwi, steht auch das auffällige Denkmal zur Erinnerung an den georgisch-russischen Schutzvertrag von 1783. Ab hier besteht die Straße nur noch aus Schotter und Teerfragmenten, ausgefahrenen Rinnen und Schlaglöchern. Es ist kaum zu glauben, doch es ist die einzige

Verbindung von Russland in die Kaukasusländer. Die relativ starke Frequenz lässt lange Staubfahnen entstehen, in denen sich Schwerlast- und hauptsächlich russischer Transitverkehr nach oben und nach unten quält. Der Dshwari-Pass ist mit 2.395 Metern der Scheitelpunkt dieser wichtigen Strecke, jetzt geht es langsam hinunter nach Kobi. Dort beginnt eine neue Teerstraße, doch wir biegen erst mal ab zur Schlucht von Truso. Die Piste durch die Schlucht ist allerdings nicht mehr passierbar, die neue, in vielen Abschnitten extrem grobe Piste führt nun über den Berg hinüber in das Hochtal von Ketrisi. Dorthin erwartet uns eine schaurig-steile Abfahrt; mehrmaliges Rangieren in den abschüssigen Haarnadelkurven und genaues Zirkeln entlang der unbefestigten Bergpiste verursachen schweißnasse Hände.

Heil unten angekommen, werden wir jedoch belohnt. Dieses von Gletschern geformte Tal ist landschaftlich wirklich beeindruckend, schneebedeckte Gipfel säumen unseren Weg, schon von Weitem erkennt man alte Wehrtürme aus längst vergangenen Zeiten. Durch zwei ziemlich tiefe Furten, die das Wasser bis unter die

Windschutzscheibe hochschwappen lassen, und ausgewaschene Löcher, in denen man locker einen Kleinwagen versenken könnte, erreichen wir das inzwischen bis auf einen Hirten verlassene und verfallene Dorf Ketrisi. Eine grundlose Wasserlache lässt uns stoppen, der Weg durch das Dorf scheint blockiert.

Plötzlich steht ein junger Soldat mit einer Kalaschnikow vor uns und verlangt nach unseren Pässen, instruiert von einem Wachposten hoch über den Häusern, der uns wohl schon lange mit dem Fernglas fixiert hatte. Wir folgen ihm ein Stück zu Fuß, ein Schlagbaum mit Wachhäuschen sperrt hinter den letzten Häusern die Straße ab.

Dort ist leider Schluss für uns, da das georgische Militär aufgrund der immer noch angespannten politischen Situation mit Russland die weiterführende Piste blockiert hat. Freundlich, aber bestimmt fordert er uns zum Umkehren auf. Wir wenden, fahren ein kurzes Stück zurück und übernachten dann inmitten grüner Wiesen und Berge direkt am sanft dahinplätschernden Fluss.

Schafhirten und Angler grüßen uns am Morgen, bieten uns einen Schluck aus der unvermeidlichen Wodkaflasche an, sonst sind wir ganz alleine mit der grandiosen Natur. Doch dann, eine böse Überraschung – bei der gestrigen, abenteuerlichen Fahrt haben wir uns irgendwo die Halterung unserer Außentreppe verbogen und aus der Verankerung gerissen, sodass wir diese nicht mehr ausfahren können. Mal sehen, wie wir das in den nächsten Tagen reparieren können. Nach einem sonnigen Frühstück queren wir wieder die Furten und schleichen den groben und steilen Pass im Schritttempo hoch und auf der anderen Seite wieder hinunter nach Kobi. Ab hier rollen wir entspannt auf neuem Teer nach Stepanzminda, der letzten Ortschaft vor der russischen Grenze. Und über diesem letzten Talabschnitt, da thront er, der schönste Berg des Großen Kaukasus, der Kazbek. Stolze 5.033 Meter ist er hoch, eine riesige, eisgepanzerte Pyramide. Wir parken „Manni" im Ortszentrum, wandern hinauf zur Zminda-Sameba-Kirche, einem Wallfahrtsort an exponierter Stelle, und genießen seine unglaubliche Präsenz. Nachdenklich laufen wir zurück ins Tal – haben wir uns zu viel vorgenommen? Denn eines ist klar – da wollen wir hinauf. Doch das ist nicht so einfach. Vier

Tage dauert die gesamte Tour, 3.300 Höhenmeter und viele anstrengende Kilometer Anmarsch stehen uns bevor und am Ende lauert noch eine fast fünfzig Grad steile Eis- und Schneeflanke auf uns. Mal sehen …

Ganz gemütlich gehen wir den Tag an, denn wir wollen ja „nur" zur Hütte aufsteigen, einer ehemaligen Meteo-station, die heute eine spartanische Übernachtung ermöglicht. Und da dort keinerlei Versorgung angeboten ist, müssen wir alles, was wir für vier Tage zum Essen brauchen, mit hochschleppen. Ebenso natürlich die gesamte alpine Eisausrüstung für die Besteigung. Schwer lasten also unsere Rucksäcke auf unseren Schultern, als wir uns auf den langen Weg machen, anstrengende 1.900 Höhenmeter liegen vor uns. Prächtig steht der Kazbek fast die gesamte Zeit direkt in unserem Blickfeld, aber irgendwie haben wir das Gefühl, dass wir überhaupt nicht näher kommen. Nach vier Stunden stehen wir auf einem kleinen Pass und genießen den grandiosen Blick hinauf über den riesigen Gletscher, hoch zum mächtigen Gipfel. Ungefähr die Hälfte an Strecke und Höhenmetern haben

wir nun geschafft, die Hütte ist bereits als winziger Punkt oberhalb der großen Eisflä-chen auszumachen. Nach einer ausgiebigen Rast müssen wir einen wild sprudelnden und eiskalten Gletscherfluss überwinden, mög-lichst ohne nasse Füße zu bekommen, ein Unterfangen, das uns einige Schwierigkeiten bereitet. Doch wir nehmen auch diese Hürde und queren bald darauf das weite Gletscher-feld unterhalb der Hütte, die wir schließlich nach fast neun Stunden Marsch erreichen. Dunkle Wolken ziehen inzwischen über die umliegenden Gipfel, hoffentlich ist es nur eine vorübergehende Störung. Todmüde kriechen wir nach einer kleinen Brotzeit in unsere Schlafsäcke, morgen ist erst mal ein Akklimati-sationstag zur Vorbereitung des Gipfelsturmes angesagt.

In der Nacht kippt das Wetter. Und das, obwohl die Vorhersagen sehr gut waren. Die heute Früh gegen drei Uhr gestarteten Seilschaften sind bereits im Morgengrauen wieder auf der Hütte zurück, patschnass von starken Schnee- und Graupelschauern, ausgelaugt vom heftigen Sturm. Leider ist nach den neuesten Informationen ein überraschendes Zwischentief um den Kazbek eingezogen, welches das Wetter in den nächsten Tagen bestimmen wird. Und es sieht richtig heftig aus. Extreme Höhenstürme fegen über den Gipfel, an eine Besteigung ist nicht mehr zu denken. Und so packen wir wieder zusammen und machen uns enttäuscht an den ewig langen Abstieg. Statt eines Erholungstages in 3.650 Metern Höhe also das gesamte Gepäck ins Tal hinunterschleppen. Je tiefer wir kommen, umso sonniger und wärmer wird es, nur der Kazbek versteckt sich hartnäckig hinter dunklen Wolken. Ziemlich müde und kaputt schleichen wir am Nachmittag in Stepanzminda zu „Manni" – schade, dass es nicht geklappt hat mit diesem Traumberg …

Zurück in der Ebene um Tiflis geht es nun vorbei an Gori, der Geburtsstadt Stalins, in Richtung Westen. Die vielbefahrene Fernstraße schlängelt sich kurvenreich durch eine dicht bewaldete Mittelgebirgslandschaft, unzählige, kleine Dörfer liegen an der Strecke, an der die unterschiedlichsten regionalen Produkte an kleinen Straßenständen angeboten werden. Unsere Aufmerksamkeit ist jedoch in höchstem Maße dem dichten Verkehr gewidmet, da man sich ständig auf einer Autoscooterrunde mit Gegenverkehr wähnt. Unfassbare Überholmanöver sind an Hirnlosigkeit nicht zu toppen, dazwischen tummeln sich immer wieder Kühe mitten auf der Fahrbahn und es grenzt fast an ein Wunder, dass wir nur zwei Unfälle sehen. Wir sind wieder mal froh, in einem Lkw zu sitzen …

„Als der liebe Gott die Autos an die Völker dieser Welt verteilte, sprang der Georgier in sein Fahrzeug und brauste davon, bevor er erklärt bekam, wie er sich damit verhalten sollte …"

Unterwegs auf Georgiens Straßen – oder: Der Mut zur Lücke:

Wir halten an einem geschlossenen Bahnübergang auf dieser Hauptachse durch Georgien. Der Verkehr ist dicht, viele Lkws stehen vor uns und auf der gegenüberliegenden Seite. Plötzlich fahren die ersten Pkws auf der Gegenfahrbahn vor bis an die Schranke, denn man kann ja nach dem Öffnen derselben sogleich an den langsameren Lkws vorbeistarten. Die Gegenseite macht es genauso. So stehen wir uns also auf einer einspurigen Straße in Zweierreihen erwartungsvoll gegenüber. Als der Schrankenwärter die Strecke nach der Durchfahrt des Zuges freigibt, nimmt das Chaos seinen Lauf. Die superschlauen Pkw-Piloten in den ersten Reihen treffen sich natürlich sofort mitten auf den Bahngleisen und jetzt wird gedrängelt, was das Zeug hält. Aus zweispurig wird dreispurig und über die angrenzende Wiese kommen auch noch ein paar ganz Schlaue, die sich dann natürlich vorne am Übergang wieder hineindrängeln müssen. So richtig interessant wird es allerdings, als die Jungs in den 40-Tonnern langsam aber bestimmt anfangen, sich ihren Weg zu bahnen. Plötzlich blitzt Panik in den Augen der Drängler auf, denn mit einem süffisanten Grinsen in den Gesichtern rollen die Könige der Überlandstraße unaufhaltsam vorwärts. Und wir mittendrin … Wie von Geisterhand löst sich irgendwann dieser gordische Knoten, der seinen Ursprung damit nachgewiesenermaßen nicht in der griechischen Mythologie, sondern an georgischen Bahnübergängen hat.

Überholt wird grundsätzlich. Auch wenn es keinen Sinn macht, weil man nach dem Überholvorgang eigentlich sofort abbiegen muss, an der nächsten Straßenverkaufsbude stehen bleibt oder weil man gar nichts sieht. Denn frei ist, wenn kein Gegenverkehr in Sicht, was einige Meter vor einer Kurve ja meist so ist. Und eingeschert wird erst, wenn das Weiße im Auge des Entgegenkommenden sichtbar wird. Oder gar nicht, weil der Entgegenkommende, eingeschüchtert durch ständig warnendes Aufblinken des Überholenden, so weit nach rechts ausweicht, dass es passt. Überholt wird auch gerne zu dritt nebeneinander. Ist der

Überholer zu langsam, findet sich sicher noch einer, der nun beide Kontrahenten gleichzeitig überholt. Dann wird es allerdings auch dem trotzdem meist vorhandenen Gegenverkehr zu eng und die ganze Aktion endet mit hektischen Ausweichmanövern. Anschließend wird neu sortiert und der Spaß beginnt von Neuem. Zusätzlich interessant gestaltet wird dieses Rennen von unzähligen Kühen, die dem georgischen Autofahrer in Sachen Intelligenz in nichts nachstehen. Diese Kühe liegen bevorzugt auf Brücken (wegen der guten Aussicht), stehen meist auf dem Mittelstreifen (um sich beide Grünstreifen als Futterquelle zu sichern) und traben dann stoisch über die Fahrbahn, wenn sich Fahrzeuge nähern (allerdings ist die Laufrichtung im Vorfeld nicht zu bestimmen). Der dann einsetzende Kuhslalom, verbunden mit gleichzeitigem Überholen und Ausweichen des Gegenverkehrs, stellt so die höchste Form des georgischen Straßenverkehrs dar.

Die Ampeln in den Städten sind durch die sinnvolle Einrichtung einer rückwärts zählenden Anzeige ergänzt, die dem wartenden Kraftfahrer signalisiert, in wie vielen Sekunden die Ampel auf Grün umschaltet. Diese Anzeige wird jedoch in der Regel zum Countdown der ungeduldig mit dem Gaspedal Spielenden, die aus einer zwei- oder dreispurigen Straße im Nu eine bis in den Gegenverkehr hinein genutzte, breite Startbahn machen, da jeder auf der Pole Position stehen möchte. Es wird dabei so eng aneinander gehalten, dass der üblicherweise lässig aus dem Fenster hängende Arm meist auch gleich beim Nachbarn mit aufliegt. Nach 3 – 2 – 1 wird es sofort grün und der kreuzende Verkehr tut gut daran, bereits vollständig die Startlinie verlassen zu haben. Als Fußgänger ist es jetzt am besten, gar nicht mehr in der Stadt zu sein …

Nun, wir erreichen schließlich unbeschadet Kutaisi, die zweitgrößte Stadt Georgiens, die wir allerdings nur am Rande tangieren, da wir uns gleich den Weg in das Dorf Gelati nordöstlich der Stadt suchen, um die dort hoch oben in den grünen Hügeln versteckte Klosteranlage zu besuchen. Auf dem Parkplatz vor dem alten Gemäuer steht ein Unimog mit Hildesheimer Nummer, wir lernen Karin und Kurt kennen, der mit stolzen fünfundachtzig Lenzen immer noch enthusiastisch durch die Welt reist, und wir verbringen gemeinsam einen netten Abend mit dem Austausch nützlicher Informationen und dem Erzählen von Erlebnissen früherer Reisen.

Die Menschen in Georgien sind auch heute noch mit ihrer Kirche eng verbunden. Der Respekt und die Gläubigkeit sind allerorten sichtbar, man spürt, dass der Glauben einen zentralen Platz in der Gesellschaft einnimmt. Bereits im 4. Jahrhundert brachte die heute als Heilige verehrte Nino aus Syrien die christliche Lehre in die Region und überzeugte die damaligen Herrscher von der neuen Religion. Im 12. Jahrhundert war es schließlich König Dawit IV, genannt „der Erbauer", der das Land mit unzähligen Kirchen, Klöstern und Akademien überzog und es damit bis in die heutige Zeit hinein prägte. Diese Bauwerke, immer wieder zerstört und immer wieder aufgebaut und erweitert, sind über das ganze Land verteilt. Sie überraschen an außergewöhnlichen Orten, wachen über die Regionen und sind auch heute noch Anziehungspunkte für die Gläubigen und die Besucher. Meist sind sie ganz schlicht in der Ausstattung, lassen sie damit dem Betrachter jedoch Raum zur inneren Ruhe. Ergreifend sind die Gottesdienste in diesen historischen Mauern. Schwermütige Chöre und flackernde Kerzen, betörender Weihrauch und mit Inbrunst gemurmelte Gebete in einer uns fremden Sprache machen diese Momente zu beeindruckenden Erinnerungen. Klare Rituale werden streng eingehalten, es hat sich kaum etwas verändert in all den Jahrhunderten. Und so wird auch der nicht streng religiös lebende Mensch mitgerissen von der stimmungsvoll praktizierten Feier.

Heute ist Sonntag und wir erleben die ergreifende Messe in der fast 900 Jahre alten Kirche mit. Ein eindrucksvolles Erlebnis, das uns fast den ganzen Vormittag im Klosterbereich verweilen lässt. Eine üble Schlaglochstraße bringt uns wieder zurück auf die Autoscooterrunde von gestern, die heute Gott sei Dank etwas friedlicher verläuft. So erreichen wir schließlich das Schwarze Meer bei Grigoleti und finden am Ortsrand einen schönen Übernachtungsplatz direkt am Strand auf einer grünen Rasenfläche unter hohen Pinien. Heftiger Westwind schaufelt ununterbrochen dunkle Wolken über das Meer zu uns; erst am nächsten Morgen verzieht sich das schlechte Wetter und wir dürfen noch mal einen sonnigen Spätsommertag im noch herrlich warmen Wasser genießen.

Genug gebadet, wir wollen hinauf nach Swanetien, der abgelegenen Bergregion im Nordwesten Georgiens. Noch kurz Geld wechseln und tanken in Poti, dann geht es durch endlos lange und wunderschöne, lichtdurchflutete Alleen nach Senaki. Von dort aus sind wir schnell in Zugdidi, einer sehr freundlichen, kleinen Stadt an der Grenze zu Abchasien, der abtrünnigen georgischen Provinz, die sich Russland zugewandt und damit ein schwelendes Problem geschaffen hat. Hier schlendern wir durch den herrschaftlichen Park des Daidiani-Palais und genießen die Mittagszeit unter den ausladenden Bäumen im Schatten des alten Schlosses. Entgegen unserer Informationen ist die weiterführende, schmale Straße hinauf nach Norden inzwischen neu geteert und so erreichen wir problemlos Jorkvali; dort geht die Teerstraße in eine gute Betonpiste über. In Latali stechen uns die ersten der weltbekannten Wehrtürme sofort ins Auge, ein tolles Bild vor dem Hintergrund der schneebedeckten 5.000er, die das Tal in Richtung Russland abschließen. Am Dorfrand entdecken wir oberhalb der Straße eine herrlich grüne Wiese, die wir sofort für unser Nachtlager in Beschlag nehmen. Diese teilen wir wenig später noch mit sieben tschechischen Travellern, die ihre Zelte hinter uns aufschlagen, und so verbringen wir nach dem Abendessen noch eine lustige Runde, in der Rotwein und Wodka emsig kreisen.

Heute sind wir übrigens genau 10.000 Kilometer auf Achse!

Wir genießen noch lange die wärmende Morgensonne im Tal, das satte Grün der Weiden und Wälder steht im strahlenden Kontrast zu dem glitzernden Weiß der Gletscher weit über uns. Die Szenerie erinnert uns stark an

Südtirol, wahrscheinlich fühlen wir uns deshalb so wohl. Und so starten wir erst gegen Mittag nach Mestia, dem Hauptort hier im Tal. Das jahrzehntelang so abgeschiedene Dorf erlebt durch den Bau der neuen Straße eine

unglaubliche Entwicklung, der ganze Ort ist eine einzige Baustelle. Neubauten an jeder Ecke, das gesamte Dorfzentrum wird umgestaltet, jeder Hof, jedes Haus wird renoviert, Hotels entstehen, ein Skizentrum wurde erschlossen, Restaurants und Cafés allerorten. Es wird uns erklärt, dass im Zuge der anstehenden Präsidentenwahlen Mestia zum Vorzeigeort Georgiens gemacht werden soll. Wir schlendern ein wenig durch die staubigen Straßen, bewundern die vielen, top erhaltenen Wehrtürme und besuchen den alten Hof der Familie Matschubi, die einen Teil ihres Anwesens zu einem interessanten Museum umgestaltet hat und man dort das Leben der Vergangenheit nun sehr plastisch erleben kann. Im Lauf des Nachmittags verlassen wir die Großbaustelle Mestia und genießen ein paar Kilometer außerhalb einen wirklich schönen Übernachtungsplatz inmitten einer sonnigen Lichtung oberhalb der Piste nach Ushguli, während weit über uns die eisgepanzerte Pyramide des 4.858 Meter hohen Tetnuldi in der untergehenden Sonne leuchtet …

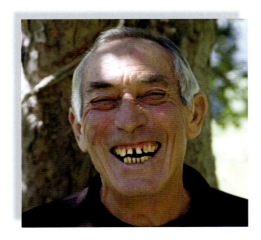

Nach einem gemütlichen Frühstück mit Blick auf die schneebedeckten Gipfel weit über uns wagen wir uns an die Piste nach Ushguli. Ein mäßig steiler Pass bringt uns erst mal hinüber ins malerisch gelegene Bogreshi. Wir fragen nach der Schwägerin eines Taxifahrers aus Tiflis; er hatte uns seine Heimatadresse gegeben. Nach einigen Gläsern selbst gebrannten Wodkas und kiloweise Obst aus den umliegenden Gärten finden wir jemanden, der sie kennt und auch gleich anruft. Die Überraschung ist natürlich groß, dass wir dort tatsächlich auftauchen. Ein paar nette Stunden später und reich beschenkt mit weiteren Tüten voller selbst gemachter Lebensmittel machen wir uns wieder auf die Weiterfahrt, immer entlang des Enguri, eines wild dahinfließenden Gebirgsbaches. Der Weg ist stellenweise ganz schön eng und ausgefahren, doch insgesamt ist er problemlos zu bewältigen. Nach dem Weiler Iprali geht es steil bergauf und es wird auch ganz schön spannend, da sich die Piste lediglich mannibreit und ohne jegliche seitliche Sicherung über der Schlucht dahinschlängelt.

Im schönsten Nachmittagslicht erreichen wir schließlich die Hochebene von Ushguli. Es ist das höchste, ganzjährig bewohnte Dorf in Europa, obwohl bis zu acht lange Monate der Schnee die Menschen dort oben fest in seinem eisigen Griff hält. Das Leben in 2.200 Metern Höhe, am Fuß der wilden 5.000er, ist sehr hart und entbehrungsreich. Mit einfachsten Mitteln wird dennoch Land- und Viehwirtschaft betrieben, die zur Basis zum Überleben werden. Mit Pferden und Ochsen, mit schon immer genutzten Sensen und selbst gebauten Holzschlitten wird der Boden bearbeitet. Schweine und Kühe sichern die Nahrung, denn Obst und Gemüse gedeihen hier oben in den kalten Nächten nur

noch schwerlich. Dutzende alter Wehrtürme prägen das abgeschiedene Dorf, über dem der Shkhara, 5.068 Meter hoch und damit der höchste Berg Georgiens, thront. Ein gigantisches Bild! Hinter dem letzten Hof stellen wir uns auf eine Wiese direkt vor die eindrucksvolle Wand des Massivs. Was für ein Panorama! Wir genießen das Spiel der Wolken mit den eisigen Gipfeln, bis die Sonne mit ihren letzten Strahlen die Umgebung noch kurz verzaubert und sich die Kälte der herannahenden Nacht bemerkbar macht.

Noch ist die Piste nach Ushguli nur unter erschwerten Bedingungen zu bewältigen, aber schon werden Besucher mit Allradkleinbussen für einen Tagesausflug in drei Stunden nach oben gekarrt. Doch abends, wenn die meisten im Hotel in Mestia den Staub der beschwerlichen Reise abgeduscht haben, dann kehrt dort oben im Schatten der alten Wehrtürme die seit Jahrhunderten gewohnte Ruhe ein. Nur das Geklapper der Pferdehufe und das Quieken der Ferkel unterbrechen dann bisweilen die majestätisch anmutende Szenerie, in der die eisgepanzerten Bergriesen in den letzten Sonnenstrahlen erhaben leuchten …

Der Morgen begrüßt uns mit sensationellem Wetter. Wolkenloses Blau über strahlend weißen Gletschern, dunkelgrüne Wiesenhänge und der reißende Enguri tief unter uns. Nach einem Panoramafrühstück vom Feinsten wandern wir entlang des wild sprudelnden Gletscherbaches durch das weite Hochtal von Ushguli. Die Bauern des Dorfes arbeiten an den steilen Hängen, ihre Sensen funkeln im Sonnenlicht. Nach etwas über zwei Stunden erreichen wir die Gletscherzunge am Fuß des Shkhara-Massivs und sind beeindruckt von den Eismassen, die sich hier ihren Weg von den Gipfelregionen bis hinunter ins Tal suchen. Zurück im Dorf sitzen wir noch lange vor unserem „Manni" und genießen diese gigantische Wand und das grüne Gletschertal direkt vor uns. Gegen Abend nimmt der Wind zu und schiebt dunkle Wolken vor die umliegenden Berge, die Temperatur sinkt ordentlich ab. Wir grüßen noch die heimkehrenden Bauern, die von ihrem anstrengenden Tagwerk müde an uns vorbei nach Hause reiten, bevor auch wir uns ins Warme verziehen.

Wie vorhergesagt, verstecken heute dicke Wolken die Berge um uns herum und es ist ganz schön kalt geworden, keine zehn Grad Celsius hat es mehr. Und so machen wir uns wieder auf die Rückfahrt nach Mestia, da die

weiterführende Piste sehr dicht verwachsen, extrem steil und mit einer nicht sehr vertrauenswürdigen Brücke für unsere Gewichtsklasse bestückt sein soll. Also verzichten wir nach Connys strengem Blick, der die bei mir wieder mal aufkeimende Abenteuerlust schon im Ansatz vernichtet, auf die Fortführung der Runde und begnügen uns mit der Piste, die wir ja schon von der Hinfahrt kennen. Sie hat ja so recht …

Wir sind zurück in den südlichen Ausläufern des Großen Kaukasus. Geheimnisvolle Karsthöhlen von noch unbekannter Weite und Tiefe durchziehen die Erde unterhalb der fruchtbaren Hügellandschaft am nördlichen Rande Imeretiens. Über eine unendlich lange Zeitspanne suchte sich hier das Wasser von den Höhen des Großen Kaukasus seinen Weg hinunter in die feuchtwarme Tiefebene, in der schon seit Menschengedenken Wein und Früchte gedeihen. Erst in neuerer Zeit wurden die meisten dieser gut versteckten Höhlen wiederentdeckt, obschon die vielen darin gefundenen, prähistorischen Gegenstände von frühmenschlicher Nutzung zeugen. Einige dieser Höhlen sind nur Spezialisten und Forschern zugänglich, zu gefährlich sind deren Begehung oder auch die nötigen Tauchgänge. Doch so manche dieser natürlichen Wunderwerke sind heute bequem zu erleben und bieten so einen fantastischen Einblick in die Unterwelt.

Die größte dieser zugänglichen Höhlen ist die „Prometheus Cave". Ein erster Eingang wurde tatsächlich erst 1984 zufällig gefunden. Und was die Forscher damals vorfanden, das war wirklich sensationell. Eine gut über zwanzig Kilometer lange Tropfsteinhöhle, bis zu achtzig Meter tief unter der Oberfläche. Unzählige beeindruckende Felsformationen, geschaffen in Jahrmillionen stetigen Wandels, begeisterten die Experten. Zwei Kilometer davon sind heute für jedermann zugänglich. Und es ist gelungen, mit raffinierten, aber unaufdringlichen Lichteffekten eine farbenfrohe Inszenierung zu schaffen, die in Ergänzung mit leise gespielter, klassischer Musik eine lebendige Sinnesreise der ganz außergewöhnlichen Art bietet. Die filigranen Werke der Natur werden so immer wieder anders in Szene gesetzt, das Auge entdeckt bei jeder Bewegung Neues. Die Natur beweist sich hier wieder einmal als ein vom Menschen unerreichbarer Baumeister.

Am nächsten Tag sind wir bereits in Mtskheta, einem der wichtigsten, geistlichen Zentren Georgiens, kurz vor Tiflis gelegen. Besonders sehenswert sind hier die Sweti-Zchoweli-Kirche, eine Basilika, die ihre Anfänge

bereits im 4. Jahrhundert hatte, mit großem, historischem Hintergrund für die Gläubigen, sowie die Samtawro-Kirche mit einer winzigen Kapelle, die der erste christliche Sakralbau und gleichzeitig der erste Kuppelbau in Georgien ist. Oberhalb der Stadt, auf einem Vorsprung des Sagurani-Bergrückens, thront die kleine Dshwari-Kirche aus dem 5. Jahrhundert und komplettiert damit die sakrale Trilogie Mtskhetas. Und dort oben, direkt an der Kreuzkirche, unter schützenden Bäumen, gefällt es uns so gut, dass wir für den Rest des Tages und die kommende Nacht gleich stehen bleiben.

Das bedeckte und kühle Wetter treibt uns schon früh an, die kurze Strecke nach Tiflis zu fahren, da wir einkaufen und vor allem auf dem iranischen Konsulat nach unseren Visa fragen wollen. Am nördlichen Stadtrand der Hauptstadt hat vor ein paar Tagen eine riesige Shopping-Mall eröffnet, integriert ist ein Hypermarché der französischen Supermarktkette Carrefour. Als wir dort zwischen den prall gefüllten Regalen stehen, ist es um uns geschehen. Schweine- und Rinderfilet, ordentlich vom Knochen getrennt und verpackt und nicht mit dem Beil grob aus dem Tier gehackt und den Fliegen zum Fraß vorgeworfen, Weinregale voll mit all den herrlichen Produkten des heimischen Anbaus, Schokoriegel und herzhafte Salami und edler Schinken und …

Nun kann man ja fragen – braucht der Mensch auf Reisen dies alles? Eine klare Antwort: „Ja!!!" So gerne wir auf den heimischen Märkten unseren täglichen Bedarf decken, Obst, Gemüse, Brot etc., tut es einfach mal wieder gut, Gewohntes und Hochwertiges zu genießen. Nach knapp zwei Stunden ist der Einkaufswagen zum Bersten voll und der Geldbeutel hat Schwindsucht. Aber es war schön …

Unser Vorsprechen auf dem iranischen Konsulat bringt dagegen eine ziemlich böse Überraschung: „Ihr Visaantrag wurde abgelehnt!" Wir sind konsterniert, denn wir haben uns so sehr auf unsere Reise durch den Iran gefreut. „Und warum?" – „Weiß ich nicht, hat Teheran so entschieden." Am nächsten Tag versuchen wir in einem persönlichen Gespräch mit dem Konsul, die Hintergründe zu erfahren, ob vielleicht die jüngsten provokativen Ereignisse in den USA und unüberlegte Äußerungen deutscher Politiker hierfür ausschlaggebend waren. „Ihrem Antrag wurde stattgegeben, aber der Ihrer Frau wurde ohne Angaben von Gründen abgelehnt." „Aber warum nur, meine Frau stellt doch kein erhöhtes Risiko für die innere Sicherheit des Iran dar, oder?" – „Tut mir leid, mehr kann ich nicht für Sie tun." Jetzt schauen wir erst mal ganz schön blöd aus der Wäsche, denn ohne Iran-Visa gibt es für uns keine Weiterreise! Wir diskutieren alle Optionen durch, wie wir den Iran umgehen könnten, setzen uns mit unserem Freund Wolfgang zu Hause in Verbindung, damit er auf dem Iranischen Konsulat in München versucht, etwas für uns zu erreichen, und verdrängen den aufkommenden Gedanken, das hier unsere geplante Reise zu Ende sein könnte.

Nachdem wir uns wieder etwas gefangen haben, müssen wir in den nächsten Tagen mal in Ruhe darüber nachdenken, wie wir weiter verfahren werden; dazu bietet sich das Weingebiet Kachetien im Osten Georgiens sicher gut an. Über den Gomboris-Pass mit gut 1.600 Metern geht es in vielen Serpentinen über 1.000 Meter teilweise ziemlich steil hinunter ins Alazani-Tal, in dem wir am gleichnamigen Fluss den Abend verbringen. Und zur Frustbewältigung verwöhnen wir uns mit zartrosa gebratenem Rinderfilet an Rotwein-Pfeffersauce und einem feinen Tropfen aus der Region …

Nach einem solchen Gourmetabend sieht die Welt schon wieder freundlicher aus und wir fahren zur bekannten

Wehrkirche nach Gremi. Dieses Weltkultur- erbe steht weithin sichtbar auf einem Hügel über dem Dorf und beeindruckt durch seine geschlossene Einheit aus Kirche, Glocken- turm und dreistöckigem Königspalast aus dem 15. Jahrhundert, geschützt von einer kompakten Ringmauer. Wir besuchen die Winzerei Kareba in Kvareli, wo Abertausen- de Flaschen Wein bei genau vorgeschrie- nen Temperaturen in einem tief in den Berg gegrabenen Tunnel lagern. Anschließend queren wir das gesamte Alazani-Tal hinüber nach Sighnaghi. Hoch über der Ebene von Kachetien, umringt von einer alten Mauer mit ehemals dreiundzwanzig Türmen, thront dieses vor einigen Jahren general-

renovierte Dorf. Alles ist blitzsauber und nett, doch dadurch auch etwas zu steril, als dass echtes Ambiente aufkommen würde. So nutzen wir nach einem kleinen Rundgang das hier gut funktionierende Internet für einige Nachfragen in Punkto Iran-Visa, bevor wir das am Ortsrand liegende Nonnenkloster von Bodbe, eine der heiligsten Stätten Georgiens, besuchen. Doch auch hier will uns das Gebotene nicht so recht erreichen, da sich zu viele Menschen in der mit schönen Fresken geschmückten Kirche tummeln.

So suchen wir uns schon bald einen Übernachtungsplatz, den wir nach einer steilen Pistenabfahrt hinunter nach Tsnori inmitten grüner Wiesen und Granatapfelbäumen oberhalb der Stadt entdecken. Ein Bauer treibt seine Schafe bei uns vorbei. Nach einer schüchternen Begrüßung zieht er weiter, kommt jedoch wenig später wieder zurück, beladen mit Weintrauben, Walnüssen und Kakis. Und nachdem er seine Herde nach Hause gebracht hat, kommt er ein weiteres Mal zurück zu uns mit geräucherten Fischen, frischem Brot und kaltem Bier – einfach so. Wir laden ihm zum Bleiben ein und verbringen gemeinsam einen herrlich lustigen Abend.

Der ungewohnt lange und etwas alkoholreiche Abend fordert sein Tribut, und so bekommen wir die Augen trotz eines wunderschönen Sonnenaufgangs über den wolkenlosen Bergen Dagestans kaum auf. Wir vertrödeln den sonnigen Vormittag auf unserem panoramareichen Aussichtsbalkon oberhalb von Tsnori, während unser Blick dabei weit hinunter über die Ebenen Kachetiens bis hinüber nach Azerbaidjan schweift.

Verabredungsgemäß holt uns Dato, unser Bauer vom Vorabend, gegen Mittag mit seinem dreißig Jahre alten Lada ab. Er wohnt nur wenige hundert Meter entfernt, und wir parken „Manni" direkt vor dem Haus und den Stallungen. Seine Frau Stisto hat in der Zwischenzeit eine Kleinigkeit zum Essen vorbereitet, die wir flugs verputzen, bevor wir gemeinsam einen spontanen Ausflug in den Naturpark Lagodekhi, rund fünfzig Kilometer entfernt, machen. Dieser Naturpark im Dreiländereck Russland, Azerbaidjan und Georgien ist jetzt nicht sooo aufregend, das weitaus Spannendere ist die Fahrt in dem mit Gastanks umgerüsteten Lada, der vor unserer Fahrt an einer besorgniserregend abenteuerlichen Gasfüllstation noch aufgetankt wird. Bei diesem Vehikel würde jeder deutsche TÜV-Prüfer vom Glauben abfallen. Altersschwache Bremsen, wippende Stoßdämpfer, ein großzügiges Lenkspiel und ein Sammelsurium undefinierbarer Geräusche machen die Fahrt zu einem Abenteuer der besonderen Art, denn jetzt sitzen wir plötzlich mitten drin im georgischen Verkehrsalltag. Und als wir feststellen, dass die Hinterreifen so glatt sind wie Formel-1-Slicks, bereuen wir es fast, bei einem unserer zahlreichen Kirchenbesuche der letzten Tage nicht doch ein paar Kerzen angezündet zu haben …

Ich will mal versuchen, das mit dem Lada näher zu erläutern: „Der Lada als automobilistisches Glanzstück sowjetischer Ingenieurskunst nach italienischer Vorlage ist auch heute vor allem in den ländlichen Gegenden der ehemaligen Sowjetrepubliken noch allgegenwärtig und aus dem dortigen Straßenbild nach wie vor nicht wegzudenken. Er hat die gesamte Weiterentwicklung des Automobils in den letzten dreißig Jahre nahezu

schadlos und unverändert überstanden und stellt heute praktisch das mobile Bindeglied zwischen dem Eselsgespann und dem in Europa ausgemusterten alten Opel dar.

Der Lada ist ein Fahrzeug für alle Gelegenheiten. Für die Fahrt zum Markt passen bis zu acht ausgewachsene Menschen in das Innere, der Kofferraum bietet Platz für zwei junge Kälber (stehend) oder vier ausgewachsene Schafe (liegend) oder auch acht frische Schweinehälften (gestapelt). Der Lada hat praktisch keine Zuladungsbeschränkung oder gar eine Dachlastobergrenze. Es lassen sich bequem eine komplette Couchgarnitur samt Tisch oder drei Meter hoch aufgestapelte, volle Obstkisten auf dem stabilen Stahldach transportieren.

Der Lada hat auch eine enorme Bodenfreiheit und Geländetauglichkeit. Während die Besitzer moderner Geländewagen noch darüber sinnieren, ob sie vor ausgewaschenen und steilen Wegstrecken die Geländeuntersetzung samt Differentialsperren zuschalten sollen, ist der vollbepackte Lada schon längst locker an ihnen vorbeigehoppelt.

Der Lada benötigt auch keinen Kundendienst. Selbst mit kaputten Teilen, restlos abgefahrenen Reifen oder fehlender Mechanik zieht er souverän seine Bahn. Zum Einsparen von Benzin oder Gas kann man gefahrlos die Zündung ausschalten und ihn bergab rollen lassen, aneinander schabende und schleifende Teile unterstützen die maroden Bremsen meist wirkungsvoll. Sicherheitsgurte und Kopfstützen sind selten vorhanden, wären bei den fehlenden passiven Sicherheitskomponenten im Ernstfall sowieso sinnlos.

Der Lada ist konkurrenzlos günstig im Unterhalt, denn Ersatzteile gibt es ohne Ende auf jedem Markt. Er fährt sich auch sehr umweltfreundlich, denn trotz fehlendem Katalysator oder unerreichbaren Abgasnormen wird er praktisch nie verschrottet und belastet somit aufgrund seiner unendlichen Lebensdauer die fragile Natur kaum.

Eine Fahrt in einem Lada ist für uns ein Déjà-vu an längst vergangene Zeiten. Hier jedoch wird sie noch lange zum gegenwärtigen und auch zukünftigen Alltag gehören."

Schlussendlich ist alles gut gegangen, der Ausflug hat viel Spaß gemacht und wir möchten die beiden gerne zum Essen einladen. Wir kaufen auf dem Markt ordentlich ein, doch wir haben keine Chance – Stisto lässt es sich nicht nehmen, uns lecker zu bekochen. Am nächsten Morgen kommt Dato noch mal bei unserem Übernachtungsplatz oberhalb von Tsnori vorbei, um sich ein weiteres Mal von uns zu verabschieden und uns alles Gute zu wünschen. Eine emotionale Begegnung geht so mit herzlichen Umarmungen zu Ende …

Wir machen uns auf den Weg nach Tiflis, um im Iranischen Konsulat meinen Pass mit dem erteilten Visum abzuholen und noch mal zu versuchen, für Connys Visum etwas Positives zu erreichen. Doch leider haben wir hierbei wieder kein Glück und ziehen nach einem Gespräch mit dem Konsul unverrichteter Dinge endgültig ab. Dem Tipp eines anderen Travellers folgend, beschließen wir, zurück in die Türkei, nach Trabzon zu fahren, da man dort das Iranvisum problemlos und innerhalb eines Tages bekommen soll. Für unser Seelenheil stürmen wir noch mal den Carrefour-Hypermarché und füllen unsere Weinvorräte ordentlich auf. Zuvor lassen wir in der MAN-Niederlassung von Tiflis „Manni" mal wieder abschmieren, was sie uns freundlicherweise als kostenlose Serviceleistung anbieten. Dabei stellen wir fest, dass die Gummilagerungen in den hinteren Federaugen ziemlich am Ende sind, sodass wir diese gleich fachmännisch wechseln lassen. Damit ist der Tag natürlich gelaufen und wir fahren nur noch das kurze Stück zur Dshwari-Kirche hoch über Mtskheta, an der wir schon vor ein paar Tagen übernachtet hatten.

Connys liebevoll mit unseren Essensresten angefütterte, fünfköpfige Hundetruppe verbellt während der Nacht wirkungsvoll jeden imaginären Störenfried und dabei auch oft genug unseren Schlaf, sodass wir schon relativ früh aufstehen, um unseren schwanzwedelnden Freunden einen guten Morgen zu wünschen. Bald schon sind wir unterwegs, in den Bergen um den ehemals mondänen Kurort Borjomi hat der beginnende Herbst die Wälder schon ein wenig bunt gefärbt, und in Akhaltsikhe schließlich schließt sich unser georgischer Kreis, denn dies war vor fünf Wochen unsere erste Station in diesem schönen Land. Kurz darauf stehen wir wieder an der uns schon bekannten Grenze.

Als wir vor unseren eigenen Erlebnissen in Georgien hörten, dass so mancher Reisende gut und gerne vier Wochen in diesem kleinen und übersichtlichen Land zugebracht hatte, fragten wir uns, was um alles in der Welt man hier so lange macht. Heute, nach fünf erlebnisreichen und spannenden Wochen zwischen Schwarzem Meer und dem Großen Kaukasus, inmitten tropisch-schwülen Ebenen und auf stürmischen Hochplateaus, zwischen reichen Weinbergen und kargen Gletscherregionen, müssen wir zugeben, dass selbst diese Zeitspanne bei Weitem nicht genug war.

Georgien ist ein Land voller Gegensätze. Die Armut der meisten Menschen ist allgegenwärtig. Auf dem Land ist die Selbstversorgung die einzige Chance zum Überleben, denn bezahlte Arbeit gibt es so gut wie nicht. So kommen die meisten einigermaßen über die Runden, ergänzen ihre Haushaltskasse mit dem Straßenverkauf ihrer Produkte. In den Städten dagegen prallen der offensiv zur Schau gestellte, neue Wohlstand und die Hoffnungslosigkeit der Vergessenen schonungslos aufeinander. Die Menschen wirken auf den ersten Blick verschlossen, geprägt von der täglichen Mühsal des Überlebens, kaum ein Lachen ist in den ernsten Gesichtern auszumachen. Doch hinter dieser unnahbar scheinenden Fassade verbirgt sich eine unglaubliche Herzlichkeit. Ist man erst mal hinter diese Fassade gelangt, dann gibt es kein Halten mehr. Urplötzlich bricht Fröhlichkeit durch all das Alltägliche, wie Knospen unter der wärmenden Sonne erblühen die Menschen und reißen uns mit.

Dieses Emotionale wird zu unserem ständigen Reisebegleiter, prägt uns in unserem Empfinden. Wir fangen an, dieses Land zu verstehen, zu lieben. Wir genießen jetzt die uns anfangs chaotisch erscheinenden Märkte, ertragen mit stoischer Geduld kilometerlange Schlaglochpisten, passen uns dem tagtäglichen Wahnsinn des Straßenverkehrs an, kippen mit unveränderter Miene randvolle Wodkagläser in uns hinein und lachen mit den Menschen, die wir und die uns kaum verstehen.

Oft sitzen wir inmitten saftig-grüner Wiesen, klare Gebirgsbäche plätschern neben uns steil hinunter in enge Täler, die vor eisgepanzerten 5.000ern in riesigen Gletscherbrüchen enden. Halb verlassene Dörfer, nur sehr mühsam erreichbar, sind die Heimstatt der verbliebenen Bergbauern, harte und lange Winter prägen deren Leben. Unten, in den feucht-schwülen Tiefebenen Innergeorgiens dagegen, gedeihen sogar Bananenstauden, an den Gestaden des Schwarzen Meeres wiegen sich schlanke Palmen im stetigen Wind. In den weiten Flussniederungen Ostgeorgiens ist der Weinanbau die Lebensgrundlage, die Winzereien erzeugen feine Tropfen. In den Dörfern ist Vorsicht geboten, Kühe und Schweine, Enten und Gänse, Hühner und Schafe bestimmen das Straßenbild, zu schnell ist eines der wertvollen Tiere unter die Räder geraten. Fließend Wasser ist in den meisten Haushalten ein Fremdwort, Gasleitungen verlaufen abenteuerlich überirdisch, Strom fließt in einem undurchsichtigen Kabelwirrwarr in jede erdenkliche Ecke. Die Häuser sind überwiegend marode, es fehlen die Mittel zur Sanierung. Nur in einigen prestigeträchtigen Vorzeigeorten oder an den Hauptplätzen der Städte wird auf Teufel komm raus modernisiert, manchmal allerdings zu viel des Guten.

Georgien ist ein fantastisches Reiseland. Nie wurden wir behelligt, belästigt oder gerieten in eine unangenehme Situation. Jeder unserer Übernachtungsplätze wurde sofort akzeptiert, oft genug wurden wir reich beschenkt. Jeder freute sich, dass wir sein Land bereisen und dabei kennenlernen. In den bisher bereisten Ländern haben wir uns wohlgefühlt, hier fühlten wir uns zu Hause!

Nachdem alle Formalitäten zügig erledigt sind, verabschiedet uns der georgische Stempelbevollmächtigte mit einem freundlichen „Auf Wiedersehen". Auf der türkischen Seite treten wir vor den Tresen der „Polis", um unsere Pässe kontrollieren und abstempeln zu lassen, vom Küchengehilfen wird den beiden Beamten soeben Tee gebracht. „Ah, Tee, man sieht, wir sind wieder in der Türkei", bemerkt Conny mit ihrem gewinnenden Lachen im Gesicht. Prompt reichen die Beamten ihre Teegläser mit einem „Herzlich willkommen" an uns weiter, während sie entspannt unsere Pässe bearbeiten. Dann geht es weiter zum Zoll, natürlich mit den Teegläsern in der Hand. Auch dort erst mal ein sehr freundliches „Merhaba", bevor die Fahrzeugdaten in meinen Pass eingetragen werden. „Du bist Thomas?" – „Ja." – „Dann sind wir ja gleich alt. Aber im Gegensatz zu dir habe ich schon eine Wampe." – Conny meint zu ihm, während sie die Gegend um meinen Bauchnabel zärtlich knetet: „Aber sieh her, er hat doch auch schon eine." Der Zöllner steht auf und beugt sich über seinen Tresen in Richtung meiner Gürtellinie. „Aber die ist doch ganz normal für unser Alter …" – (Danke!) – Ich beruhige ihn: „Aber schau, dafür habe ich schon weniger Haare auf dem Kopf." Der Zöllner prüft zweifelnd seinen Hinterkopf: „Sind doch genauso wenig wie bei dir!" Dann stutzt er plötzlich, als er in Connys Pass ihr Alter entdeckt. „Aber deine Frau ist viel jünger als meine, und schöner ist sie auch …" Grinsend gibt er mir unsere Pässe zurück und verabschiedet uns mit besten Wünschen für unsere Weiterreise.

Draußen bei „Manni" warten bereits die beiden Zollmädels für die Fahrzeugkontrolle auf uns, sie haben natürlich unser entspanntes Gespräch von vorhin mitbekommen. „Na, habt ihr was zu verzollen?" – „Neee, nur Campingzeug im Auto …" Mann, kann ich auf solche Fragen immer, ohne mit der Wimper zu zucken, lügen, denn unsere in Georgien aufgefüllten Wein- und Biervorräte sprengen den erlaubten Umfang natürlich beträchtlich. „Na prima, dann ist ja alles in Ordnung." Ich bekomme noch einen Stempel und ein Autogramm in den Pass. „Äh, Entschuldigung, also jetzt mal ganz ohne Kontrolle, dürften wir mal einen Blick in das Auto werfen …? Nur mal so …?" Den Wunsch erfüllen wir den beiden Damen doch gerne, allerdings vorsichtshalber nur ohne Außentreppe, nicht dass sie doch noch etwas Unerlaubtes entdecken. Anerkennend ob des Gesehenen verabschieden sie uns mit einem freundlichen „Have a nice trip!". Warum kann es nicht an jeder Grenze so sein? Es wäre so einfach …

Irgendwann biegen wir in ein Seitental ab und stellen uns zum Übernachten an den Fluss. Gegen 22:00 Uhr, wir liegen bereits im kuscheligen Bett, bekommen wir Besuch von zwei zwar harmlosen, jedoch leicht angetrunkenen, jungen Burschen, die mit der Zeit ganz schön nerven und auch keine Anstalten machen, zu gehen, obwohl ich noch mal zu ihnen nach draußen gehe und mit ihnen ein Bier trinke und rede. So packen wir eine Stunde später doch noch zusammen und fahren einfach ein paar Kilometer weiter bis zu einer nicht mehr in Betrieb befindlichen Tankstelle. Am nächsten Morgen bemerken wir, dass wir direkt gegenüber der örtlichen Jandarma gut behütet übernachtet haben, aber auch, dass uns die beiden Trottel von gestern noch einen Stein hinterhergeworfen haben, der uns eine nicht unerhebliche Delle in „Mannis" Rückwand einbrachte.

Unser heutiger Weg durchquert eine der schönsten Gegenden der gesamten Türkei. Die schmale, aber sehr gute Straße führt immer direkt entlang des Oltu Cayi. Schroffe Berge und sattgrüne Wiesen, im leichten Wind wiegende Pappeln und kleine Dörfer, eine tolle Szenerie, die uns sehr an den Süden Marokkos erinnert.

Wir genießen die gemächliche Fahrt und erreichen schließlich Yusufeli, ein gemütlich-wuseliges Städtchen und Ausgangspunkt für Unternehmungen im Kackar-Gebirge. Hier decken wir uns für die nächsten Tage mit

Lebensmitteln ein, denn wir wollen, wenn das Wetter so lange mitspielt, auf den höchsten Berg dieses Gebirges, immerhin 3.932 Meter hoch. Ein gerade mal mannibreites Sträßchen windet sich nun über fünfzig Kilometer weiter durch das Tal, oft abenteuerlich über dem steil abfallenden Abgrund oder haarscharf an den senkrecht aufragenden Felswänden vorbei. Irgendwann enden Teer und Beton, doch die weiterführende Piste ist größtenteils in einem sehr guten Zustand, sodass wir verhältnismäßig gut vorankommen.

In Yaylalar, dem Hauptort im Tal, fragen wir nach dem Weiterweg und werden spontan zum Tee eingeladen, während „Manni" mangels Parkmöglichkeiten einstweilen die gesamte Dorfstraße blockiert. Stört hier aber nicht wirklich, denn kein einziges Fahrzeug kommt in der Zwischenzeit vorbei. Auf den letzten Kilometern hinauf nach Olgunlar zirkeln wir uns gerade so zwischen den Dächern zweier alter Holzhäuser durch, fast ist hier schon Schluss für uns. Einige hundert Meter vor dem winzigen Weiler stellen wir uns auf ein ebenes Wiesenstück direkt am Fluss.

Herrliches Wetter lässt uns den heutigen Tag gemütlich angehen, da wir ja lediglich zum Basecamp hochlaufen wollen. So packen wir Zelt und Schlafsäcke, Verpflegung und Regenschutz in unsere Rucksäcke und starten schlussendlich am späten Vormittag. Hier, in rund 2.100 Metern Höhe, beginnt ein schöner und nur leicht ansteigender Wanderweg, der tief hinein in das lange Tal führt und erst nach einigen Kilometern auf einem Plateau in ca. 2.900 Metern Höhe endet. Dort angekommen, bauen wir unser Zelt auf und verziehen uns auch gleich hinein, da ein unangenehmer Wind und aufziehende Wolken das Verbleiben draußen ziemlich ungemütlich machen. Gegen Abend setzt starker Regen ein, der unaufhörlich auf unser kleines Zelt prasselt. Später in der Nacht gehen starke Gewitter mit unglaublich grellen Blitzen und erschreckend lauten Donnerschlägen direkt über uns nieder. Die Wetterküche im Kackar-Gebirge macht also ihrem Namen mal wieder alle Ehre. Durch die Nähe zum Schwarzen Meer auf der einen und dem inneranatolischen Hochland auf der anderen Seite ist dieses Gebirge eine extrem regenreiche Region mit bis zu 250 Regentagen pro Jahr. Mal sehen, ob wir einen der wenigen anderen Tage erwischen …

Klamm und leicht durchgefroren nach der Regennacht fehlt uns zwar anfangs ein wenig die Lust, aus den warmen Schlafsäcken zu kriechen, um die Tour anzugehen, als wir aber mit der aufgehenden Sonne den blauen Himmel über den hohen Bergen erblicken, sind wir schnell auf den Beinen. Das Frühstück wollen wir etwas später in der wärmenden Sonne nachholen, und so steigen wir guten Mutes zügig höher. Der Steig ist gut zu finden, Steinmännchen weisen den Weg durchs Geröll und vorbei an kleinen, eiskalten Teichen. So erreichen wir etwa 3.400 Meter Höhe.

Doch dann schlägt der Wetterteufel zu! Innerhalb nur weniger Minuten verwandelt sich der blaue Himmel in eine graue Nebelsuppe, leichter Nieselregen wird schnell zu dichten Graupel- und kurz darauf zu heftigen Schneeschauern. Die rapide gefallenen Temperaturen lassen den frisch gefallenen Schnee sofort liegen, Steine und Felsen werden rutschig, die Sicht ist weg. Enttäuscht machen wir uns wieder auf den Rückweg, denn ein Weitersteigen wäre zu riskant. Inzwischen schneit es fast bis zu unserem Zelt hinunter, wir packen es im Nieselregen zusammen. Auf dem langen Marsch nach Olgunlar drehen wir uns immer wieder um, ob sich das Wetter nicht doch noch ändert, doch die Wolken hängen tief und dicht und während der letzten Stunde des Rückmarsches erwischt uns dann auch noch unangenehm kalter Wind mit Regenschauern. So sind wir schlussendlich froh, uns mit einer heißen Dusche im „Manni" wieder aufwärmen zu dürfen.

In der kalten Nacht gefriert erster Raureif auf den Wiesen, doch die wärmende Sonne, die heute wieder vom strahlend blauen Himmel scheint, putzt diese Vorboten des anstehenden Herbstes schnell wieder weg. Das Wetter ist also wieder super, aber wir sind zu müde, um die anstrengende Zweitagestour noch mal anzugehen. Und so trösten wir uns damit, bei herrlichsten Verhältnissen die außergewöhnlich schöne Landschaft auf der Weiterfahrt genießen zu dürfen. Zurück in Yusufeli fahren wir in Richtung Ispir, auch diese Strecke entlang des Flusses durch ein schmales Tal ist fantastisch schön – noch. Denn hier wird ein riesiger Staudamm gebaut, der in Kürze das halbe Tal überfluten wird. So wird die Weiterfahrt immer mehr zur Baustellenrallye, denn die Straße ist ziemlich kaputt durch die vielen Lkws, die hier unaufhörlich Baumaterial heranschaffen. An einer der vielen roten Baustellenampeln kommen wir ins Gespräch mit Faruk und Semih, zwei netten Männern aus Trabzon. Beim nächsten Halt kochen wir Tee für alle an der Ampel Stehenden, um die Wartezeit zu verkürzen, da die Ampelintervalle doch recht lang sind. Doch kaum ist der Tee fertig, geht es wieder weiter, Faruk und Semih packen unsere Teekanne in ihr Auto und wir passieren die endlos lange Baustelle. Wenig später winken sie uns vom Parkplatz eines Cafés zu. Nach einer lustigen Stunde tauschen wir unsere Kontaktdaten aus und verabreden uns für den nächsten Tag in Trabzon.

Endlich erreichen wir Ispir und fahren von dort aus noch ein Stück den Pass Richtung Norden hinauf. Als es schon langsam anfängt, dunkel zu werden, stellen wir uns mangels anderer Möglichkeiten in die Nähe eines kleinen Dorfladens am Rand eines Weilers, um dort zu übernachten. Natürlich werden wir erst mal zum Tee eingeladen und plötzlich packt Muhammed, der Krämer, auch noch spontan Töpfe aus und teilt seinen Bohnen-eintopf mit uns. So verbringen wir den Abend im Krämerladen, dicht am wärmenden Ofen, und schauen „Kobra 11" auf Türkisch …

Am nächsten Tag ist die Passhöhe auf rund 2.700 Metern schnell erreicht, ab hier geht es jetzt hinunter bis ans Meer – schönen Gruß an die Bremsen! Diese qualmen plötzlich auch ganz heftig, wir waren wohl doch etwas zu schnell bergab, trotz zugeschalteter Motorbremse. So lassen wir sie erst mal abkühlen, bevor wir nun deutlich langsamer weiter nach unten rollen. Die Gegend ist wunderschön, dichter Herbstwald zieht die steilen Hänge hinauf, schmucke Dörfer verstecken sich in den engen Seitentälern um Ikizdere. Plötzlich ändert sich die Landschaft, wir erreichen die Teeregion der Türkei. Jeder Quadratmeter ist mit den Teepflanzen kultiviert, die ersten Teefabriken tauchen auf.

Und dann sind wir wieder am Schwarzen Meer. Tiefblau präsentiert es sich, glasklar lockt es zum Hineinspringen. Doch leider führt die neue autobahnähnliche Schnellstraße so dicht am Ufer entlang, dass es praktisch keine ansprechenden Bademöglichkeiten gibt. Also starten wir durch nach Trabzon, wo wir erst mal das Iranische Konsulat aufsuchen. „Salaam, wir hätten gerne ein Visum für meine Frau, ich habe schon eines." – „Kein Problem, bitte das Formular hier ausfüllen." – „Äh, hier steht: Wurde schon mal ein Antrag abgelehnt? Was schreiben wir denn da jetzt rein?" Wir erzählen der netten jungen Frau am Schreibtisch unser Dilemma von Tiflis. „Ach was, nix hinschreiben, das unterschlagen wir einfach …", grinst sie uns freundlich an. „Das müssen wir dem Konsul ja nicht auf die Nase binden!" Schnell ist alles erledigt. „Und jetzt noch bitte die Gebühren auf der Bank einzuzahlen und übermorgen könnt ihr den Pass wieder abholen." Na also, geht doch …

Wir besuchen Faruk und Semih im Büro und fahren gemeinsam hinauf ins bergige Hinterland, wo Semihs Familie ein kleines Haus inmitten einer gemütlichen Streusiedlung auf der Hochalm von Hidirnebi Yaylakent hat. Dort, bei Ziya und seiner Frau Zübeyde, grillen wir frischen Fisch und tanzen den Horon, den traditionellen Tanz der hiesigen Region, bis spät in die Nacht. Faruk und Semih müssen noch hinunter nach Trabzon, während wir dort oben zum Übernachten bleiben, da wir ja einen weiteren Tag auf das iranische Visum für Conny warten müssen. So genießen wir die Sonne und die Ruhe im Dorf und werden immer wieder mal von älteren Herren besucht, die uns in ordentlichem Deutsch freundlich willkommen heißen und erzählen, wo und wie lange sie in Deutschland gearbeitet haben und nun hier ihre Rente genießen. Wir schlendern durch die Straßen, die Menschen winken uns lachend zu, freuen sich, dass wir den Weg zu ihnen hier herauf, 1.400 Metern oberhalb von Trabzon, gefunden haben.

Wie vereinbart, sind wir gegen neun Uhr auf dem Iranischen Konsulat und bekommen anstandslos Connys Pass mit dem ersehnten Visum überreicht. Mit besten

Wünschen für unsere Reise in den Iran werden wir verabschiedet und sind natürlich riesig erleichtert, diese bürokratische Hürde nun endlich genommen zu haben. Jetzt heißt es erst mal shoppen, denn Conny benötigt natürlich noch das entsprechende Outfit für den Staat der Mullahs. Wir schlendern also ausgiebig durch die gemütliche Fußgängerzone und den alten Bazar, bis sich Conny nach dem Besuch des ungefähr 1.739ten Geschäftes für eine lange Bluse und ein schickes Kopftuch samt haarbändigendem Untertuch entscheiden kann. Und nachdem sie sich von der geduldigen Verkäuferin in den Gebrauch dieser Errungenschaften islamischer Bekleidungskultur einweisen ließ, steht nun unserer Einreise in den Iran endgültig nichts mehr im Weg. Zur Entspannung laden wir Faruk und Semih noch zum Mittagessen ein und bedanken uns für die wundervollen gemeinsamen Tage, die wir mit ihnen verbringen durften.

Ausgeruht starten wir in Richtung Georgien. Bis Hopa geht es noch entlang des Schwarzen Meeres, doch dann schraubt sich die Straße unaufhaltsam hoch durch das dichte Grün des Hinterlandes. Nach einem kleinen Passübergang versperrt eine erste, riesige Staumauer das Tal. Am anderen Ende des Stausees schmiegt sich Artvin in einem engen Kessel den steilen Berghang hinauf. Und schon stehen wir vor der nächsten dieser neuen, gigantischen Staumauern, dahinter überflutet ein endlos erscheinender Stausee alle Täler mitsamt den ehemaligen Dörfern. Die neue Straße endet abrupt zwischen hoch aufragenden Felswänden. Es wird immer enger, neben uns sprudelt der Fluss in seinem steinigen Bett, doch plötzlich weitet sich die Landschaft und wir sind in Savsat. Die Gegend erinnert stark an zu Hause, die Berge und die Wälder haben durchaus Ähnlichkeit mit dem Karwendelgebirge. Kurz danach, bereits wieder auf rund 1.650 Metern Höhe, stellen wir uns inmitten des weit verstreuten Dorfes Yavuzköy auf ein kleines Wiesenplateau mit einem 360 Grad Bergrundblick. Ein wirklich toller Übernachtungsplatz!

Zum Frühstück bekommt Conny von unserem „Nachbarn", dem Großvater vom Hof, neben dem wir übernachtet haben, frische Blumen geschenkt. Was für eine schöne, persönliche Willkommensgeste! Nach der Passhöhe auf rund 2.400 Metern ändert sich die Landschaft schlagartig. Statt sattem Grün beherrscht nun das Braun und Gelb abgeernteter Felder und karger Hochebenen die Szenerie. Schnell ist Ardahan erreicht, dort nutzen wir den heutigen Markt zum Einkaufen. Als wir zu „Manni" zurückkommen, sehen wir, dass einer der beiden linken Außenspiegel nur noch am berühmten seidenen Faden herunter hängt. Hat wohl einer beim Vorbeifahren nicht genau genug gezielt. Sei's drum, der Spiegel wird vollends abmontiert, einstweilen tut es auch der kleinere zweite.

Am nächsten Morgen erreichen wir die Passhöhe auf rund 2.550 Metern und sind fasziniert von dem sensationellen Anblick, der sich uns hier oben präsentiert. Dank des diesmal herrlichen Wetters und einer entsprechend klaren Luft liegt buchstäblich ganz Georgien vor uns. Wir erkennen all die Berge, an denen wir in den letzten Wochen waren – bis Swanetien mit seinen schneebedeckten 5.000ern und auch bis hinauf in die Region des Kasbek reicht die Sicht. Dahinter liegt dann bereits Russland. Ab hier geht es wieder hinunter zur uns inzwischen bestens bekannten Grenze, vorbei an der endlosen Schlange der auf die Abfertigung wartenden iranischen Lkws. Wir werden am ersten Kontrollposten bereits namentlich begrüßt: „Ihr seid doch vor Kurzem schon mal dagewesen, bist du nicht Thomas?", und sofort zum Zoll weitergeschickt. Auch hier empfängt man uns wie alte Bekannte mit Handschlag und so ist die ganze Prozedur an beiden Grenzen in weniger als einer halben Stunde erledigt.

In Akhaltsikhe lassen wir zwei leere Gasflaschen an einer abenteuerlichen Füllstation auffüllen und starten danach durch bis zu unserem schon wohlbekannten Übernachtungsplatz von vor einigen Wochen, direkt an der Mtkwara. Dort macht Conny mal wieder große Wäsche und ich befreie „Manni" vom türkischen Baustellendreck. Und nachdem alles wieder sauber und ordentlich ist, verabschieden wir uns endgültig von der Türkei und Georgien. Hinter Ninotsminda erreichen wir auf einem kahlen Hochplateau in rund 2.100 Metern Höhe die georgisch-armenische Grenze. Die Abfertigung auf georgischer Seite ist eine Sache von Minuten, bei den Armeniern gestaltet sich die Sache dann allerdings etwas langwieriger …

3. Oktober 2012 – 16. Oktober 2012 – Armenien

„Kirchen und Klöster ..."

Als wir innerhalb nur weniger Minuten unsere Visa im Pass haben und sich daraufhin der erste Schlagbaum hebt, sind wir noch der Meinung, dass die Einreise nach Armenien ein Kinderspiel wird. Doch weit gefehlt! Der bürokratische Irrsinn nimmt seinen Lauf mit der zollbehördlichen Registrierung von „Manni" und der fahrzeugabhängig zu löhnenden Straßenbenutzungsgebühr. Zwei Schalter für den gesamten Grenzverkehr sind auch nicht gerade üppig, auch wenn sich der Andrang heute in Grenzen hält und ich nur einen Lkw-Fahrer vor mir habe, der mit dem Prozedere gerade fertig wird. Mein Beamter ist sehr freundlich, jedoch auch sehr gewissenhaft, was man jederzeit gerne auch mit umständlich übersetzen darf. So werden die Daten von „Manni" mühsam vom Fahrzeugschein in ein Computerformular übertragen, wobei auf der Suche nach dem armenischen Kürzel für „Camper" minutenlang immer wieder ein dicker Wälzer durchgeblättert wird. Nachdem sich unser redlich mühender Zöllner endlich entschieden hat, was er in die entsprechende Spalte einträgt, entschuldigt er sich, dass er jetzt mal eben nach hinten müsse, da ein Kollege heute Geburtstag habe und es jetzt was zu essen gebe. Sein Schreibtischnachbar schließt sich ihm an und so stehe ich gemeinsam mit einem halben Dutzend Lkw-Fahrern etwas perplex vor den nun geschlossenen Schaltern. Aus der angekündigten Minute wird natürlich locker eine halbe Stunde, was die inzwischen ganz schön angefressenen Lkw-Fahrer nicht so prickelnd finden, da sie sich ja nicht wie wir auf gemütlicher Weltreise, sondern im Arbeitseinsatz befinden. So langsam füllt sich mein Zollformular mit für mich undefinierbaren, armenischen Schriftzeichen und ich darf mit insgesamt neun Zetteln zum Kassenschalter, um die Straßenbenutzungsgebühr einzubezahlen.

Nun, der Kollege ist natürlich nicht da, erscheint auch nach geduldigem Warten nicht, sodass mein Zollinspektor ihn schlussendlich suchen geht. Ein weiteres Viertelstündchen später tauchen die beiden wieder auf, die Lkw-Fahrer kriegten inzwischen die Krise, da in der Zwischenzeit der Zollschalter natürlich wieder geschlossen wurde. Ich darf nun endlich meine vierzig Euro abdrücken und den Fahrzeugbeschauer aufsuchen, um die leibliche Abfertigung von „Manni" voranzubringen. Jetzt aber hilft uns der Geburtstag des Kollegen, denn auf eine Fahrzeugkontrolle wird zugunsten der Kaffeetafel praktischerweise verzichtet und so kann ich mich zur finalen Stempelorgie bei meinem freundlichen Zollhäuptling einfinden, der sich sofort routiniert durch sämtliche Durchschläge stempelt, selbige sortiert und abheftet und mir meine Exemplare mit einem freundlichen „Auf

Wiedersehen" überreicht. Nach nur zwei geduldigen Stunden hebt sich also auch der zweite Schlagbaum und wir sind drin! Wofür wir allerdings eine Straßenbenutzungsgebühr bezahlen müssen, erschließt sich uns nicht so recht, denn für das, was wir zum Befahren vorfinden, sollten wir eigentlich eher eine Fahrzeugabnutzungspauschale ausbezahlt bekommen ...

Armenien empfängt uns mit weiten, nun abgeernteten Hochflächen und einer abenteuerlich schlechten Straße, die uns bis nach Gjumri quält. Dort biegen wir ab nach Osten und vorbei an Spitak und Vanadzor, Orten, die hauptsächlich mit sowjetischen Industrieruinen glänzen, erreichen wir schließlich den gebirgigen Nordosten mit seinen nun herrlich bunten Herbstwäldern. Hier hat der Debed auf seinem Weg nach Norden eine tiefe Schlucht in das Gestein gegraben, durch die sich nun die kurvenreiche Straße ihren abenteuerlichen Weg sucht. Kurz vor Alaverdi fahren wir auf eines der steil über der Schlucht aufragenden Plateaus, um uns in der Nähe des Klosters von Odzun einen Übernachtungsplatz zu suchen.

Als der anwesende Pope nach einer aufschlussreichen Führung durch seine Anlage von unserem Anliegen erfährt, bietet er uns spontan an, auf das Klostergelände zu fahren, um dort die Nacht zu verbringen. Dieses Angebot nehmen wir natürlich gerne an und so genießen wir die abendliche Ruhe innerhalb des alten Gemäuers.

Verteilt über das ganze Land, warten in Armenien unendlich viele Kirchen und Klöster auf den interessierten Besucher. Entlang der Klosterstraße im herrlich grünen Nordosten, zwischen der Kreisstadt Vanadzor und der georgischen Grenze, versteckt auf den steilen Plateaus über dem tief unten in seinem schmalen Bett dahinsprudelnden Debed und in den dichten Bergwäldern der lange Zeit schwer zugänglichen Provinz Tavusch, da reihen sich einige der größten und schönsten Sakralbauten der vergangenen Jahrhunderte wie Perlen an einer Schnur auf. Wir entscheiden uns für fünf dieser bedeutenden Zeugnisse kirchlicher Vergangenheit, darunter die beiden zum Weltkulturerbe ernannten Klosteranlagen von Sanahin und Haghbat.

Am Rand des gleichnamigen Dorfes, hoch über dem Tal des Debed, da verbirgt sich das alte Kloster von

Sanahin hinter riesigen, uralten Bäumen. Fast mystisch wirkt die Stimmung auf uns, als wir durch die verwinkelten Gebäude wandeln, im Halbdunkel über Jahrhunderte alte Grabplatten stolpern und die modrig-feuchte Luft des Herbstes einatmen, der sich bereits in dem alten Gemäuer eingenistet hat. Wir sitzen lange unter den knorrigen Bäumen, deren bunte Blätter sachte auf uns herunterschweben und von einer runzeligen Alten mit einem selbst gebundenen Reisigbesen umständlich von den moosigen Platten gekehrt werden.

Haghbat dagegen, auf gleicher Höhe wie Sanahin erbaut und in schemenhafter Weite zu erahnen, wirkt offener, luftiger. Auch dieses Kloster liegt am Rande seines gleichnamigen Dorfes, doch kein Schatten verdunkelt die herrlichen Reliefs und Kreuzsteine, kein Herbstlaub bedeckt den kurzen, grünen Rasen, der die schweren Mauern umgibt. Diese scheinen fast zu

schweben, so lebendig wirken Kirchen und Kapellen, der freistehende Glockenturm und die Gebäude des Klosters. Eine heitere Stimmung erfasst uns ob der in weiche Sonnenstrahlen getauchten Bauten und wir verweilen gerne auf dem frischen Grün vor den fast schwarzen Steinen.

Ein Stückchen weiter, da thront die Wehrkirche von Akhtala auf einem schlanken Felsen und wacht über das ihr anvertraute Tal. Das Innere der mächtigen Kirche beeindruckt uns mit byzantinisch-georgischen Fresken in mit fast unwirklicher Kraft leuchtenden Farben. Die Einmaligkeit der reichhaltigen Ausschmückung der Wände unterscheidet diese

geweihte Stätte von allen anderen in Armenien und verleiht den hohen Mauern eine berührende Lebendigkeit.

Der Weiterweg durch das enge Tal des Debed endet kurz vor dem georgischen Schlagbaum, wir biegen allerdings in die Grenzregion zu Azerbaidjan ab. Über Noyemberian kommen wir in das Dorf Voskepar, wo ein nur leichter Taleinschnitt heute die Grenze zwischen den nach wie vor in angespannter Nachbarschaft lebenden Azeris und Armeniern andeutet. Und doch ist der Einschnitt viel tiefer, als dieser kleine Graben es zeigen kann. Mitten durch das Dorf verläuft dieser Graben, zerbombt und verbrannt die ehemals schmucken Häuser auf dem nun azerbaidjanischen Gebiet, trotzig wieder neu aufgebaut auf der armenisch gebliebenen Seite. Einzig eine kleine Kirche steht einsam neben der genau auf der Grenze verlaufenden Straße, fast mahnend und doch verletzlich wirkend.

Wir ahnen nichts von der grotesken Situation, als wir von der Straße abbiegen und vor der Kirche anhalten, die bereits auf azerbaidjanischem Gebiet steht. Köpfe mit Helmen tauchen hinter einem Schutzwall über uns auf; wir winken den Soldaten zu, die hier in Stellungen an der Flanke der Kirche wachen, verursachen dadurch hektische Achtsamkeit auf der anderen Seite der Hügel, befinden uns plötzlich zwischen den Fronten. Der Rufkontakt unter den sich belauernden Parteien entschärft die Situation, nur harmlose Touristen auf der Suche nach einem ruhigen Übernachtungsplatz. Den verkneifen wir uns jetzt hier, zu viel erinnert ein wenig an die ehemalige innerdeutsche Grenze, auch wenn damals in solch einem Fall schon längst geschossen worden wäre. Unsere Suche führt uns schließlich in den heiteren Kreis der Familie und Freunde von Tamara, die uns natürlich sofort erst zum Tee und anschließend gleich zum Abendessen in die Garage einladen, das Haus daneben ist noch im Rohbau. So erleben wir wieder einmal einen ausgesprochen herzlichen Abend im Kreis vieler netter Menschen, an dem der Wodka emsig kreist …

Heftige Gewitter bescheren uns erst mal eine unruhige Nacht, doch irgendwann sind auch die auf das Dach prasselnden Regenschauer vorbei. Als wir morgens ausgeschlafen und frisch geduscht aus unserem „Manni" kommen, ist bereits Besuch eingetroffen – Tamaras Freundin Aida aus dem russischen Sotschi samt ihrem armenischen Freund Abraham. Natürlich gibt es gleich wieder Wodka zum Frühstück, um auf den Besuch und auf uns anzustoßen. Ich kann mich mit dem Argument des Fahrens drücken, doch Conny muss ran, da hilft kein Jammern …

Nun, der Vormittag wird auch Dank des Wodkas wieder sehr fröhlich, und als wir gegen Mittag endlich loskommen, sind wir reich beschenkt mit Obst, Gemüse, Wein und Ohrringen für Conny. Doch so lustig diese Erlebnisse auch für uns waren, so bedrückend ist der bleibende Eindruck dieser zerstörten Grenze durch Voskepar, als wir das Tal wieder verlassen. Langsam fahren wir bergauf und bergab durch die herbstlich bunten Farben dieser dicht bewaldeten Region, immer hart an der azerbaidjanischen Grenze entlang. In Idschewan bummeln wir über den wuseligen Markt, erstehen ein mit dem Beil aus dem Rind gehaktes „Filet", Obst zu fast schon peinlich niedrigen Preisen, verzichten allerdings auf lebendes Huhn direkt aus dem Kofferraum und erfreuen uns am typisch armenischen Treiben zwischen den Ständen.

Hier drüben in Tavusch, auf der anderen Seite der bunten Herbstwälder, da verbirgt sich das kleine Bergdorf

Gosh. Nichts würde den Reisenden dorthin verschlagen, wachte da nicht das Kloster Goshavank inmitten der armseligen Häuser und Hütten. Nirgendwo sonst findet man solch fein gearbeitete Ornamentik in Kreuzsteinen, Reliefs und Friesen, keine andere Kirche ist reichhaltiger mit so bedeutenden Inschriften bestückt. Es sind diese kunstvoll ausgearbeiteten Relikte, die Goshavank für uns zu einem besonders eindrucksvollen Erlebnis werden lassen.

Zu guter Letzt finden wir noch den Weg nach Haghartsin. So bunt und leicht präsentiert sich der Herbstwald an den Flanken um das idyllisch versteckte Kloster, dass das aufwändig renovierte Ganze schon fast zu wuchtig auf uns wirkt. Erst die lichten Strahlen der wärmenden Morgensonne, die den Steinen das Schwere nehmen, lassen uns ein wenig versöhnlicher werden und wir erkennen das Besondere an Haghartsin – seine außergewöhnlich idyllische Lage. Dort lernen wir Artak, den Steinmetz, der so wundervolle Skulpturen schafft und mit der sowjetischen Volksarmee in den Achtzigern zwei Jahre in der DDR stationiert war und ganz passabel Deutsch spricht, und Hamlet (der heißt wirklich so), den Maler und Schlüsselverwalter des Klosters, kennen. Die beiden laden uns zum Kaffee ein und Conny wird nebenbei von Hamlet gekonnt porträtiert.

Über die gut ausgebaute Straße sind wir schnell in Dilijan, in vielen Serpentinen geht es nun steil hinauf zum Sevan-Pass, der auf seinem Scheitelpunkt durch einen Tunnel entschärft wurde. Auf der anderen Seite des

Gipfels empfängt uns dann ein komplett anderes Landschaftsbild. Der bunte Herbstwald ist kargen Bergflanken gewichen und schon bald sehen wir den riesigen Sevan-See in der Mittagssonne vor uns aufblitzen. Von Weitem schon grüßen die beiden Kirchen des dortigen Klosters, rasch erklimmen wir die Halbinsel und genießen einen tollen Blick über den wie das Meer wirkenden See, bevor wir uns direkt ans Ufer in ein jetzt bereits geschlossenes, kleines Strandbad stellen. Obwohl der See auf rund 1.900 Metern liegt, ist er noch überraschend warm, sodass wir den Nachmittag und den folgenden Tag noch zum Baden nutzen können. Gegen Mittag bilden sich allerdings dunkle Gewitterwolken über dem See, der Wind frischt auf und die ersten Tropfen lassen auch nicht mehr lange auf sich warten. Die Temperatur fällt rapide und der zum Grillen vorbereitete Fisch wandert wieder ins Tiefkühlfach. Herbst halt …

Am nächsten Morgen regnet es zwar nicht mehr, doch ein kalter Wind macht es nicht unbedingt gemütlicher in unserem Strandbad. Unsere Pläne hinsichtlich einer vorgesehenen Bergtour können wir im Moment getrost vergessen und so fahren wir erst mal nach Yerevan. Bei einem kleinen, metallverarbeitenden Betrieb an der Einfallstraße lassen wir endlich unser verbogenes Schutzblech der Außentreppe passend hämmern, was der alte Meister routiniert erledigt und anschließend jeden Versuch der Bezahlung entschieden zurückweist. Zur Verabschiedung drückt er mich an seine mit einer tiefschwarzen Staubschicht bedeckte, latzhosenbewehrte Brust und küsst mich links und rechts auf die Wangen. Zurück bei „Manni" darf ich mich nun erst mal wieder ordentlich reinigen und mein T-Shirt der Wäschetüte zuführen … Ein moderner Supermarkt lockt uns hinter seine gläserne Fassade, doch das von uns ausgesuchte Rinderfilet wird hier ebenso mit dem Beil gequält wie beim Straßenmetzger. Mit vollen Vorratsschränken machen wir uns auf den Weg nach Garni und Geghard, zwei wirklich eindrucksvollen Kulturstätten armenischer Geschichte östlich der Hauptstadt. In Garni ist es der frühgeschichtliche Sonnentempel, der unglaublich stimmungsvoll direkt am oberen Rand der tiefen Schlucht des Azat zu einem Besuch einlädt. Die damaligen Erbauer konnten keinen exklusiveren Platz wählen, weit schweift der Blick über die steil abfallenden Felswände, die Natur hat eine beeindruckende Szenerie für den filigranen Tempel geschaffen.

Wir werden allmählich zu Kirchenfans. Also nicht so mit Beten und Kreuzschlagen und den ganzen anderen Ritualen christlicher Frömmigkeit. Nein, es ist eher das Historische, das uns in seinen Bann zieht. Wir fangen an, Details zu erkennen, lernen, was ein Gavith und ein Chatsch'khar, ein Refektorium und ein Tambour ist. Wir begeistern uns nicht mehr nur an der Lage einer Kirche oder eines Klosters, sondern verstehen jetzt auch, warum diese frühmittelalterlichen Gemäuer so beeindrucken können. Und so picken wir uns weiterhin die interessantesten Sakralbauten Armeniens heraus – und wir werden nicht enttäuscht. Das Felsenkloster von Geghard ist sicher das stimmungsvollste auf unserer Reise durch Armenien. Die Lage am Talschluss der Azatschlucht, die tief in die Felsen gearbeiteten Kapellen und Grüften, der Schein der unzähligen Kerzen, die weihrauchgeschwängerte Luft in den geheimnisvollen Räumen – all das ergibt ein unglaublich eindrucksvolles Ganzes. Es beeindruckt auch mit seiner massigen Präsenz, die eine fast magische Kraft ausstrahlt. Grelle Blitze und der durch das Echo der hohen Felswände gewaltige Donner eines nahenden Gewitters verstärken diesen Eindruck noch mehr. Vor dem einsetzenden Regen flüchten wir in unseren „Manni", freundlicherweise hört dieser etwas später wieder auf, sodass wir den zum wiederholten Male zum Grillen bereiten Fisch endlich seiner natürlichen Bestimmung zukommen lassen können.

Früh, noch bevor die ersten Touristen das Kloster stürmen, sind wir wieder dort – und es lohnt sich wirklich. Nach der Morgenmesse hängt im gesamten Komplex ein schwerer Weihrauchduft, der die Sinne zusätzlich betört. Lange genießen wir die Ruhe in den alten Kapellen und Kirchen, im stimmungsvollen Innenhof und außerhalb auf einem kleinen Aussichtsfelsen. Erst als die Besucherzahl stetig zunimmt, verlassen wir diesen wundervollen Platz. Wir fahren zurück nach Yerevan und erfahren an einer Werkstatt mit dem Stern, dass es in der Stadt auch eine MAN-Niederlassung gibt. Die ist allerdings so kompliziert in den südwestlichen Außenbezirken versteckt, dass es schon eine ganze Zeit und gefühlte hundert Nachfragestopps braucht, bis wir endlich fündig werden. Dort lassen wir „Mannis" Keilriemen nachspannen und für diese Arbeit wollen sie nicht mal Geld von uns. Herzlichen Dank!

Wir entscheiden uns, zum Basecamp des Aragats, dem mit 4.090 Metern höchsten Berg Armeniens, hochzufahren, da sich das Wetter inzwischen ganz passabel zeigt und wir endlich mal wieder eine interessante Bergtour machen wollen. Nach der Festung Amberd wird die Straße zum schmalen und löchrigen Asphaltband, das sich immer höher und höher durch die nun kahlen und steinigen Hänge schraubt. Frische Schneereste zeugen vom ersten Wintereinbruch – und dann sind wir oben, am kleinen Stausee Kari, oben auf genau 3.200 Metern! Kalt ist es hier, nur sechs Grad Celsius zeigt unser Thermometer, als wir im Schneematsch unseren Übernachtungs-platz einrichten. Und prompt fängt es an zu graupeln. Mal sehen, ob das morgen was wird mit der Bergtour …

Der Wind rüttelt kräftig an unserem „Manni", Nebelschwaden fliegen förmlich über den eiskalten Stausee vor uns, heftige Graupelschauer wechseln sich mit starken Regenböen ab. Die Temperatur streift den Gefrierpunkt und so bleiben wir lange im warmen Bett vergraben, denn das Thema Bergtour können wir getrost vergessen. Ist wohl einfach doch schon zu spät im Jahr für die ganz großen Berge. Und so schleichen wir am späteren Vormittag langsam die über 2.000 Höhenmeter wieder hinunter nach Agarak und von dort direkt über die Dörfer weiter nach Echmiadzin, dem armenischen Kirchenzentrum und Standort der wichtigsten Kathedrale des Landes. Diese Kathedrale, inmitten eines schönen Parks gelegen, besticht vor allem durch ihre ausgemalten Innenwände und Decken. Leider ist sie zurzeit aufgrund umfänglicher Renovierungsarbeiten außen fast gänzlich eingerüstet, was der Stimmung etwas abträglich ist.

Diese Stimmung erleben wir dann beim Kloster Khor Virap. Dieses eigentlich ziemlich unscheinbare Kloster thront direkt an der streng bewachten armenisch-türkischen Grenze, inmitten auch jetzt noch grüner Felder, auf einem kleinen Hügel. Das wirklich Besondere ist jedoch seine Lage in unmittelbarer Nähe zum Großen und Kleinen Ararat, die wie zwei riesige Wächter auf der türkischen Seite unvermittelt aus der Ebene weit in den Himmel ragen und den gesamten Horizont erfüllen. Leider überwiegen heute die dichten Wolken um die beiden Gipfel, doch auch so ist die gigantische Dimension der beiden Riesen nahezu greifbar. Wir genießen von einem der umliegenden Hügel das Zusammenspiel des Klosters mit den beiden Berggiganten und bleiben auf dem

ruhigen Parkplatz über Nacht stehen. Am nächsten Morgen dann – was für ein Bild! Großer und Kleiner Ararat zeigen sich nahezu ohne Wolken in ihrer ganzen Pracht. Nur kurz zwar, aber es reicht, um diesen Moment für immer festzuhalten. Erst als die Wolken sich wieder über die Gipfel stülpen, frühstücken wir, so sehr waren wir gefangen von diesem Anblick.

Der gebirgige Süden des Landes erwartet uns nun für die nächsten Tage. Wir fahren bis zur abgeriegelten Grenze der azerbaidjanischen Enklave Naxcivan, die von Armenien militärisch kontrolliert wird. Dort biegen wir nach Osten ab und schrauben uns langsam auf den steilen Pass empor, dessen Straße immer entlang dieser Grenze über die kahlen Berge hinunter ins Weindorf Areni führt. Leider dürfen wir uns hier nicht mit dem sicher guten Wein der Region eindecken, da wir in ein paar Tagen in die alkoholfreie Zone des Iran einreisen werden. Gleich nach Areni geht es durch eine enge Schlucht hinauf nach Noravankh. Dieses wunderschöne Kloster liegt ganz am Ende der Stichstraße, hoch über dem Flüsschen Amaghu, in völliger Einsamkeit unter steil aufragenden, rötlichen Felswänden. Die Anlage begeistert uns durch ihre exponierte Lage und ihre filigrane Bauweise samt den kunstvollen Reliefs. Den ganzen Nachmittag schlendern wir durch und um den Komplex, der immer wieder von der Sonne herrlich ins Licht gesetzt wird.

Zwischendurch reparieren wir die Halterung der Außentreppe, mal sehen, ob es hält … Natürlich bleiben wir auch gleich über Nacht hier oben, denn die Stimmung ist richtig toll und außerdem müssen unsere geklebten und eingeschraubten Teile über Nacht trocknen. Später pfeift uns ein so starker Wind mit heftigen Regenschauern um die Ohren, dass sogar „Manni" ins Schwanken gerät. Als die morgendliche Sonne dann endlich die hohen Bergkämme überwindet, taucht sie die Kirchen von Noravankh in ein gleißend helles Licht, sie scheinen dadurch fast zu leuchten. Es ist einfach schön hier oben und zu dieser frühen Stunde auch herrlich ruhig, da die Tagesausflügler noch nicht eingetrudelt sind. Und unsere Reparatur von gestern war anscheinend erfolgreich, denn die eingeklebten Teile sind alle noch da, wo sie hingehören, und der Kleber scheint schon fest zu sein. Mal sehen, wie es dann später während des Fahrens sein wird …

Nun geht es erst mal wieder hinunter nach Areni und von dort weiter auf der Hauptachse durch den Süden, hinauf auf den 2.344 Meter hohen Vorotan-Pass, hinter dem sich Sjunikh, die südlichste Provinz Armeniens, verbirgt. Auf dieser Seite ist die Landschaft rau und karg, abgeerntete Weizenfelder und verbrannte Erde prägen das Bild. Wir machen einen Abstecher in das tief in die Berge eingegrabene Flusstal des Vorotan und zum alten Kloster von Vorotnavankh, das weithin sichtbar hoch über dem Tal zu schweben scheint. Ab hier halten wir auch Ausschau nach einem Übernachtungsplatz, den wir schließlich nach einer kurzen, aber abenteuerlichen Pistenfahrt hinauf an den oberen Rand der Schlucht nahe dem Dorf Vaghatin auf einem abgeernteten Feld finden.

Viel später, es ist bereits stockdunkel, kommen plötzlich Scheinwerfer auf uns zu, ein Auto hält neben „Manni". Vorsichtig spähen wir hinaus, sehen einen Mann mit seinem Jungen. Ich gehe hinaus, um die beiden zu begrüßen, zu fragen, was sie wollen. „Hallo, ich bin Shahen, ich wohne da unten im Dorf. Wo kommt ihr her?" Die Konversation ist schwierig, wir sprechen keine gemeinsame Sprache, doch mit viel Geduld und Fantasie bekommen wir das schon hin. „Aus Deutschland, das ist gut. Kommt mit zu uns, wir laden euch ein zum Essen." Es ist bereits zehn Uhr nachts! „Vielen Dank, aber in der Dunkelheit möchte ich eigentlich nicht diesen schauderhaften Hohlweg mit unserem Truck hinunterfahren. Aber morgen gerne." – „Gut, so gegen neun Uhr, ist das recht?" – „Ja, das ist gut, aber wie finden wir euch?" – „Ganz einfach, dort kennt mich jeder. Ich bin dort der Bürgermeister, also praktisch Angela Merkel von Vaghatin."

So hoppeln wir also bei herrlichstem Sonnenschein die abenteuerliche Piste von gestern wieder hinunter ins Dorf und werden von der ganzen Familie freundlich empfangen und mit gekochtem Fisch bewirtet. Anschließend wird „Manni" interessiert begutachtet, die Damen den Koffer von innen, die Herren die Technik von außen. Reich beschenkt mit einem großen Sack frisch geernteter Walnüsse, Obst und Gemüse kriechen wir gegen Mittag die Piste wieder hinauf, wo wir alsbald auf die Hauptstraße nach Goris treffen. Doch schon bald darauf biegen wir wieder ab, diesmal zum Kloster von Tathev. Alternativ zur Straße, die sich durch den tiefen Canyon des Vorotan auf der einen Seite steil hinunter- und auf der anderen Seite in ebenso vielen Serpentinen wieder hinaufwindet, kann man das herrlich an der Steilkante des Canyons gelegene Kloster auch mit der längsten Seilbahn der Welt erreichen. Diese schwebt fast sechs Kilometer über den gesamten Canyon nach Tathev. Eine sicher interessante Variante der Anreise, leider verliert das toll platzierte Kloster dadurch etwas an Wirkung, da die viertelstündlich einschwebenden Gondeln mit einem etwas nervigen Klingelton angekündigt werden. Trotzdem, die Klosteranlage ist die Anreise wert und wir finden oberhalb des alten Gemäuers einen super Aussichtsplatz, auf dem wir den Nachmittag mit einem außergewöhnlich schönen Blick auf die Kirchen und den Canyon genießen und natürlich auch gleich die Nacht verbringen.

Gerade als wir anfangen, so langsam wach zu werden, fällt ein Kleinbus voll mit Wochenendausflüglern über unseren Platz her, ein großes Lagerfeuer wird entzündet und ungefähr 180 Hühnerschenkel auf langen Spießen gebraten – zum Frühstück. Wir liegen noch in den Federn, doch sie winken uns schon zu: „Raus mit Euch, die Kebabs sind gleich fertig!" Pappsatt machen wir uns schließlich auf zum Höhlendorf von Chndzorek, fast schon an der Grenze zu Nagorno-Karabach, der armenischen Enklave auf azerbaidjanischem Gebiet. Das inzwischen von seinen ehemaligen Bewohnern verlassene Dorf erinnert stark an die Tuffsteinbehausungen im türkischen Kappadokien. Genau gegenüber der alten Siedlung, die sich über den gesamten Abhang des Berges zieht, stellen wir uns auf den Parkplatz eines sehr schönen Picknickplatzes und haben so einen tollen Blick über das gesamte Dorf.

Dichter Nebel versteckt das alte Chndzoresk, als wir am nächsten Morgen einen ersten Blick riskieren. Doch im Lauf des Vormittags verziehen sich die störenden Schwaden und wir unternehmen einen kleinen Rundgang durch das verlassene Dorf. Erst spät starten wir in Richtung Süden, nach Kapan. Undurchdringlich scheinende Wälder säumen die holprige Straße, die uns ein weiteres Mal den Canyon des Vorotan durchqueren lässt. In allen Farben des Herbstes leuchten die Hänge der umliegenden Berge, auch wenn sich die Sonne nur spärlich unter der hartnäckigen Wolkendecke blicken lässt. Die Landschaft ist aufregend schön, die Gipfel am Horizont sind hier fast 4.000 Meter hoch. Stellenweise bildet die kurvenreiche Strecke die Grenze zu Azerbaidjan, worauf die am Straßenrand vor Minenfeldern warnenden Schilder eindringlich hindeuten. So verzichten wir lieber darauf, in dieser herrlichen Region einen Übernachtungsplatz abseits der Straße zu suchen, und fahren bis kurz vor Kapan. Plötzlich blitzt die Wasserfläche eines kleinen Stausees zwischen den grünen Hügeln zu uns herauf und wir entdecken einen Feldweg, der uns steil hinunter bis zu einem Wiesenplateau etwas oberhalb des Ufers bringt. Dort erleben wir sogar noch so etwas wie einen kurzen Sonnenuntergang, als sich in der dichten Wolkendecke für einen kleinen Moment eine Lücke zeigt und die Spitzen der umliegenden Berge in einem fantastisch gelben Licht präsentiert.

Heute geht es endgültig in Richtung Iran. Die Landschaft um uns herum ist gigantisch schön, die Sonne ist inzwischen auch wieder da und bringt den Herbstwald so richtig zum Leuchten. Nach Kadjaran, einer tristen Bergbaustadt, schraubt sich die Straße hoch auf einen Pass, den wir erst bei gut 2.500 Metern erreichen. Wir sind weiterhin umringt von fast 4.000 Meter hohen, felsigen Bergen, die hier die Grenze zur azerbaidjanischen Enklave Naxcivan bilden. Nun geht es wieder rund 2.000 Höhenmeter steil hinunter nach Meghri, der letzten Stadt im südlichen Armenien. In der engen Schlucht des gleichnamigen Flusses ducken sich die ärmlichen Häuser dicht aneinander, hier ist wirklich das Ende der armenischen Welt, eingequetscht zwischen den Nachbarn Iran und Azerbaidjan. Gleich hinter Meghri erreichen wir den Grenzfluss zum Iran, den Aras, und in unmittelbarer Sichtweite der Grenze, etwas oberhalb des Flusses, finden wir einen annehmbaren Übernachtungsplatz. Ein Militärjeep hält neben uns, der Offizier der armenischen Grenztruppen grüßt standesgemäß mit den Fingern an der Mütze: „Was macht Ihr denn hier?" – „Also, wir würden hier gerne übernachten, weil wir morgen Früh an die Grenze fahren." Dieses Ansinnen kann er nicht alleine entscheiden, er telefoniert mit seinem Vorgesetzten, unsere Pässe werden aufmerksam kontrolliert. Dann das Okay: „Also gut, Ihr könnt bleiben, aber nichts fotografieren, das ist streng verboten!" – „Nein, nein, natürlich nicht. Und vielen Dank für die Erlaubnis zum Bleiben." Und schon ist er wieder weg und wir schauen uns noch mal unsere natürlich bereits gemachten Fotos der Umgebung an … Zum Abschluss dieser Reiseetappe gönnen wir uns dann das letzte Rinderfilet aus unseren Tifliser Beständen und vernichten sämtliche Alkoholika, die wir noch so finden können – Na dann, Prost!

Das Leben in Armenien, das sind die enormen Gegensätze, die uns hier aufgefallen waren. High Heels und Lumpensammler, Nobelkarosse und Pferdewagen, Luxushotel und Blechhütte, alles liegt sehr dicht beieinander. Die meisten Menschen kämpfen jeden Tag buchstäblich ums Überleben, haben keine hundert Euro für den Monat zur Verfügung. Und doch fällt uns auf, dass sie viel lachen, Musik klingt aus jeder Ecke, man arrangiert sich mit den Gegebenheiten, die man nicht ändern kann. Trotz aller Armut, es wird nicht gebettelt, weder vor den Kirchen noch an den roten Ampeln in den Städten, so wie wir es in Georgien erlebten.

Es ist die unglaubliche Gastfreundschaft, die uns hier begeistert hat. Die Menschen freuen sich, dass wir da sind, uns für ihr kleines Land, das in jüngerer Vergangenheit so gebeutelt wurde durch Erdbeben und Krieg, interessieren. Wir werden wie selbstverständlich eingeladen, wo immer sich die Gelegenheit ergibt, man reicht uns frisch Gegrilltes und Gekochtes, gleichgültig, ob es dann noch für alle reicht oder nicht. Die Verständigung ist meist nicht ganz einfach, viele Menschen sprechen nicht einmal Russisch, geschweige denn eine der uns geläufigen Sprachen. Und Armenisch, nun, das ist sowohl in Wort als auch in Schrift für uns einfach unergründlich. Und doch verstehen wir uns, denn es reicht oft ein Lachen und alles ist gut …

Es ist die stolze Ehrlichkeit, die uns hier so gut gefällt. Nie haben wir das Gefühl, beim Einkaufen mehr zu bezahlen als die Armenier selbst, vorsichtige Anfragen, was eine Dienstleistung kostet, werden mit einer Handbewegung vom Tisch gewischt, Geld will man nicht von uns. Egal, wo wir uns zum Übernachten hinstellen, wir sind immer willkommen, jeder beteuert, dass es vollkommen sicher sei. Bleiben wir am Straßenrand stehen, werden wir gefragt, ob alles in Ordnung sei oder ob wir Hilfe bräuchten. Aber es ist auch die Perspektivlosigkeit, die sich vielerorts widerspiegelt in extrem hoher Arbeitslosigkeit, in maroden Wohnblöcken, in verrotteten Industrieruinen. Es herrscht auffallend wenig Verkehr auf den kaputten Straßen, wer kann sich bei diesen Bedingungen schon ein Fahrzeug leisten? Wir sehen entweder Jahrzehnte alte Autos und Lkws aus sowjetischer Zeit oder aber das Modernste, was der Weltmarkt hergibt. Und rundherum verdunkelte Scheiben sind absolut hip, beim klapprigen Wolga ebenso wie beim aufgemotzten Jeep.

Für uns ist das Leben hier fast peinlich billig, während unserer zwei Wochen im Land haben wir für Lebensmittel gerade einmal fünfundsiebzig Euro ausgegeben. Für die Menschen, die hier leben, jedoch ein unglaublich hoher Betrag. Und doch klappt alles irgendwie …

17. Oktober 2012 – 10. Dezember 2012 – Iran

„Grenzenlose Herzlichkeit im Staat der Mullahs …"

„Was, ihr wollt in den Iran? Ja seid ihr denn verrückt? Da droht doch Krieg! Ihr werdet als Spione verschleppt! Und alles dort ist so unsicher, gefährlich, man wird euch überfallen und ausrauben …"

Nun, mit einer dermaßen geballten Ladung guter Ratschläge machen wir uns auf den Weg, das geheimnisvolle Land der Mullahs und der verschleierten Frauen zu entdecken. Zugegeben, wir sind schon etwas angespannt, als wir die Grenzbrücke erreichen, was wird uns dort wohl wirklich erwarten? Doch als uns der erste Grenzposten freundlich winkend in sein Land einfahren lässt, verliert sich die Anspannung sofort. Die gesamte Einreise verläuft überaus korrekt, man hilft uns freundlich durch alle Instanzen, die Fahrzeugkontrollen sind ausgesprochen oberflächlich, eher ein wenig neugierig, und jeder Kontrolleur zieht wie selbstverständlich die Schuhe aus, bevor er „Mannis" Inneres betritt. Alle wünschen uns eine schöne Zeit im Iran. Ein toller Empfang!

„Seid bloß vorsichtig mit den Kontakten zu den Menschen, überall Spitzel, verplappert euch ja nicht! Ihr wisst ja, was die Medien so alles berichten über die Zustände dort …"

Eines vorweg – auf allen unseren Reisen, und das waren bisher nicht wenige, sind wir noch nie so persönlich empfangen, behandelt und umsorgt worden wie hier! Es ist einfach unglaublich, mit welcher Selbstverständlichkeit die Menschen sich um den Gast in ihrem Land kümmern, sich ehrlich freuen, dass man da ist. Wir werden buchstäblich weitergereicht, jeden Tag erleben wir eine unglaubliche Gastfreundschaft. Wir werden eingeladen und beschenkt, man diskutiert offen mit uns über die aktuellen nationalen und internationalen Situationen in und um den Iran. „Welcome to Iran" ist die gängige Begrüßung, „Ah, Almani" zaubert ein Lachen in die Gesichter, „Thank you to be our guests" die Einladung zum Wohlfühlen.

„Und für Conny wird das ganz fürchterlich dort. Sie muss sich verhüllen und darf mit niemandem sprechen und niemanden ansehen. Und niemand nimmt sie wahr, sie wird einfach übersehen als Frau!"

„Also, das beantworte ich jetzt mal selbst: Verhüllen muss ich mich hier nicht, klar, Kopftuch tragen ist zwingend hier, aber auch der Respekt der hiesigen Gegebenheiten gebietet es, eines zu tragen, das inzwischen aber eher ein modisches Accessoire, denn eine zwanghafte Verhüllung ist. Und so züchtig, wie ich das von den Frauen in der Türkei gelernt habe, trägt das hier fast keine. Somit habe ich dann ab dem zweiten Tag auch großzügig die Haarsträhnen rausschauen lassen, damit ich nicht als ganz so konservativ auffalle. Das tun inzwischen sehr viele Iranerinnen, denn es ist ihre Art, mutig ihre persönliche Freiheit zu zeigen. Es reicht auch, ein langes Shirt, das den Hintern bedeckt, zu tragen. Und die Männer, die mich nicht ansehen dürfen und nicht mit mir sprechen sollen, habe ich bisher noch nicht getroffen. Alle haben sie mein fröhliches Lachen erwidert."

Unsere Reisegeschwindigkeit wird nicht mehr hauptsächlich von Sehenswürdigkeiten, Bergtouren, Wetterkapriolen oder sonstigen alltäglichen Dingen bestimmt, sondern einzig von den Begegnungen mit den Menschen. Wir verbringen mal eben zwei Stunden an der Tankstelle; kurz Brot kaufen oder die Bitte um einen Internetzugang endet in der Regel bei einer großzügigen Essenseinladung, man führt uns durch die Stadt, fährt uns voraus bei kompliziert erscheinenden Wegführungen. Die Menschen nehmen sich einfach Zeit für uns! Und es ist wunderschön, dass wir Zeit für die Menschen haben …

Das Leben hier ist für uns unglaublich preiswert. Ein Einkauf auf dem Markt ist mit Centbeträgen erledigt, ein Restaurantbesuch kommt kaum auf drei Euro – für zwei Personen wohlbemerkt. Eintritt in ein historisches Monument? Umgerechnet zwölf Cent ist der Standardpreis, da kostet das Topkapi-Serail in Istanbul das Zweihundertfache! Die Krönung allerdings ist das Tanken, für uns in Europa eine tägliche Geldvernichtung.

fünfundachtzig Liter Diesel getankt, drei (!) Euro bezahlt, das sind dreieinhalb Cent der Liter mit einer zu Verfügung gestellten Tankkarte eines Truckers. Das macht richtig Spaß!

Diese extreme Geldentwertung, deren Grund in der Embargopolitik der westlichen Welt zu suchen ist, wird für die Menschen hier allerdings ein immer größeres Problem, da die Löhne natürlich nicht im richtigen Verhältnis angepasst werden und somit für sie alles unheimlich teuer wird. Für uns kaum vorstellbar bei den Preisen. So entsteht eine resignierende Unzufriedenheit mit den Lebensumständen, die in unseren vielen Gesprächen durchaus spürbar wird.

Ach ja, Landschaft gibt es auch. Gerade der Norden ist unglaublich wild und ursprünglich. Hier trifft die Arabische auf die Eurasische Platte mit dem Ergebnis, dass ein gigantisches Faltengebirge entstanden ist und dadurch fast jährlich die Menschen von Erdbeben geplagt werden, das letzte erst vor wenigen Wochen. Karg sind diese Berge hier im Landesinneren, ganz im Gegensatz zu der dem Kaspischen Meer zugewandten Seite. Dort wuchert tropische Vegetation die Hänge hinauf, es gedeiht Reis, Palmen schmücken die Straßen und Teeplantagen begrünen weite Flächen. Regen und Nebel sorgen für eine hohe Luftfeuchtigkeit, während auf der anderen Seite heiße Sommer und eiskalte Winter das Leben erschweren. Und nördlich von Teheran ragt das Alborz-Gebirge mit dem Damavand fast 5.700 Meter hoch in den Himmel, es ist die höchste Gebirgsregion westlich des Himalaja und des Pamir.

Dann Teheran – was für eine Riesenstadt! Ungefähr fünfzehnmillionen Einwohner auf sechshundert Quadratkilometer Fläche, unglaublich … Der Verkehr ist gigantisch, die Luft zum Schneiden, und die halbe Stadt scheint uns persönlich willkommen zu heißen. Wir verleben wundervolle Tage mit lieb gewonnenen Menschen, werden pausenlos eingeladen und genießen so ein paar ruhige Tage – ausgerechnet in Teheran!

Diese ersten Tage im Iran, sie sind so ausgefüllt von wundervollen Erlebnissen, dass uns oft ganz schwindlig wird von all den bleibenden Eindrücken. Ein solch intensives Reisen haben wir bisher noch nicht erlebt …

Doch nun langsam und schön der Reihe nach …

Die Sonne lacht vom nur leicht bewölkten Himmel, als wir bereits um neun Uhr vor dem armenischen Grenzposten stehen. Die Ausreise aus diesem kleinen Land gestaltet sich ähnlich umständlich wie die Einreise, und so dauert es rund anderthalb Stunden, bis wir endlich die Grenzbrücke zum Iran passieren können. Auf der iranischen Seite werden wir sehr freundlich begrüßt und die Jungs schicken uns erst mal ins Zollgebäude. „Salaam, wo ist denn euer Gepäck? Das muss hier auf den Tisch." Der zuständige Inspektor weiß natürlich nicht, dass wir mit dem Truck hier sind und ein wenig mehr als eine Reisetasche mit uns führen. „Das ist draußen, im Lkw, aber das müssten wir dort kontrollieren …" Er geht mit uns nach draußen und staunt über „Manni". Vor der Tür zieht er unaufgefordert seine Schuhe aus und belässt es bei einer sehr oberflächlichen Kontrolle, lediglich an der Balsamico-Flasche schnüffelt er, ob sich verbotener Alkohol darin befindet. Er bedankt sich bei uns für unser Verständnis und schickt uns zur Fahrzeugdesinfektion. Das ist eine echte Lachnummer, denn das Sprühgatter, durch das wir fahren müssen, während „Manni" sparsam mit einer undefinierbaren Lösung besprüht wird, passt nicht so recht ins professionelle Bild. Und dafür will der Oberdesinfektionsinspektor auch noch einen Euro! Unser Carnet de Passage muss nun zum ersten Mal auf dieser Reise abgestempelt werden, die in der Vergangenheit immer wieder mal verlangten Tankkarten und eine Versicherung für „Manni" will uns allerdings niemand aufs Auge drücken. Nach zwei Stunden werden wir mit besten Wünschen für unsere Reise durch den Iran verabschiedet – wir sind drin! Na, das war ja easy …

Da wir natürlich zu geizig waren, in Armenien noch mal zu tanken, erreichen wir mit den wirklich allerletzten Dieselreserven nach einer wilden Berg- und Talfahrt schließlich Kharvana, wo wir für fast 250 Liter Diesel gerade mal zwanzig Euro löhnen. Der Liter kostet uns also rund acht Cent! Mit einem breiten Tankstellengrinsen machen wir uns auf die Weiterfahrt, auf der uns die Menschen zulachen und uns freundlich winken; es ist ein toller Empfang in diesem spannenden Land. In Varzegan machen wir die ersten Einkaufserfahrungen – eine Wassermelone und ein großer Beutel frischer Knoblauch für nicht einmal fünfzig Cent! Dort und auch in den

Dörfern der Umgebung sehen wir allerdings auch die Verwüstungen, die das erst vor wenigen Wochen hier die Menschen so hart getroffene Erdbeben hinterlassen hat. Doch die Erstversorgung scheint zu funktionieren, überall stehen große, weiße Zelte mit dem grünen Halbmond und die Menschen sind schon wieder fleißig am Aufbauen ihrer zerstörten Häuser. Auf der teilweise extrem kurvenreichen Straße durch die kargen Berge kommen wir an einem tiefblauen Stausee vorbei, dessen Ufer wir für unser erstes iranisches Nachtlager ansteuern.

Einzelne Fischer sitzen geduldig an seinen Ufern, doch keiner scheint sich für uns zu interessieren.

Die dichte Bewölkung des frühen Morgens löst sich nur sehr zögerlich auf, und so starten wir erst relativ spät nach Ahar, dort sehen wir uns erst mal nach einer Bäckerei um. Als wir eine entdecken, stellen wir uns hinter das Dutzend Wartende, denn soeben wird frisches Brot aus dem Ofen geholt. Neugierige Blicke mustern uns: „Wo kommt ihr denn her? Ah, Almani! Wie viele Brote wollt ihr denn?" Wir sind natürlich sofort im Mittelpunkt des Interesses, schüchterne Fragen nach dem Woher und Wohin werden gestellt, und als das erste Brot fertig ist, wird es uns nach hinten durchgereicht, unser Geldschein nimmt den umgekehrten Weg und wir erhalten ein Bündel Wechselgeld zurück. Diese Sonderbehandlung ist uns natürlich erst unangenehm, doch wir haben keine Chance, dagegen aufzubegehren. Wir bedanken uns für diese aufmerksame Geste und man lacht und winkt uns nach, als wir wieder zu unserem „Manni" zurückgehen. Wenig später fragen wir drei Jungs am Straßenrand nach dem richtigen Weg aus der Stadt heraus, worauf einer sofort in sein Auto springt und uns bis zur entscheidenden Kreuzung vorausfährt. Willkommen im Iran!

Die gute Hauptstraße schlängelt sich nun großzügig durch das weite Hochtal, die Felder sind abgeerntet, tonnenweise Äpfel werden am Straßenrand feilgeboten. Hinter Meshgin-Shahr, einem Landstädtchen am Fuße

des Sabalan, mit 4.811 Metern Höhe der dritthöchste Berg im Iran, biegen wir auf eine schmale Straße ab, die bis auf eine Höhe von rund 2.700 Metern durch die Sommerweiden der Sabalan-Nomaden führt. Unzählige Schafherden werden talwärts getrieben, die Lager abgebaut, da der nahende Winter eine Bewirtschaftung in diesen Höhen nicht zulässt. Als die dichte Wolkendecke über dem Bergmassiv gegen Abend für kurze Zeit etwas auflockert, gibt sie einen ersten Blick auf den bereits verschneiten Bergriesen frei.

Ein herrlicher Morgen weckt uns zwar mit kaltem, aber sonnigem Wetter, der Sabalan steht direkt vor uns und begeistert mit seiner wuchtigen Präsenz. Also entscheiden wir, eine Wanderung zu machen, obwohl in der Nacht der Regen über uns in Schnee überging und die Schneefallgrenze nur wenig oberhalb unseres Übernachtungsplatzes liegt. Doch die

Sonne leckt ihn schnell wieder weg, und so starten wir nach dem Frühstück zu einer Runde über die Hochalmen. Leider ist der plötzlich aus dem Tal aufsteigende Nebel schneller als wir, und so sind wir schon bald von den dichten Schwaden eingehüllt und müssen die Tour mangels Sicht wieder abbrechen.

Nach einer heißen Dusche im „Manni" rollen wir langsam hinunter ins Tal, in wärmere Gefilde und sonnigeres Wetter. Ardebil, die wichtigste Stadt hier im Nordosten des Iran, ist rasch erreicht. Wir steuern direkt das bedeutendste Bauwerk der Stadt an, das Mausoleum von Sheikh Safi. Dieser historische Komplex stammt in seinen wesentlichen Teilen aus dem 17. Jahrhundert und besticht durch eine ausgesprochen feine Ornamentik in den einzelnen Bauelementen. Vor allem die Grabtürme sind sehenswert, aber auch der sogenannte Porzellanraum, in dem eine perfekte Kopie des berühmten Ardebil-Teppichs zu bewundern ist.

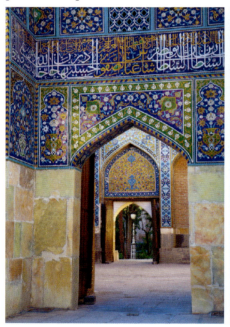

Anschließend fahren wir zum südlich der Stadt gelegenen Shurabil-See, der dank eines Freizeitparks mit vielen Fahrgeschäften ein beliebtes Ausflugsziel der ardebiler Jugend ist, die hier in so für iranische Verhältnisse nicht erwarteter, frecher Offenheit den Abend genießt. Inmitten dieser lebensfrohen Atmosphäre parken wir unseren „Manni" und bleiben anschließend gleich über Nacht ungestört hier stehen.

Als wir frühmorgens einen ersten Blick nach draußen riskieren, schauen wir direkt auf den dick verschneiten Sabalan, der sich bei wolkenlosem Himmel scheinbar gleich hinter der Stadtgrenze aufbaut. Um uns herum joggen emsige Frühsportler, die ersten Studenten streben zur Uni. Wir fahren noch mal in die Stadt hinein, um ein wenig durch den herrlich bunten Basar zu schlendern, einzukaufen und eine Internetverbindung ausfindig zu machen. Die Preise für Lebensmittel sind sensationell niedrig für uns, für umgerechnet zwei Euro bekommen wir kiloweise Obst und Gemüse. Plötzlich spricht uns ein junger Iraner in tadellosem Englisch an, ob er uns irgendwie helfen könne. Er ist Englischlehrer und froh, sich mal wieder in dieser Sprache unterhalten zu können. Natürlich nehmen wir seine angebotene Unterstützung gerne an und er führt uns zu einer Wechselstube, wo wir günstiger als auf den staatlichen Banken fünfzig Dollar tauschen und dafür 1.760.000 Rial bekommen. Als frischgebackene Millionäre ziehen wir also wieder los und er bringt uns in das kleine Büro eines

Freundes, in dem wir dessen schnelle Internetverbindung so lange nutzen können, wie wir wollen. Anschließend verabschiedet er sich von uns, nicht ohne uns an einen weiteren Freund zu übergeben, der uns zu einem typischen Straßenrestaurant begleitet, in dem wir uns für ganze drei Euro ordentlich satt essen.

Begeistert von den Erlebnissen in Ardebil machen wir uns auf den Weg nach Süden. Die Strecke führt hinein in die kahlen Berge, die sich wie ein mächtiger Riegel zwischen das Kaspische Meer und die dahinterliegenden Hochebenen schieben, und wir erreichen das schöne, fruchtbare Tal von Khalkhal. Saftig grüne Wiesen unter herbstlich bunten Pappeln prägen nun die Landschaft, vorbeikommende Bauern grüßen uns freundlich und wünschen uns eine schöne Zeit in ihrer Heimat.

Die Nacht war kalt, die Morgensonne hat Mühe, den Raureif auf den Wiesen verschwinden zu lassen. Doch es wird schnell angenehmer, auch wenn das Thermometer tagsüber nicht mehr über sechzehn Grad klettert. Am Ortsende von Khalkhal steuern wir eine Tankstelle an, um wieder etwas Diesel nachzufüllen. Sofort sind wir die Attraktion an der Tanke. Während Conny alle Anwesenden unter großem Gelächter fotografieren muss, lasse ich einstweilen „Mannis" Durst befriedigen. Der Tankwart hat so viel Spaß mit uns, dass er uns auf seine Karte tanken lässt, was uns schlussendlich für gut 450 Liter Diesel umgerechnet sechzehn Euro (!) kostet, also gerade mal dreieinhalb Cent für den Liter. Wir revanchieren uns bei ihm mit Babykleidung für sein Neugeborenes, worauf wir schon fast in den Heiligenstand gehoben werden. Am Ortsausgang wartet eine Polizeikontrolle auf uns, die erste hier im Iran. Wir sind gespannt, wie das hier abläuft: „Salaam, ich bitte vielmals um Entschuldigung, darf ich Ihre Pässe sehen? Wir müssen das hier leider machen …" – „Oh, natürlich, kein Problem, gerne …" Das haben wir so nicht erwartet.

Nach einem kurzen Blick auf unsere Visa bekommen wir die Pässe wieder zurück. „Entschuldigung, ich hätte noch eine Frage, nein, eigentlich eine Bitte. Dürfte ich vielleicht mal einen Blick in euer tolles Auto werfen? So etwas habe ich ja noch nie gesehen …" – „Ja gerne, sicher doch …" Brav zieht der Offizier unaufgefordert seine Schuhe aus, bevor er „Mannis" Innenleben betritt und sich eher schüchtern umsieht. Nach ein paar Blicken bedankt er sich fast überschwänglich und entschuldigt sich ein weiteres Mal für die entstandenen Unannehmlichkeiten. „Und weiterhin gute Reise. – Willkommen im Iran!"

Die Straße führt nun immer weiter hinein in die Berge, wir erreichen ein kleines, unscheinbares Nest, halten an, um Brot und Obst zu kaufen. Der alte Krämer freut sich sichtlich, dass wir in seinem winzigen Laden einkaufen, und wir dürfen alles, was wir kaufen, vorher probieren. Neben seinem Krämerladen ist ein einfaches Straßenlokal, in dem wir uns noch Kebab mit Reis bestellen. Kaum sitzen wir inmitten der anwesenden Gäste am einzigen, großen Tisch, spricht uns unser Gegenüber auf Deutsch an, er hat lange in Wiesbaden gelebt. Nach einer Stunde angeregter Unterhaltung lässt er es sich natürlich nicht nehmen, unser Essen zu bezahlen, während der alte Krämer von nebenan zum Nachtisch noch einen Teller frischer Weintrauben auf den Tisch stellt. Wir sind begeistert, fast gerührt von so viel Gastfreundschaft, und machen uns bei leichtem Nieselregen auf unseren Weiterweg. Die Straße wird zur Piste, die sich bis auf über 2.350 Meter hoch hinauf in die wilden Berge schraubt. Auf der anderen Passseite verschluckt uns dichter Nebel

und so sehen wir nichts von der steilen Abfahrt, die uns innerhalb weniger Kilometer über 1.000 Höhenmeter nach unten bringt.

Unser Ziel, die Kleinstadt Masuleh, die inmitten dichter Wälder versteckt am Berghang liegt, erkennen wir erst, als wir schon am oberen Ortsrand stehen. Wir bummeln durch die schmalen Gassen und Treppen um die alten Häuser, deren flache Dächer immer die Terrasse für das darüberstehende Haus sind. Gemütliche Cafés und winzige Läden locken die Gäste, alte Frauen bieten Handarbeiten an, der herrlich duftende Geruch frischer Backwaren zieht durch unsere Nasen, wir können natürlich nicht widerstehen. In der Nacht und vor allem am nächsten Morgen vermiest uns ständiger Regen ein wenig den weiteren Besuch der schmalen Gassen und wir

fahren schon bald weiter hinunter in die große Schwemmebene am Kaspischen Meer. An einer modern aussehenden Lkw-Werkstatt in den Außenbezirken von Rasht fragen wir nach, ob wir deren Internet kurz nutzen dürfen. Und dort erleben wir wieder echt iranische Gastfreundschaft: „Salaam, wir hätten eine große Bitte – wir würden gerne unsere Mails abrufen, könnten wir dafür euer Passwort haben?" – „Aber selbstverständlich, kommt rein, hier, ihr könnt mein Büro nutzen, so lange ihr wollt. Braucht ihr noch einen zweiten Laptop? Bitte sehr, nehmt gerne meinen." Sofort wird der Konferenztisch im Chefbüro für uns frei gemacht, Stühle werden gebracht und der Stromanschluss wird hergestellt. „Wollt ihr einen Tee? Natürlich, kommt sofort …" Ungläubig sitzen wir vor unserem Bildschirm, fangen langsam an, unsere Homepage zu aktualisieren. Nach einer Stunde sind wir fertig, wollen uns bedanken und verabschieden: „Wartet, ihr habt doch jetzt sicher Hunger, es ist Mittagszeit, wir kochen gerade Kebab mit Reis und Salat. Setzt euch, es ist gleich fertig." Minuten später sitzen wir vor einer dampfenden Schüssel und einer reich garnierten Grillplatte. „Lasst es euch schmecken, lasst euch

Zeit." Als wir die Platte ratzeputz geleert haben – natürlich hatten wir Hunger – nehmen wir einen zweiten Anlauf der Verabschiedung. Die gesamte Belegschaft begleitet uns nach unten, wo „Manni" brav vor dem Firmengelände auf uns gewartet hat. Als sie ihn sehen, vor Schmutz starrend ob der letzten Regenfahrten, schüttelt der Chef sofort den Kopf: „Also, so kommt ihr mir nicht vom Hof. Ab nach hinten, jetzt waschen wir erst mal euren Lkw." Jegliche Widerrede wird sofort im Keim erstickt, wir haben keine Chance. Also packen zwei der Jungs den Hochdruckreiniger und anschließend auch noch die Handtücher aus und nach einer weiteren Stunde glänzt „Manni" wieder wie neu. „Können wir noch was für euch tun, abschmieren oder das Öl wechseln? Machen wir gerne für euch, ihr seid unsere Gäste und wir freuen uns, wenn wir euch helfen dürfen." Fast fluchtartig verlassen wir nun den Werkstatthof, es wird uns langsam peinlich …

Lange winken sie uns alle noch nach und so machen wir uns bestens gelaunt auf die Weiterfahrt nach Bandar Anzali; dort stellen wir uns inmitten einer Neubausiedlung direkt ans Kaspische Meer. Es dauert nicht lange und es klopft an unserer Tür. „Salaam und herzlich willkommen. Bitte parkt direkt vor meinem Haus, ihr seid meine Gäste. Kann ich was für euch tun? Braucht ihr etwas zu essen? Wartet, ich rufe meinen Sohn an, der spricht sehr gut Englisch, der kann euch helfen." Und ehe wir reagieren können, telefoniert er schon mit ihm und keine halbe Stunde später steht er vor uns.

Willkommen im Iran …

Das noch warme Wasser des Kaspischen Meeres lockt nach dem Aufstehen, doch leider kann nur ich diese Gelegenheit nutzen, für Conny wäre zum Baden ein „Ganzkörperkondom" Pflicht, um die hier herrschenden Sitten nicht zu verletzen. Anschließend fahren wir nach Bandar Anzali auf den dortigen, weit über seine Grenzen hinaus bekannten Fischmarkt. Wir schlendern um die reich bestückten, bunten Marktstände, decken uns mit frischestem Fisch ein und nach gut einer Stunde kennt uns hier praktisch jeder, da Conny fast alle fotografieren muss und alle Beteiligten dabei einen Riesenspaß haben. Mit prall gefüllten Einkaufstüten und den

Kopf voller wunderbarer Eindrücke verlassen wir Markt und Stadt. Gegen Abend, schon in den Bergen hinter Rudbar, hier sperrt ein mächtiger Staudamm das Tal ab, finden wir am dahinterliegenden See unterhalb eines kleinen Dorfes einen ruhigen Platz. In gebührender Entfernung flitzen einige Jugendliche mit ihren Mofas herum, die sich allerdings bald in Richtung ihres Dorfes aufmachen. Nur einer zieht in weiterem Abstand schüchtern seine Kreise um unseren „Manni". Mit der Zeit kommt er aber immer näher, es ist inzwischen dunkel geworden und Conny wollte im Schutz der Nacht eigentlich auch noch in den See springen. Plötzlich hält er neben mir: „Salaam, ich bin Hossein, und ich wohne da oben in dem Dorf mit meiner Mutter. Ich möchte euch gerne zum Tee einladen …" – „Hallo, Hossein, das ist aber nett von dir, aber es ist jetzt schon ziemlich spät und wir sind ganz schön müde. Aber morgen würden wir gerne zu dir und deiner Mutter kommen." – „Das ist gut, wann soll ich euch dann abholen?" – „Ist neun Uhr okay für dich?" – „Ja, das ist perfekt, also dann, morgen Früh um neun." Und schon ist er verschwunden …

Conny nutzt die Gunst der Stunde, um noch unbeobachtet in den erfrischenden See zu springen. „Meinst du, er kommt morgen Früh, um uns zu holen?" – „Bestimmt, aber ob er wie verabredet um neun hier ist, na, ich weiß nicht …"

Pünktlich wie verabredet steht Hossein bei uns vor der Tür, um uns zum versprochenen Tee abzuholen. Er saust auf seinem Moped voraus und wir mit „Manni" eifrig hinterher, durch staubige Gassen und um brüchige Lehmmauern. Als wir vor dem bescheidenen Haus von Hossein und seiner Mutter stehen bleiben, läuft ein

großer Teil der Nachbarschaft zusammen, um den merkwürdigen Besuch zu begutachten. Wir bleiben fast zwei Stunden, sitzen auf dicken Teppichen, werden mit einem einfachen Frühstück verwöhnt und bekommen einen kurzen Einblick in das einfache Leben in diesem kleinen Dorf. Dann müssen wir jedoch aufbrechen, denn wir sind heute mit Carmelita und Wolfgang, unseren lieben Freunden aus unserer Nachbarschaft zu Hause, die mit einer organisierten Gruppe die Welt umrunden, verabredet. Unser Treffpunkt ist in Soltaniyeh, und das dortige Mausoleum des Öldjeitü mit der größten gemauerten Kuppel der Welt wollten wir sowieso besichtigen.

Als wir dort eintreffen, ist das Mausoleum schon eingekreist von den dreiundzwanzig Fahrzeugen der Truppe; ein für uns sehr ungewohntes Bild, so viele Reisende auf einem Haufen zu sehen. Doch die Freude, Carmelita und Wolfgang zu treffen, ist natürlich groß, und nach der Besichtigung des Mausoleums, das leider innen komplett eingerüstet ist und somit eigentlich fast jeglichen Reiz vermissen lässt, gesellen wir uns zur Gruppe, die inzwischen am Ortsrand von Soltaniyeh mit ihren Fahrzeugen eine nicht zu übersehende, lockere Wagenburg gebaut hat. Wir stellen uns gemeinsam mit unseren Freunden etwas abseits, um in Ruhe unser Wiedersehen zu genießen. Doch als am nächsten Morgen dann alle wieder weg sind, spüren wir sofort, wie gut es tut, alleine unterwegs zu sein und nicht mit einer solch großen Truppe …

Bei Dauerregen und immer dichter werdendem Verkehr nähern wir uns der Fünfzehnmillionen-Metropole Teheran, doch in Karaj, einem Vorort, der auch bereits eine Million Einwohner zählt, biegen wir ab in Richtung Norden, hinauf in das Alborz-Gebirge. Inzwischen ist es stockdunkel und immer noch kein geeigneter Übernachtungsplatz in Sicht, dichte Bebauung und starker Regen verhindern dies. Viele unbeleuchtete Tunnel müssen wir auf unserer Strecke passieren und plötzlich passiert es: ein Gewirr von grell aufleuchtenden Bremslichtern vor uns, das kreischende Geräusch aneinanderreibenden Blechs mischt sich mit dem dumpfen Knall aufeinanderprallender Fahrzeuge. „Shit, die Bremsen greifen nicht! Wir werden nicht langsamer!" Ich

wechsle auf die Gegenfahrbahn, halte mich verkrampft am Lenkrad fest und trete das Bremspedal gefühlt durchs Bodenblech, komme erst Zentimeter vor der Unfallstelle neben den anderen Fahrzeugen zum Stehen. Gott sei Dank ist nichts weiter passiert. Wir hatten riesiges Glück, denn der nasse und schmierige Asphalt lässt die Bremsen und Reifen nicht so richtig greifen.

Am nächsten Tag regnet es nur noch leicht, manchmal ist sogar ein bisschen blauer Himmel zu erblicken. Als die Wolkenlöcher größer werden und die richtig hohen Berge freigeben, die hier locker über 4.000 Meter in den Himmel ragen, sehen wir, dass es fast bis auf 3.000 Meter herunter frisch geschneit hat. In Valiabad biegen wir auf eine schmale Bergstraße ab, die uns bis auf 3.155 Meter hochbringt. Saukalt ist es hier oben, nur noch sechs Grad Celsius hat es und der Wind peitscht den Regen quer an unseren „Manni". Wir verlassen diesen ungemütlichen Pass und kurbeln fast 1.000 Höhenmeter hinunter in das Tal des Flusses Nour. Dieses Tal bietet auch jetzt noch spät im Jahr mit seinen grünen Wiesen und herbstlich gefärbten Pappeln ein herrliches Bild. Kurz vor Baladeh, dem Hauptort im Tal, fahren wir hinunter zum Nour und stellen uns inmitten im Wind wiegender Pappeln direkt ans Ufer.

Es muss kalt gewesen sein in der Nacht, denn „Manni" ist komplett von einer dünnen Eisschicht überzogen. Doch die ersten Strahlen der Morgensonne tauen ihn schnell wieder auf. Ja, das Wetter ist schön heute, die schneebedeckten Gipfel winken zu uns herab und die Bäume leuchten in allen Farben des Herbstes. Leider ist der blaue Himmel nur von kurzer Dauer, denn als wir starten, haben die Wolken schon wieder die Überhand gewonnen. Das tut der herrlichen Landschaft aber keinen Abbruch, wir passieren viele kleine Dörfer und auch Baladeh, den Hauptort hier im Tal. Als wir später auf die Fernstraße nach Teheran treffen, sind wir seit der gestrigen Passhöhe fast 2.500 Höhenmeter abwärtsgefahren. Dichter Verkehr begleitet uns nun in Richtung der Metropole, viele abenteuerliche Tunnel fordern unsere ganze Aufmerksamkeit. Dann erahnen wir zum ersten Mal den Damavand, den mit 5.671 Metern höchsten Berg des Iran, ja sogar westlich des Pamirgebirges. Wir nehmen die Nebenstrecke über Reineh, nähern uns dabei dem Bergriesen bis auf eine Höhe von rund 2.500 Metern, sehen allerdings nach wie vor nichts von ihm. In der Zwischenzeit regnet es auch noch wie aus Kübeln, sodass wir erst mal nach Polur hinunterfahren, um aus der Kälte zu kommen, da wir nun unsere schon seit einiger Zeit nicht mehr funktionierende Heizung anfangen zu vermissen. Wir lernen Ali aus Mashhad und seine Bergsteigerfreunde kennen, sie sind optimistisch, was das Wetter betrifft, sie wollen morgen einen Besteigungs-versuch wagen. Doch sie werden an den Neuschneemassen scheitern, wie wir später per Mail erfahren.

Ein erster Blick um sechs Uhr morgens – und schon sind wir raus aus den warmen Federn. Ein riesiger, schnee-bedeckter Vulkankegel, von der soeben aufgehenden Sonne golden angestrahlt, erschlägt uns fast mit seiner unglaublichen Präsenz. Majestätisch reckt er sich in den fast wolkenlosen Himmel, überragt alle anderen Trabanten um ein Vielfaches. Unangenehme Schwefeldämpfe steigen aus seinem Inneren auch heute noch unaufhörlich auf. Leider sind wir zu spät dran dieses Jahr, große Neuschneemengen und eisige Temperaturen mit bis zu minus fünfundzwanzig Grad am Berg lassen uns auf eine Besteigung schweren Herzens verzichten. Den ganzen Vormittag verbringen wir allerdings im Dunstkreis dieses Riesen, können uns nicht sattsehen an seiner herrlichen Erscheinung. Erst gegen Mittag machen wir uns auf den Weg in Richtung Teheran. Unterwegs

halten wir an einem Ausflugsrestaurant an, ein Bursche spritzt mit dem Schlauch ein Auto ab: „Salaam, dürfen wir an eurem Wasserhahn hier draußen unsere Wassertanks auffüllen?" – „Na klar, hier nimm, ich mache nachher weiter." Wir füllen gut 400 Liter frisches Bergwasser nach, während sich der Chef zu uns gesellt. „Wenn ihr fertig seid, kommt bitte herein, wir frühstücken gerade. Ihr seid herzlich eingeladen." Wenig später sitzen wir gemeinsam am großen Tisch. „Also, ich hätte da eine kleine Bitte. Könntet ihr für uns bitte diese Nummer in Teheran anwählen, es ist die von unserem Freund Mohsen, und wir haben versprochen, dass wir uns melden, wenn wir nach Teheran kommen." Drei Handys werden gezückt, sofort ist die Verbindung hergestellt und Mohsen, den wir samt seiner Familie vor vielen Wochen an der türkisch-georgischen Grenze getroffen haben, freut sich riesig, dass wir uns, wie seinerzeit versprochen, tatsächlich melden.

Wir erreichen die Vorstädte dieser gigantischen Metropole, die sich auf über 600 km² am Fuß des Alborz-Gebirges ausbreitet. Doch wo sollen wir in dieser gigantischen Riesenstadt einen annehmbaren Stellplatz für die nächsten Tage entdecken? Unsere Erfahrung sagt uns, dass wir diesen auf dem Parkplatz der Seilbahn, die am nördlichen Stadtrand in die Berge führt, finden werden. Zielgenau erreichen wir den angepeilten Platz und stellen uns halbwegs unauffällig etwas abseits an den Rand. Doch es dauert nicht lange und es kommen zwei Security-Jungs zu uns: „Salaam, dürfen wir hier stehen bleiben zum Übernachten?" Mit diesem Ansinnen sind die beiden sichtlich überfordert, diese Frage ist ihnen garantiert noch nie gestellt worden. „Nein, nein, das geht nicht." – „Aber hier ist doch so viel Platz, das stört doch niemanden." – „Da müssen wir erst den Manager fragen, bitte kommen Sie mal mit." Wir dackeln also zum Management-Office und nach einigem Warten werde ich ins Chefbüro eingelassen. Bei einigen Gläsern Tee erkläre ich ihm sehr freundlich unser Vorhaben. „Nun, wir werden das in einer Besprechung klären. Kommen Sie doch bitte in zwei Stunden wieder." Na, das muss aber eine weitreichende Entscheidung sein … Aber nach den langen Beratungen bekommen wir grünes Licht, wir dürfen hierbleiben, bekommen einen Platz direkt neben dem Zufahrtstor des Management-Bereiches zugewiesen. Ein toller Blick über die Stadt, relative U-Bahn-Nähe und vor allem saubere Luft zum Atmen machen diesen Platz für uns attraktiv. Nach und nach kommt einer nach dem anderen aus dem Management zu uns, um uns zu begrüßen, und als wir am Abend ein Taxi benötigen, um zu unseren Freunden zu fahren, rufen sie es für uns und klären auch gleich noch den Fahrpreis für uns ab. Dann quälen wir uns für zwei Euro fast anderthalb Stunden mit dem Taxi durch die Stadt zu Mohsen, Elaheh und dem kleinen Hesam. Die Begrüßung ist überaus herzlich und die Freude, uns wiederzusehen, deutlich sichtbar. Gemeinsam verbringen wir einen super netten Abend mit vielen Geschichten aus unserem und ihrem Leben und werden nebenbei natürlich köstlich bewirtet. Erst gegen Mitternacht sind wir schließlich wieder zurück in unserem „Manni".

Teheran bietet nun nicht unbedingt die Highlights des Iran, doch wenn wir schon mal da sind, dann wollen wir natürlich auch mal in die City. Das geht am besten mit der U-Bahn, zu deren Endstation in unserem Stadtviertel uns freundlicherweise ein Passant, den wir nach dem besten Weg fragen, gleich mit dem Auto hinfährt. Von hier aus sind wir dann binnen einer halben Stunde direkt im Zentrum, wo wir erst mal durch den riesigen Bazar schlendern. Höhepunkt ist hier der berühmte Teppichbazar, der mich natürlich an meine berufliche Vergangenheit erinnert. Allerdings hat dieser Umschlagplatz für persische Teppiche auch schon bessere Tage erlebt, das ganze Szenario wirkt etwas traurig. Wirklich schön ist dagegen der aufwändig renovierte Golestan-Palast, in dem die letzten persischen Herrscher residierten. Danach sind wir platt und halb erstickt von den Abgasen, sodass wir uns schleunigst wieder in die U-Bahn flüchten und in höher gelegene Stadtteile verziehen. Am Busbahnhof bei der Endstation der Metro fragen wir uns zum für uns richtigen Bus durch, da wir kein Farsi lesen können. Nach ein paar Stationen hält der Busfahrer plötzlich neben einem anderen Bus an, wechselt mit dessen Fahrer ein paar Worte und die Fahrgäste um uns herum deuten uns an, dass wir jetzt mal eben einen fliegenden Wechsel in den neben uns stehenden Bus machen müssen, denn der fährt weiter zu unserem gewünschten Ziel. „Wie viel müssen wir bezahlen?" – „Vergiss es, hopp, hopp, schnell umsteigen in den anderen Bus!" Wenig später weist uns eine Dame darauf hin, dass wir jetzt aussteigen müssen, wir seien am Ziel. Auch jetzt scheitert jeglicher Versuch, für die Fahrt zu bezahlen, und mit den besten Wünschen werden wir in die Nacht hinausgeschickt. Wie würde wohl mit einem des Deutschen nicht mächtigen Besucher in unseren öffentlichen Verkehrsmitteln in solch einem Fall umgegangen …?

Unser Plan, mit der längsten Kabinenbahn der Welt auf den Hausberg von Teheran zu fahren, um in immerhin fast 4.000 Metern Höhe durch den Schnee zu stapfen und den Ausblick über der Stadt zu genießen, scheitert an den schnell aufziehenden Wolken in den Bergen. So warten wir auf Mohsen, der sich heute Urlaub genommen hat, um mit ihm die Saadabad-Paläste und Museen zu besichtigen, und der uns dabei viele interessante Dinge über das Leben im heutigen Iran erzählt. Diese Paläste liegen alle in einem herrlichen Park unter hohen Bäumen

und grünen Rasenflächen und bilden eine angenehme Insel der Ruhe inmitten der Großstadthektik. Sie wurden überwiegend während der letzten hundert Jahre erbaut und dienten dem Herrscherhaus der Pahlevi-Dynastie als Sommerresidenz und bieten somit einen interessanten Einblick in die feudale Welt der gekrönten Häupter der jüngeren Vergangenheit. Nach so viel Geschichte fahren wir nun mit Mohsen wieder nach Hause zu

Elaheh und Hesam und den Freunden Mina und Mahmud Reza, die schon damals dabei waren, als wir uns an der türkisch-georgischen Grenze kennenlernten. Elaheh verwöhnt uns mit Dizi, einem typisch iranischen Gericht, und wir verbringen gemeinsam einen wunderschönen, gemütlichen und interessanten Nachmittag im Kreis dieser lieben Freunde.

Eigentlich wollten wir ja heute den für gestern geplanten Ausflug in die Berge nachholen, doch als wir so vor unserem „Manni" stehen, werden wir von der Geschäftsleitung der Kabinenbahn erst mal zum Tee eingeladen. So lernen wir den Personalmanager, den Facilitymanager, den Financemanager, den Securitymanager, den Supportmanager, den Economymanager, den Hotelmanager und natürlich den Generalmanager näher kennen. Es war uns bisher nicht klar, dass eine Seilbahn … Na gut, so ist zumindest alles bestens organisiert und kontrolliert, und wir bekommen auch noch Freikarten für die Bahn geschenkt. Toll! Anschließend dürfen wir noch unseren Toiletteninhalt auf der Bürotoilette umweltgerecht entsorgen, bekommen den Anschluss für die Trinkwasserversorgung gezeigt und entdecken einen für uns erreichbaren Stromanschluss. Also fast wie auf einem Campingplatz … Den Rest des Tages verbringen wir in einem Lokal mit bester Aussicht auf die Stadt und vor allem mit Internetanschluss, sodass endlich unsere Homepage auf den neuesten Stand gebracht und unsere ganzen Mails mal wieder beantwortet werden können. Ein Abendspaziergang durch dieses beliebte Freizeitareal lockert später unsere steif gewordenen Knochen und wir entdecken eine Bogenschießanlage, einen Bungeesprungturm, eine Kletterwand, eine Skaterbahn und unzählige Restaurants und Cafés. Jede Menge Bergwanderer und Hand in Hand flanierende Pärchen runden das Bild ab. Also von wegen vergnügungsfreier Iran und so …

Der Donnerstag ist hier eigentlich der Samstag und so strömen heute Tausende Menschen zum Berg, also wie bei uns zu Hause. Und da das Wetter endlich mal richtig schön ist, entscheiden wir uns, einen weiteren Tag hierzubleiben, unsere Freikarten zu nutzen und auf den Tochal hochzufahren. Auf dem Weg zur Bahn haben wir plötzlich eine Halluzination – oder doch nicht? Ein herzliches „Ja, Grüß Gott!" reißt uns in die Wirklichkeit zurück, wir lernen Ahmad kennen, einen älteren Herrn im original Garmisch-Partenkirchener Outfit, mit Bundhosen und Kniestrümpfen, Trachtenjanker und Hut samt kleinem Gamsbart. Das Geheimnis lüftet sich schnell, Ahmad hat als junger Mann in Deutschland studiert und gearbeitet und war gerne bei uns in Oberbayern im Urlaub.

Leider ist auch heute nur die erste der drei Bahnsektionen in Betrieb und so müssen wir uns mit einer Wanderung bis auf gut 3.000 Meter begnügen, da wir für den Gipfel natürlich viel zu spät dran sind. Macht aber nichts, ist auch so ganz schön, so weit oberhalb von Teheran zu sitzen und auf die Riesenstadt hinunterzusehen. Und hier oben in den Bergen stört sich auch niemand daran, dass so manchen Damen „versehentlich" das Kopftuch vom Haar rutscht … Wieder zurück bei „Manni" wird uns nach dem Duschen und Waschen einiger Klamotten von der Geschäftsleitung unseres „Seilbahn-Campingplatzes" heißer Tee direkt ans Auto gebracht und wir verbringen einen äußerst netten und vor allem informativen Abend mit Ali, dem Personalmanager, mit Bahman, dem Controllmanager, und dem Securitychef des Unternehmens. Erst spät in der Nacht machen sich die drei auf den Heimweg, nachdem wir uns herzlich bedankt haben für die Möglichkeit, dass wir fünf Nächte auf dem Gelände übernachten durften.

Fast die ganze Nacht war Hochbetrieb in den Freizeitanlagen und als wir kurz nach sechs Uhr schon wieder regen Autoverkehr um uns herum vernehmen, stellen wir fest, dass der gesamte Riesenparkplatz vollgeparkt ist mit Sonntagsausflüglern, die forsch in die Berge ziehen. Nix los im Iran? So stehen wir zeitig auf und machen uns abfahrtbereit, füllen Wasser auf und verabschieden uns von den diensthabenden Jungs. Vielen Dank für die schöne Zeit bei euch, aus geplanten drei wurden am Ende fünf Tage in Teheran. Da heute Freitag, also Sonntag ist, kommen wir ohne großen Verkehrsstau durch den Moloch, schauen noch kurz beim Azadi-Monument, dem Wahrzeichen Teherans, vorbei und finden schlussendlich auch die Autobahn in Richtung Qom. Diese ist für

Lkws eigentlich gesperrt, was wir aber geflissentlich übersehen, jedoch prompt von der Polizei aus dem fließenden Verkehr heraus gewunken werden: „Salaam, die Papiere bitte." – Das verstehe ich noch. „Für Lkws ist die Autobahn gesperrt, Sie müssen die Nebenstrecke benutzen." – „Äh, wie …?" – „Sie dürfen hier nicht fahren! Das kostet Strafe. Sie müssen eine andere Straße benutzen!" Hm … Da ich nun die verzweifelten Versuche, mich über mein Fehlverhalten freundlich aufzuklären, um ein entsprechendes Strafmandat ausstellen zu können, nur mit dümmlich grinsender Miene erwidere, lassen sie uns schließlich mit einer resignierenden Handbewegung weiter die Autobahn benutzen und wir schauen, dass wir Land gewinnen. Das machen wir vor allem an der ersten Mautstelle, an der wir mangels angeschriebenen Lkw-Tarifs, da diese die Autobahn ja nicht nutzen dürfen, kostenlos durchfahren dürfen. Die Strecke nach Qom führt nun durch ein ziemlich tristes und steiniges Gebiet ohne jegliche Höhepunkte, lediglich ein großer Salzsee sorgt für etwas Abwechslung, sodass wir dank der dreispurigen Autobahn diese Gegend schnell hinter uns bringen können. Qom lassen wir buchstäblich links liegen, da die heilige Stadt des Iran heute wegen eines hohen islamischen Feiertags von Gläubigen aus dem ganzen Land überfüllt ist und da würden wir uns schlicht fehl am Platze fühlen.

Dann die Mautstelle von Qom. „Wo kommt ihr denn her?" – „Aus Deutschland." – „Mit dem Auto? Die ganze Strecke?" – „Ja klar. Was müssen wir bezahlen?" – „Nichts, ihr seid doch unsere Gäste hier. Und ihr seid den ganzen Weg selbst gefahren. Toll!" – Mit einem fröhlichen Winken werden wir in die nun interessanter werdende Landschaft entlassen, die ersten Berge Zentralirans tauchen neben der Autobahn auf, auch eine erste Kamelherde steht plötzlich neben der Fahrbahn. Entlang der unendlichen Wüste Dasht-e Kavir nähern wir uns so langsam Kashan, der alten Karawanen- und Handelsstadt am Rande der unendlichen Ebene. Um uns dort auf der Suche nach unserem heutigen Ziel, den Gärten von Fin, nicht zu verfahren, fragen wir an einem Obststand nach dem richtigen Weg, woraufhin wir dank gut gemeinter Angaben erst mal völlig in die Irre geleitet werden.

Aber wir erreichen den gesuchten Stadtteil schlussendlich doch noch, finden einen ungestörten Übernachtungsplatz direkt an den Gärten und gönnen uns, auf persischen Teppichen direkt auf dem breiten Bürgersteig halb sitzend, halb liegend, ein perfekt zubereitetes Hühnerkebab unter ausladenden Bäumen in einem der zahlreichen Straßenlokale.

Kashan, im Jahre 1857. An der staubigen Kreuzung am Rande der unendlichen Kavir-Wüste sprudelt eine ergiebige Quelle aus dem lehmigen Boden, ein idealer Platz für Karawansereien, die den Handelsreisenden Schutz und Obdach bieten auf ihren beschwerlichen und gefährlichen Wegen. Inmitten der einfachen Lehmbehausungen der von der gnadenlosen Natur gezeichneten Menschen bauen zu Wohlstand gekommene Händler ihre prachtvollen Bürgerhäuser.

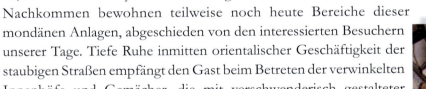

Kashan heute. Eine quirlige Kreisstadt mit freundlichen Menschen empfängt den Besucher, lädt ihn ein, an den gemauerte Kanälen mit lauwarmem Quellwasser unweit des Garten Baq-e Fin unter Schatten spendenden Platanen auf traditionelle Weise Platz zu nehmen und sich mit Speis und Trank verwöhnen zu lassen. Gestärkt und ausgeruht locken nun die einstigen herrschaftlichen Bürgerhäuser hinter unscheinbaren Mauern zum Eintauchen in eine Welt, die noch gar nicht so lange vergangen ist.

Khane-ye Abassin oder Khane-ye Boroudjerdiha, vor allem Khane-ye Tabataba'i zeugen von der Lebensart wohlhabender Familien in damaliger Zeit. Deren Nachkommen bewohnen teilweise noch heute Bereiche dieser mondänen Anlagen, abgeschieden von den interessierten Besuchern unserer Tage. Tiefe Ruhe inmitten orientalischer Geschäftigkeit der staubigen Straßen empfängt den Gast beim Betreten der verwinkelten Innenhöfe und Gemächer, die mit verschwenderisch gestalteter Ornamentik eine märchenhafte Atmosphäre schaffen. Man fühlt die souveräne Art zu leben.

Links und rechts der Straße, die von den Gärten mit der ergiebigen Quelle in die Stadt hinunterführt, fließt in kleinen Kanälen lauwarmes Wasser talwärts. Abends sorgt dieses Quellwasser für ein angenehmes Ambiente rund um die Straßenlokale, tagsüber werden dort die Autos gewaschen. Und so gönnen wir „Manni" heute erst mal eine Wellnesseinheit – waschen mit lauwarmem Quellwasser! Anschließend bummeln wir noch ein wenig über den alten Bazar, der hier vollständig mit unzähligen Kuppeln überdacht ist. Es ist ein landestypischer Bazar ohne jegliches touristisches Angebot und so können wir völlig ungestört durch die schmalen Ladengassen schlendern. Nach einer kurzen Mittagspause machen wir uns dann wieder auf den Weg. Dazu wählen wir die alte Landstraße in Richtung Natanz, die sich in kurvigem Auf und Ab durch eine bizarre Steinlandschaft schlängelt. Wir

passieren unbehelligt die flaggeschützte, nukleare Aufbereitungsanlage, um die sich zurzeit die halbe Weltpolitik dreht, und fahren an den uns fröhlich zuwinkenden Wachmannschaften vorbei hinein in die Berge um den Kuh-e Karkas, immerhin 3.900 Meter hoch. Dunkle Wolken verstecken allerdings die meisten dieser Berge, während wir uns auf 2.200 Metern Höhe entlang einem mit buntem Herbstlaub geschmückten, engen Tal langsam dem Bergdorf Abyaneh nähern, dessen Bewohner bis in die heutige Zeit hinein der Lehre Zarathustras treu geblieben sind. Kaum sind wir dort angelangt, fängt es auch schon an zu regnen. Gut, dass wir „Manni" heute so gründlich gewaschen haben … So verschieben wir unseren Spaziergang durch das architektonisch interessante Dorf auf morgen in der Hoffnung, dass das Wetter wieder mitspielt.

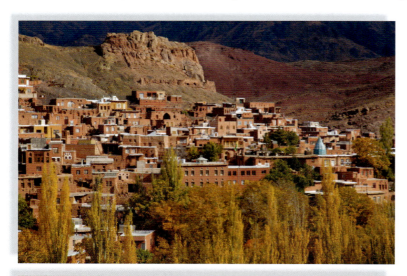

Kontrastreicher könnte unser heutiger Tag kaum sein. Nach einer ungestörten Nacht am Ortsrand von Abyaneh erkunden wir bei herbstlichem Sonnenschein das fast vollständig aus Lehmziegeln erbaute Dorf, das sich perfekt in die raue Berglandschaft schmiegt. Seit über zwei Jahrtausenden ist dieser Ort bewohnt, hier sprechen die Menschen ihre eigene Sprache, werden die Lehmbauten immer wieder erneuert. So entstand eine eigenständige Architektur, die so im Iran kein zweites Mal zu finden ist. Doch nun droht trotz ersten Renovierungsarbeiten in den nächsten beiden Jahrzehnten das Aus, da fast nur noch alte Menschen hier leben, deren Tage unwiderruflich gezählt sind. Stundenlang schlendern wir durch die schmalen Gassen unterhalb brüchig gewordener Lehmmauern, entdecken hinter jeder Ecke Pittoreskes und Interessantes.

Am Nachmittag dann gleiten wir auf der dreispurigen Autobahn nach Isfahan, die sich fast ohne Verkehr durch eine karge Hochebene auf über 2.200 Metern schneidet. Staubtrockene Täler wechseln sich ab mit schroffen Gebirgen, keine Menschenseele lebt in dieser unwirtlichen Gegend. So erreichen wir entspannt die wohl schönste Stadt des Iran und finden fast in Sichtweite der weltberühmten Sehenswürdigkeiten einen ruhigen Standplatz in einer Wohngegend. Ein erster Bummel über die Hauptachse der Innenstadt lässt uns fast in einer europäischen City weilen, so gleichen sich die Geschäfte und deren Angebote. Die Menschen wirken modisch-lässig, fast frech – sind wir noch im Iran?

Strahlender Sonnenschein weckt uns auf, ein idealer Tag, um Isfahan zu entdecken. Mehrmals passieren uns joggend gut zwei Dutzend fröhlich feixende junge Männer, während wir ihnen, noch im Bett liegend, lachend zuwinken. Merkwürdig … Kurze Zeit später hält ein Mofa neben uns, ein Polizist und ein bewaffneter Soldat steigen ab und begrüßen uns, entschuldigen sich für die Störung. „Salaam, ihr parkt hier mit eurem Lkw in einer militärischen Zone. Da hinten ist das Hauptquartier und unser Chef kann euch von seinem Büro aus direkt hier stehen sehen. Und das gefällt ihm so nicht …" – „Oh, das haben wir gar nicht bemerkt, dass das hier eine Kaserne ist, so mitten in der Stadt." – „Ja, wir verstehen auch alle nicht, wie ihr hier hereingekommen seid in das Gelände. Da ist ja eigentlich ein großes bewachtes Tor am Eingang …" Und wir sollten doch bitte – aber bitte erst nach dem Frühstück, nur die Ruhe … Natürlich wissen wir, wie wir hier in das Kasernengelände am Rande des Wohngebiets eingedrungen sind – wir sind hier einfach zwischen zwei weiter auseinanderstehenden Betonblöcken über den hohen Bordstein, der für „Manni" natürlich kein Hindernis darstellte, gefahren, als wir entdeckten, dass dahinter viel ruhiger Parkraum ist. Als wir später durch das Haupttor das Areal grinsend verlassen, ernten wir höchst erstaunte Blicke von

hektisch agierenden Soldaten, denn es kann sich natürlich niemand entsinnen, wie wir in diesen abgesperrten, militärischen Bereich gekommen sind.

Ein erster Rundgang führt uns durch den Park von Hasht Behesht und direkt zum weltbekannten Platz Meydan-e Imam. Dieser gigantische Platz von über einem halben Kilometer Länge und rund 160 Metern Breite ist vollständig von doppelstöckigen Arkaden umgeben, die unzählige kleine Läden und Handwerksbetriebe beherbergen und die Hauptsehenswürdigkeiten Isfahans, den Palast Ali Qapu, die Moschee Masdjed-e Lotfollah und die Moschee Mashdjed-e Shah einschließen. Auch der Haupteingang zum Bazar von Isfahan befindet sich an diesem Platz. Ein großes Wasserbecken mit Fontänen, gepflegte Rasenflächen und Hecken sowie viele Bänke zum Genießen der beeindruckenden Szenerie laden zum Verweilen ein.

Wir besuchen die Werkstätten der Stoffdrucker, ein Handwerk, das so nur in Isfahan ausgeübt wird, schauen den Kupferstechern und Miniaturmalern über die Schulter, bewundern die kunstvoll geknüpften Teppiche der

umliegenden Regionen, bummeln mehrmals um den gesamten Platz, ohne von den Anbietern belästigt zu werden. Es herrscht eine ausgesprochen angenehm ruhige Atmosphäre, in der wir immer wieder von Passanten höflich willkommen geheißen werden. Wir lernen Navid kennen, der neben seinem Studium in einem Teppichladen aushilft, und wir dürfen unsere Taschen und Jacken, die wir auf unseren Rundgängen nicht benötigen, dort deponieren, die Toilette jederzeit benutzen und werden natürlich bei jedem Besuch mit Tee verwöhnt – und das alles, ohne ein einziges Mal auf einen eventuellen Teppichkauf angesprochen zu werden. Als gegen Abend die ersten Lichter den Platz in ein warmes Licht tauchen, fühlen wir uns in ein fernes Märchenland versetzt. Müde, aber schwer beeindruckt vom Erlebten machen wir uns spät auf den Rückweg zu unserem „Manni".

Um die Kulissen aus längst vergangenen Zeiten im schönen Morgenlicht zu erleben, sind wir wieder früh auf den Beinen. Unterwegs spricht uns ein lustiger Typ an, er ist Restaurator und zeigt uns seine Mannschaft bei den wichtigen Arbeiten an den historischen Artefakten, führt uns auf die Dächer des Bazars und in Gassen, in die ein Besucher normalerweise alleine nicht hinkommt. So sehen wir eine alte Mühle in den Katakomben des Bazars, in der heute noch die Gewürze von einem schweren Mühlstein gemahlen und danach vom alten Gewürzhändler abgepackt und an die Händler verkauft werden. Dann lernen wir Akbar Keshani kennen, einen älteren Herrn, der an einem Buch über die Nomaden des Iran schreibt und der uns ausführlich in deren Welt einführt und ihre Lebensgewohnheiten erklärt.

Der heutige Tag gehört auch der Historie. Und so besichtigen wir die den gigantischen Platz beherrschenden Sehenswürdigkeiten, die allerdings als Gesamtes von außen gesehen allesamt eindrucksvoller wirken als von innen. So sind wir schnell wieder auf „unserem" Platz unterwegs, tauchen wiederholt ein in die wundervolle Stimmung Isfahans und müssen für unzählige Handyfotos verschämt kichernder, hübscher Studentinnen herhalten. Am späten Nachmittag, als wir zwischendurch mal kurz bei unserem „Manni" weilen, um uns ein wenig zu erholen, spricht uns Majid auf Deutsch an, er ist halbstündlich bei „Manni" vorbeigeradelt, um uns irgendwann abzupassen, denn er hatte inzwischen auf unserer Homepage mehr über uns erfahren und wollte uns unbedingt kennenlernen. Wir verabreden uns für morgen Früh, da habe er zwischen seinen Studienterminen kurz Zeit, um sich mit uns zu unterhalten. Dann kommt noch Reza, der Bruder von Ali, den wir am Damavand kennengelernt hatten, mit seiner Frau Narges und der kleinen Hasti vorbei, und sie laden uns für morgen Abend zu sich nach Hause ein. Als es bereits dunkel ist, schlendern wir wieder zurück zum Medan-e Imam, um in einem wirklich schönen Lokal in den Arkaden für Isfahan typische Speisen zu probieren und die verzaubernde, abendliche Stimmung in uns aufzunehmen.

Zum Frühstück radelt wie verabredet Madjid bei uns vorbei und wir kommen nach einer interessanten Unterhaltung erst am späteren Vormittag los. Ali und Reza sprechen uns unterwegs auf Deutsch an, fragen uns höflich, ob sie uns begleiten dürfen, um ihr Deutsch zu verbessern – natürlich sagen wir zu. So erfahren wir eine Menge über den iranischen Alltag und sie über den unseren. Immer wieder winken und lachen uns die Menschen zu, freuen sich einfach über unseren Besuch, suchen das Gespräch mit uns. Hossein, ein lieber, alter Bazari, der seit unserem ersten Gespräch vor zwei Tagen einen Narren an Conny gefressen hat, lädt uns in eine verborgene Teestube ein, die man alleine nie im Leben entdecken würde, in der die Wasserpfeifen kreisen und auch die Mädchen und Frauen ungeniert rauchen können. Es herrscht eine entspannt-lässige Stimmung, einfach ein bisschen verrucht …

Wir streifen weiter durch die dem fremden Besucher meist verborgen bleibenden Gassen des Bazars und kaufen dabei in der alten Gewürzmühle eine Menge exotischer Gewürze zu wesentlich günstigeren Preisen ein, als sie in den Läden des Bazars angeboten werden. Ehe wir uns versehen, ist bereits wieder Nachmittag und wir legen eine Stunde Pause im „Manni" ein, bevor uns die Jungs wieder abholen, ein österreichisches Pärchen im Schlepptau. So gehen wir gemeinsam wieder zu „unserem" Platz, wo uns inzwischen scheinbar die halbe Händlerwelt kennt und grüßt. Wir führen die beiden Neuankömmlinge wie alte Fremdenführerhasen durch die Gassen,

treffen wieder mal auf Fernando, der die beiden gleich mal unter seine Fittiche nimmt, und genießen diese unbeschwerten Stunden im Kreis lustiger und netter Menschen. Und als die beiden Österreicher dann in der Gewürzmühle eine größere Menge einkaufen, bekommen wir zur Belohnung sogar eine Provision in Form weiterer Gewürze unserer Wahl.

Später holen uns Reza und Hasti ab und wir verbringen einen wundervollen, persönlichen Abend bei ihnen zu Hause und Narges verwöhnt uns mit einem traditionellen isfahaner Essen. Ihr Bruder Saaid kommt nach dem Abendessen vorbei, er ist ein professioneller Künstler mit der Tar, dem klassischen persischen Instrument, einer Gitarre ähnlich, und er begeistert uns mit den fremden Klängen seiner Musik. Erst kurz vor Mitternacht fahren uns die drei wieder zu unserem „Manni" zurück und wir liegen trotz der späten Stunde noch lange wach ob der vielen Eindrücke und Erlebnisse dieses tollen Tages.

Heute wollen wir weiter. Und das wissen natürlich alle unsere neuen Freunde. Als Erster erscheint der alte Hossein schon so früh bei uns am „Manni", dass er uns noch im Bett liegend erwischt; er wollte uns nicht verpassen, bevor wir abfahren. Er verabschiedet sich sehr herzlich von uns, besonders innig natürlich von Conny, am liebsten würde er sie dabehalten, schenkt ihr ein kleines Schmuckstück. Dann kommen noch unsere Jungs und wir setzen uns anschließend kurz ins Hotel Abbasi zum Mailsbeantworten, denn wir haben wahnsinnig viele Leserreaktionen bekommen nach einem umfangreichen Zeitungsartikel im Münchner Merkur über uns und unsere Lebensreise.

Wir lösen uns nur schwer von Isfahan und all seinen herzlichen Menschen. Die herrlich bunten Tage in der grünen Oase lassen die Fahrt in Richtung Süden durch die Steinwüste noch öder erscheinen, als sie ohnehin ist. In Shahreza, einem unbedeutenden Landstädtchen im Zentrum des Granatapfelanbaus, die hier tonnenweise am Straßenrand angeboten werden, wollen wir einen Freund von Mohsen aus Teheran treffen. Doch für heute ist es erst mal genug, denn uns plagt seit zwei Tagen ein heftiger werdender Schnupfen, sodass wir eigentlich etwas Ruhe brauchen.

Eigentlich – denn kaum sind wir in der Stadt ausgestiegen, um etwas einzukaufen, hält ein Auto neben uns; Elham und Navid nebst Mutter und Töchtern steigen aus und begrüßen uns. Sie freuen sich dermaßen, uns zufällig getroffen zu haben, dass wir bestimmt eine knappe Stunde einfach auf der Straße stehen und uns unterhalten und sie uns anschließend zu sich nach Hause einladen. Dies ist nun dummerweise in Isfahan, wo wir gerade herkommen, doch wir versprechen, uns zu melden, wenn wir wieder in der Gegend sind. Jetzt brauchen wir aber endgültig etwas Ruhe und Erholung und so fahren wir zu einem Ausflugspark etwas außerhalb der Stadt, wo am heutigen „Freitagsonntag" natürlich so einiges an Picknick geboten ist. Und prompt werden wir, kaum dass wir geparkt haben, von einer munteren Gruppe mehrerer Familien willkommen geheißen und natürlich sofort zum Hühnerkebab eingeladen. Drei gesellige Stunden später verlassen sie uns in Richtung Heimat, nicht ohne uns vorher unmissverständlich klarzumachen, dass wir jetzt mitfahren müssten, da sie uns auch zu sich nach Hause einladen, wo sie uns dann die nächsten vier Tage abwechselnd durchfüttern möchten. Doch leider ist dieses Zuhause heftige 120 Kilometer entfernt, sodass wir uns schweren Herzens von ihnen verabschieden. Ein typisch iranischer Tag geht also wieder mal zu Ende und wir nutzen die restlichen Stunden,

um die tollen vergangenen Tage ein wenig aufzuarbeiten. Verschnupft und müde, aber sehr zufrieden mit der Welt, fallen wir schließlich ins Bett.

Der Schnupfenteufel hat mich nun fest im Griff und so entscheiden wir, den Tag in dem unscheinbaren Städtchen zu verbringen, um uns ein wenig aufzupäppeln. So fahren wir in die Stadt hinein, um Brot zu kaufen, eventuell einen Internetkontakt zu bekommen und Ali, den Freund von Mohsen, anzurufen, um ein Treffen zu arrangieren. Kaum parken wir vor einer Bäckerei, hält ein Mopedfahrer neben uns und erklärt uns aufgeregt via Handy mittels seiner des Englischen mächtigen

Schwester, dass wir hier mit dem Lkw nicht fahren dürfen, da wir sonst Probleme mit der Polizei bekommen würden. Wir bedanken uns für den Hinweis und nutzen gleich mal die Gelegenheit, ihn zu bitten, bei Ali anzurufen. Dessen Eltern sind hocherfreut, dass wir in der Stadt sind, und geben dem Mopedfahrer ihre Adresse, der uns daraufhin sofort uneigennützig quer durch die Stadt zu ihnen geleitet. Als wir ihn am Ziel fragen, was er für seine Hilfe bekommen würde, meint er, am meisten würde er sich darüber freuen, wenn er uns zum Essen einladen dürfte …

Der Empfang bei Alis Eltern ist überaus herzlich und wir werden erst mal bestens bewirtet, bis Ali und seine Schwester Parvin gegen Abend von der Arbeit nach Hause kommen. In den nächsten Stunden lernen wir uns ein wenig näher kennen und schon bald wird musiziert, gesungen und auch getanzt. Gegen zehn Uhr klingelt es plötzlich. Panisch wird die Musik abgeschaltet, die Frauen verhüllen sich augenblicklich mit dem Tschador, der

Satellitenfernseher wird abgeschaltet und ein verbotener Räucher-ofen auf der Terrasse versteckt. Die Zivilpolizei steht in zehnköpf-figer Mannschaftsstärke vor der Tür, die, wie wir später erfahren, von einem Spitzel in der Nachbarschaft gerufen wurde. Eine langwierige Protokollierung unzähliger unsinniger Daten beginnt, an deren Ende wir den Übernachtungsplatz „aus Sicherheitsgrün-den" wechseln müssen. Freundlicherweise bietet uns ein Nachbar an, dass wir am Stadtrand in seiner ummauerten Werkstatt über-nachten dürfen, was wir natürlich gerne annehmen. Und so hoffen wir, dass das Ganze für unsere tollen Gastgeber kein unangeneh-mes Nachspiel haben wird.

Am nächsten Morgen muss Ali mit unseren Pässen noch mal auf die Wache und es klärt sich so manches. Ein von Exiliranern betriebener, privater Fernsehsender, der von London aus hauptsächlich über das Leben von Iranern in Deutschland und England berichtet, ist den Behörden hier natürlich ein Dorn im Auge. Dieser Sender heißt – „Manoto"! Den Rest könnt ihr euch denken …

So, damit ist unser dubioser „Übertragungswagen", der nun geraume Zeit unauffällig im Wohnviertel einer unbedeutenden Kleinstadt stehen wird, endlich legitimiert und wir können entspannt den Tag genießen. Nach

einem Bummel über den alten Bazar und dem Besuch der einzigen Sehenswürdigkeit vor Ort, einem Schrein in einem wirklich schönen Mausoleum, werden wir wieder köstlich bewirtet. Am Nachmittag schleppt uns der mit fünf Personen und einigen Säcken Zusatzfutter für die Schafe bepackte, vierunddreißig Jahre alte Toyota von Alis Vater mühsam über die Bodenwellen und Schlaglöcher hinaus in die unendliche Weite der zentraliranischen Weite. Hier, einsam zwischen schroffen Bergen und kargen Weideflächen, lebt der Onkel seit siebzig (!) Jahren freiwillig in einer wild zusammengezimmerten Hütte, ganz eingenommen von seiner Arbeit mit den Schafen und Ziegen. Der Nachmittag hier draußen ist enorm eindrucksvoll, der Alte ist ein lustiges Unikum und allein die Vorstellung, wie er sein Leben gelebt hat, ist unglaublich. Wir sitzen um ein spontan entfachtes Lagerfeuer

und trinken Tee aus einer verbeulten, rußgeschwärzten Blechkanne, die an einem Eisenhaken einfach ins Feuer gehalten wird. In der hereinbrechenden Dunkelheit holpern wir wieder zurück in die Stadt, wir werden von Alis Mutter bereits zum Abendessen erwartet. Doch zuvor fahre ich mit Ali noch zum Tanken, denn er hat von einem Nachbarn, einem Busfahrer, dessen Tankkarte besorgt und so kommen wir in den Genuss seines gesamten Tageslimits von 400 Litern Diesel für vierzehn Euro. Den Abend verbringen wir mit vielen interessanten Gesprächen. Und eh wir uns versehen, ist es wieder Mitternacht.

An dieser Stelle möchten wir uns ganz herzlich bei Vater Kamal und Mutter Shahin, bei Parvin und Ali bedanken für ihre unglaubliche Gastfreundschaft, die wir tagelang genießen durften. Wir kamen unangemeldet und standen plötzlich vor der Tür, doch es spielte keine Rolle. Sie kannten uns überhaupt nicht, als wir vor ihnen standen, lediglich von Alis Freund Mohsen angekündigt, dass wir vielleicht vorbeischauen werden. Sie nahmen sich Urlaub für uns, verwöhnten uns täglich mit zwei köstlich zubereiteten, typischen Gerichten ihrer Heimat und schenkten uns nicht nur ihre Zeit, sondern vor allem ihr

Herz. Als wir uns verabschieden, fließen Tränen bei allen und das Versprechen, dass diese Haustüre immer für uns offen sein wird, ist keine leere Floskel. Wir gehen als Freunde, nein, als Bruder und Schwester, wie Parvin uns beteuert, und so fühlen wir uns auch.

Jetzt sollten wir aber wirklich los, denn unsere Visa laufen diese Woche ab und wir müssen nach Shiraz, um sie verlängern zu lassen, was dort hoffentlich problemlos zu erledigen sein wird. Und es ist ein weiter Weg bis dorthin. So verabschieden wir uns gegen acht Uhr morgens mit vielen Umarmungen und den segenreichen Wünschen, dass wir auch weiterhin eine sichere Reise haben werden. Der Himmel zeigt sich dicht bewölkt und so manch leichter Regenschauer verbessert die Sicht auf das am Horizont aufragende Zagros-Gebirge auch nicht gerade. Dessen schneebedeckte Gipfel reichen hier über 4.400 Meter hoch in den dunklen Himmel. Wir queren und umrunden das Massiv des Kuh-e Dihar auf Pässen von bis zu 2.600 Metern Höhe, treffen dabei auf einen tapferen Radfahrer aus Frankreich, der jedes Jahr in einem anderen Land auf dieser Welt unterwegs ist, und schlagen uns schließlich bei Einbruch der Dunkelheit irgendwo hinter Yasuj in die Büsche, um am Kiesbett des hier fließenden Flusses die Nacht zu verbringen. Der Fahrtag war lang, die vorausgegangenen Nächte kurz und unser Schnupfen ist auch noch nicht wirklich verschwunden. So sind wir dann auch bald selig schlummernd abgetaucht in unseren Erlebnissen …

Heftiger Gewitterregen mit Hagelschauern weckt uns, pechschwarz hängen die Wolken tief in den Bergen. Nicht gerade ein Traumtag zum Fahren, doch wir müssen weiter, um unsere Visa rechtzeitig vor dem anstehenden Wochenende verlängern zu lassen. So geht es auf direktem Weg hinunter nach Shiraz, der Hauptstadt der südiranischen Nomadenstämme. Doch von denen ist heute nichts mehr zu bemerken, Shiraz ist eine moderne Großstadt geworden, durch deren heftigen Verkehr wir uns mühsam quälen, bis wir kurz vor Mittag die entsprechende Behörde gefunden haben. Die Verlängerung unserer Visa um weitere vier Wochen ist überhaupt kein Problem, nach dem Ausfüllen des entsprechenden Formulars und dem Einzahlen einer geringen Gebühr auf der nahe gelegenen Bank haben wir eine gute Stunde später unsere Erlaubnis, weiterhin in diesem gastfreundlichen Land bleiben zu dürfen. Somit können wir ab sofort wieder ganz entspannt und ohne Zeitdruck reisen.

So stürzen wir uns ein weiteres Mal in den Stadtverkehr von Shiraz, um einen citynahen Übernachtungsplatz zu

suchen. Den finden wir nach einigen Kreisfahrten durchs Zentrum, das wir trotz eigentlich herrschenden Lkw-Verbots unbehelligt von der immer freundlich winkenden Verkehrspolizei passieren, direkt an der Stadtfestung Arg-e-Karim Khan. Es ist ein großer, gebührenpflichtiger und bewachter Parkplatz, auf dem wir wieder auf Olivia und Olivier aus Frankreich mit ihrem dreißig Jahre alten Lkw treffen, die wir schon in Isfahan kennengelernt hatten. Es regnet immer wieder und so bummeln wir lediglich noch ein wenig durch den überdachten Bazar, essen in einer kleinen Kneipe ein ganzes, herrlich knuspriges Huhn, quatschen noch mit Olivia und Olivier und ehe wir uns versehen, ist es schon wieder fast Mitternacht. Wird so langsam zu unserer Standardbettgehzeit. Entsprechend müde sind wir dann auch …

Unzählige Nomadenstämme besiedeln schon seit Jahrtausenden die Region um die direkt am Fuß hoher Berge liegende Stadt. Reiche Wasservorkommen speisen die bunten Gärten, Palmen und andere exotische Gewächse prägen das Bild. Hier gedeiht die weltbekannte Shiraztraube, deren Verarbeitung zu wundervollem Wein

hierzulande allerdings der Vergangenheit angehört. Shiraz gilt auch als Stadt der Künste. Eine berühmte Bibliothek und vor allem die bekannten Dichter und Poeten Hafis und Sa'di machten die Stadt schon vor 1.000 Jahren zum kulturellen Zentrum. Die Gräber dieser weit über die iranischen Grenzen hinaus bekannten Künstler sind bis in die heutige Zeit beliebte Ausflugsziele der hier lebenden Menschen. Der für fromme Iraner bedeutendste Anziehungspunkt ist allerdings das Mausoleum von Shah Cheraq. Dieses berühmte Heiligengrab beeindruckt vor allem bei Dunkelheit, wenn sich die unzähligen Lichter in den raumhohen Verspiegelungen brechen und die überschwänglich verzierten Kuppeln weithin sichtbar das Stadtbild beherrschen. Auch als Nichtgläubiger kann man sich dieser fremden Atmosphäre kaum entziehen und staunt ehrfürchtig über die reichhaltige Ornamentik und Symbolik. Es versteht sich von selbst, dass wir das Fotografierverbot respektieren, wenn auch schweren Herzens. Die Nomaden dagegen kommen heute nur noch gelegentlich in die modern gewordene Stadt, ihr einstiger Bazar hat viel von seiner Ursprünglichkeit verloren. Sie haben sich zurückgezogen in die unendlichen Weiten des Südens und in die unwirtlichen Berge des Zagros.

Am Vormittag werden Olivia und Olivier von Fatima und Mohammad abgeholt, sie haben die beiden gestern beim Stadtbummel kennengelernt und zu sich nach Hause eingeladen. Und als wir da so rumstehen und uns unterhalten, lassen sie es sich partout nicht nehmen, uns auch gleich mit einzuladen. Jegliche Widerrede ist zwecklos und so brechen wir unsere Zelte hier ab, um gemeinsam zu ihnen nach Hause zu fahren. Dort warten

bereits ihr beiden Söhne, Ali und Arian, und dann wird erst mal ordentlich eingekauft und Essen vorbereitet, was in diesem Haushalt überraschenderweise Mohammad erledigt, für iranische Männer eher ungewöhnliche Tätigkeiten. In der Zwischenzeit wird pausenlos gefragt und erzählt und so verfliegt der Nachmittag im Nu. Nach dem Essen erstaunt uns Mohammad ein weiteres Mal, da er, profimäßig mit Küchenschürze und Gummihandschuhen ausgestattet, auch noch den Abwasch erledigt. Den Abend verbringen wir in bester Stimmung, als es wieder einmal zu später Stunde klingelt. Das kennen wir ja nun bereits, hat doch mal wieder ein Nachbar gepetzt, dass sich hier im Haus unerlaubter, ausländischer Besuch aufhält. Die Sache ist allerdings gleich erledigt, die überaus freundliche Streife will nicht einmal unsere Pässe sehen, und nach einem kleinen Smalltalk sind sie auch schon verschwunden. Gegen acht Uhr morgens steht Mohammad vor unseren Autos und signalisiert uns damit, dass das Frühstück auf uns wartet. Also raus aus den warmen Federn und erst mal unter die heiße Dusche, natürlich in der Wohnung dieser unglaublich netten Familie. Und für unsere beiden Franzosen wird nebenbei noch die Waschmaschine angeschmissen …

Also, man muss sich das jetzt mal vor Augen halten: Da sprechen dich wildfremde Menschen auf der Straße an, laden dich zu sich nach Hause ein, verköstigen dich zwei Tage lang von morgens bis abends, lassen dich duschen, waschen deine Wäsche, versorgen deinen Lkw mit Strom, wechseln dein Geld und sind traurig, wenn du dann sagst, dass du weiterreisen wirst und auch nicht mehr zurückkommst. Einfach unglaublich! Und das ist kein Einzelfall hier im Iran …

So starten wir denn nach vielen Umarmungen und besten Wünschen in Richtung Persepolis, der berühmtesten Ausgrabungsstätte im Iran. Die Autobahn bringt uns schnell nach Marvdasht und wir bitten an einer Auto- und Lkw-Werkstatt wieder mal um einen Internetzugang, den wir natürlich prompt bekommen. Während Conny unsere Mails checkt, lasse ich „Manni" fachgerecht abschmieren. Müßig zu erzählen, dass meine Versuche, diese Dienstleistung bezahlen zu wollen, entschieden zurückgewiesen werden und sich die gesamte Mannschaft im Gegenzug dafür bedankt, uns behilflich sein zu dürfen. Was läuft da nur falsch bei uns zu Hause? Kaum auf dem großen Parkplatz in Persepolis angekommen, spricht uns ein junger Mann an und erzählt, dass er uns vorgestern in Shiraz habe fahren sehen. Er begleitet uns zum Eingang der Ausgrabungsstätte und bezahlt dort einfach unsere Tickets mit den Worten, dass wir Gäste in seinem Land seien. Da fällt dir dann langsam einfach nichts mehr ein.

Persepolis erleben wir im herrlichen Licht der bereits tief stehenden Nachmittagssonne, nutzen diese schnell zur Fotosession, um morgen Früh dann in aller Ruhe die imposante Anlage aus der achämenidischen Zeit genießen zu können. Als wir zwei Stunden später zu unserem „Manni" zurückkommen, wartet der junge Mann von vorhin samt seiner Familie und Freunden auf uns, um sie uns vorzustellen und uns mit einem Snack zu verwöhnen, bevor sie wieder nach Shiraz zurückfahren. Wir sind einfach nur begeistert, was uns hier so alles widerfährt!

Gerade als wir unsere Augen so langsam aufbekommen, stehen Julie und Tom, zwei junge Fahrradtraveller aus Berlin auf dem Weg nach Indien, unter unserem Schlafzimmerfenster. Wir stehen natürlich sofort auf, um die beiden zu begrüßen und sie auf einen wärmenden Tee hereinzubitten. Sie haben viel zu erzählen von ihrer bisherigen Reise und ihren weiteren Plänen und so ist es im Nu fast schon wieder Mittag, als sie sich in Richtung Shiraz verabschieden. Uns dagegen lockt jetzt Persepolis ein weiteres Mal. Und da Conny gestern bereits die maßgeblichen Fotos machen konnte, genießen und staunen wir einfach über die uralten Reste der gigantischen Palastanlagen der Achämeniden.

Persepolis! Welch klangvoller Name zeugt vom Zentrum eines Weltreiches, das sich von Griechenland bis nach Indien, vom Kaukasus bis hinunter nach Ägypten erstreckte. Rund 2.500 Jahre sind seitdem vergangen, die damaligen Könige und ihre prunkvollen Bauten im Staub der Geschichte verschwunden. Doch hier, in den imposanten Überresten ihrer beeindruckenden Palastanlage, werden sie wieder lebendig. Darius der Große, Xerxes und Artaxerxes residierten hier nur zu großen Empfängen und Feierlichkeiten, ihre Hauptstadt war Susa. Mächtige Quader aus Sandstein stützen die riesige Terrasse, überlebensgroße Statuen begrüßen uns beim Betreten der Anlage und bis zu zwanzig Meter hohe Säulen lassen die gigantischen Tempelhallen vor unseren Augen wieder erscheinen. Am eindrucksvollsten jedoch sind die unzähligen, detailgenauen Reliefs, die die damaligen Herrscher und ihre Lebensweisen plastisch darstellen. Babylonische, elamische und altpersische Keilschriften erklären die vergangene Zeit, lösen für die Archäologen so manches Rätsel aus dieser Epoche der Geschichte.

Persepolis verfiel, Sand und Geröll legten einen Mantel des Vergessens über die Überreste der einstmals größten Tempelanlage des mittleren Ostens. Erst vor rund 200 Jahren entdeckten erste Reisende aus Europa die verbliebenen, hoch in den blauen Himmel aufragenden Säulen. Und das Zentrum achämenidischen Lebens wurde wiedererweckt …

Wir schlafen lange aus, denn das Wetter ist sehr trüb heute. Und als wir dann endlich mal vor die Tür gehen, sehen wir, dass gestern Nacht Olivia und Olivier noch eingetroffen sind, sie parken nur einige Meter neben uns. Sie hatten unterwegs wieder technische Probleme mit ihrem über dreißig Jahre alten Lkw und sind deshalb erst spät eingetrudelt. Den Vormittag verbringen wir gemeinsam

im angrenzenden Hotelgarten mit Internetsurfen und quatschen und dem Beobachten und Fotografieren vieler verschiedener Vögel wie einem Adler, Flamingos, Schwänen, Kakadus und Papageien, die hier gehalten werden und ein ziemliches Spektakel veranstalten. Uns locken nun die Felsengräber der achämenidischen Herrscher in Naqsh-e Rostam, die nur wenige Kilometer entfernt in eine senkrechte Felswand gemeißelt wurden und nun imposant über der weiten Ebene thronen. Es ist immer wieder höchst erstaunlich, was die Handwerker der damaligen Zeit zu leisten vermochten, wenn man sich vor Augen führt, mit welchen Hilfsmitteln sie damals auskommen mussten. Und schon ist es wieder Nachmittag und so beschließen wir, wieder auf unseren ruhigen Parkplatz nach Persepolis hinüberzufahren, denn eine Weiterfahrt wäre jetzt Blödsinn, da es ja schon bald

dunkel wird und es noch dazu leicht zu regnen beginnt. Nach dem Essen setzen wir uns noch eine Weile auf die Terrasse vor das Hotel neben unserem Parkplatz, um deren Internetkontakt zu nutzen. Da es ziemlich heftig regnet und ganz schön frisch wird, werden wir mit Tee auf Kosten des Hauses und einem Heizstrahler versorgt, damit wir nicht frieren. Toller Service!

Eine spontane Entscheidung lässt uns heute wieder nach Shahreza zu unseren Freunden Parvin und Ali und deren Eltern fahren. Wie kam es dazu?

Wir skypen mal wieder zusammen: „… wir vermissen euch, deshalb haben wir beschlossen, am Wochenende zu euch nach Shiraz zu fahren." – „Ja, wir vermissen euch auch, es war einfach so schön mit euch. Aber wenn ihr nach Shiraz kommen wollt, dann braucht ihr doch ein Hotel zum Übernachten, oder?" – „Ja, aber das macht nichts, Hauptsache, wir können wieder ein paar Tage gemeinsam verbringen!" – „Das wäre schon toll, aber das ist doch viel zu teuer für euch …" Wir beratschlagen kurz, wie wir diese Idee umsetzen können. „Was haltet ihr davon, wenn wir noch mal zurück nach Shahreza kommen? Dann könnten wir die gemeinsame Zeit bei euch verbringen, das wäre doch viel praktischer und auch viel günstiger. Und die 400 Kilometer Umweg spielen doch für uns keine Rolle …" – „Ja, ja, ja, das wäre eine fantastische Idee! Ihr seid jederzeit willkommen! Wann seid ihr da?" Also verzichten wir auf unsere eigentlich geplante Tour, durch das Nomadengebiet direkt hinüber nach Kerman zu fahren. Der Dauerregen der vergangenen Nacht hat auch aufgehört und so verabschieden wir uns zum wiederholten Mal von Olivia und Olivier und machen uns auf den Weg nach Norden. Das Wetter ist eher scheußlich, die Temperaturen schaffen kaum mehr die zehn Grad, kalter Wind und immer wieder Regenschauer bieten kaum Potential für gute Sicht. Unterwegs besichtigen wir noch die Ruinen von Pasargad mit dem bekannten Sarkophag von Kyros, dem ersten achämenidischen König. Im Vergleich mit Persepolis lohnt der Besuch hier allerdings eher nicht. Und so rollen wir über die gute Autobahn gen Norden, queren ein von schneebedeckten Bergen eingerahmtes Hochplateau auf über 2.500 Metern Höhe, deren Gipfel in den dichten Wolken verschwinden. Wir erreichen schließlich Abadeh, dort finden wir bei bereits einbrechender Dunkelheit inmitten der Stadt in einer ruhigen Ecke einen vernünftigen Übernachtungsplatz.

Der Regen hat aufgehört, doch es bleibt kalt. Und so starten wir langsam in Richtung Shahreza, das nun nicht mehr weit entfernt ist. Unterwegs legen wir eine größere Pause ein, um uns stadtfein zu machen – das heiß duschen und vor allem mal wieder gegenseitig Haare schneiden. Conny meistert dies mit meinem Resthaar in gewohnt souveräner Art und Weise, während ich bei ihr eindeutig Spuren stümperhafter Erstversuche hinterlasse. Aber da sie hier ja Kopftuch tragen muss … So trudeln wir am späteren Nachmittag wieder bei unserer iranischen Familie ein, die uns einen überwältigend herzlichen Empfang bereitet. Sofort fühlen wir uns wie zu Hause angekommen, werden bestens versorgt und verbringen zusammen einen emotionalen Abend.

Die kommenden Tage verbringen wir gemeinsam mit unserer neuen Familie, besuchen die Großeltern, Neffen und Nichten in Borudjen, gehen mit unseren Freunden in den umliegenden Bergen wandern, schlendern wiederholt durch die Stadt und über den Bazar, um uns mit regionalen Leckereien einzudecken, statten der Nachbarschaft einige Besuche ab, werden pausenlos unglaublich reichhaltig verköstigt und bekommen so einen sehr persönlichen Einblick in das normale iranische Leben.

Der Trauermonat Moharram beginnt mit den anstehenden Feiertagen und überall im Land wird mit einer feierlichen Zeremonie diese Zeit des Gedenkens an den Propheten Hussein eingeläutet. Dabei treffen sich die in Schwarz gekleideten Gläubigen zu Umzügen, auf denen sie zu monotonen Trommelschlägen eine Selbstgei-ßelung andeuten, indem sie sich mit Ketten über die Schultern schlagen. In Shahreza, rund um das Mausoleum des gleichnamigen Heiligen, können wir nun einer solch interessanten Zeremonie hautnah beiwohnen. Tausen-de Menschen aus der ganzen Umgebung sind dazu hier heute zusammengekommen und es herrscht eine Stimmung zwischen religiöser, historischer und feierlicher Atmosphäre. Das ganze Spektakel endet schließlich im gemeinsamen Gebet vor dem Mausoleum, vor dessen Beginn wir uns respektvoll zurückziehen.

Reich beschenkt mit besten Wünschen und vielen Früchten des Gartens machen wir uns wieder auf den Weg, viele Nachbarn winken uns zum Abschied hinterher. Wir rollen zurück gen Süden, nach Abadeh und Surmaq und schlussendlich nach Abarkuh. Dort angekommen, stellen wir uns auf den Parkplatz an der über 4.000 Jahre alten Zypresse, die hier am Stadtrand weithin sichtbar inmitten eines kleinen Parks zu einem Besuch einlädt. Doch das müssen wir erst mal auf morgen verschieben, denn jeglicher Versuch, sich außerhalb von „Manni" zu bewegen, kommt einem intensiven Duschbad gleich, so heftig schüttet es nun.

So grottenschlecht das Wetter sich gestern gezeigt hat, so traumhaft schön präsentiert es sich heute Morgen und wir fahren erst mal zum Gonbad-e Ali, einem Grabbau aus dem 11. Jahrhundert hoch über Abarkuh, und genießen den herrlichen Blick über die Wüstenebene und die dahinter aufragenden, frisch verschneiten Berge. Die Autobahn lässt uns nun schnurgerade durch die brettebene Wüstenlandschaft nach Osten gleiten, erst ab Dehshir windet sich die Straße dann höher und höher hinauf und kurz vor der Passhöhe auf über 2.600 Metern erreichen wir die Schneefallgrenze von gestern Nacht, bevor es durch die grandiose Gebirgslandschaft um den über 4.000 Meter hohen Shir-Kuh wieder stetig bergab geht, vorbei an Taft und hinaus in die weite Ebene von Yazd.

Das Knattern Tausender Mopeds weckt uns schon früh zu unserer Sightseeingrunde durch die Altstadt von Yazd, die noch vollständig aus Lehm erbaut ist. Viele der Häuser sind dem Verfall preisgegeben, doch ebenso viele Mauern werden auch laufend restauriert. Und so ist diese Altstadt, in der sich so einige kleine Moscheen und Grabbauten verstecken, durchaus sehenswert. Obwohl dicht bewohnt, geht es beschaulich und ruhig in den Gassen zu, da sich das Leben in den Innenhöfen abspielt. Eng geht es her, für Autos ist kaum Platz. Und jetzt wissen wir auch, warum Yazd die wohl größte Mopeddichte des Iran hat …

Am Nachmittag werden einige wichtige Straßen der Innenstadt abgesperrt und immer mehr Menschen mit den typischen Insignien der Hosseinverehrung strömen zusammen. Wir haben Glück, denn heute findet in Yazd die Abschlussveranstaltung der Feiertage, die Ashura, mit einem sehenswerten Umzug statt, bei dem die wichtigsten Ereignisse der Geschichte um Hossein nachgestellt und -gespielt werden. Wir lassen uns von den Massen mittreiben, befinden uns am zentralen Platz, wo die Umzugsteilnehmer immer wieder zusammenkommen. Einige Menschen stehen auf den Flachdächern der umliegenden Häuser, wir suchen

den Blickkontakt zu ihnen und werden durch eine abgesperrte Ladenpassage auf eines der Dächer geführt. Von hier oben haben wir jetzt natürlich einen fantastischen Blick auf das bunte Treiben unten auf den Straßen.

Heute sind wir schon vor den knatternden Mopeds wach, denn ein langer Fahrtag steht uns bevor. Wir haben beschlossen, in einem Rutsch nach Kerman durchzufahren, da es unterwegs auf dieser Strecke nun wirklich gar nichts zu sehen gibt außer öden Steinflächen mit verdorrten Büscheln und einigen Bergen im Hintergrund. Auf unserem Weg aus der Stadt heraus machen wir noch einen kurzen Stopp beim Feuertempel der Anhänger von Zarathustra, von denen hier in der Region um Yazd der Großteil der noch im Iran verbliebenen rund 30.000 Anhänger leben. Der Besuch lohnt sich allerdings nicht wirklich …

Danach geht es auf die Autobahn, die nun scheinbar endlos und meist einfach nur geradeaus durchs Nichts führt. Wir passieren Anar, wo sich unendliche Granatapfelplantagen bis zum Horizont ziehen, die zu dieser Jahreszeit mangels Blättern und Früchten allerdings auch einen eher tristen Anblick bieten, bevor wir im letzten Nachmittagslicht schließlich Kerman erreichen. Auf der Fahrt ins Zentrum übersehen wir geflissentlich sämtliche Lkw-Fahrverbotsschilder, was jedoch keinen der vielen Verkehrspolizisten interessiert, und parken unweit des zentralen Platzes auf einem unbebauten Grundstück. Wir lassen uns noch durch den quirligen Bazar treiben, kaufen diverse Leckereien in den unzähligen, winzigen Läden und flüchten schließlich vor der unangenehmen Kälte der Nacht in unseren „Manni".

Der Bazar von Kerman ist herrlich orientalisch und vollkommen ohne touristische Angebote. Wir bummeln gemächlich durch die noch kaum belebten Gassen, besichtigen die wenigen Sehenswürdigkeiten um die große Freitagsmoschee und den zentralen Platz Meydan-e Ganj Ali Khan mitten im Bazar und decken uns mit frischen Lebensmitteln ein. Um die Mittagszeit sind wir dann bereits in Mahan. Zentrum dieses kleinen Städtchens am Fuß von bis zu 4.000 Metern aufragenden Bergen ist das Mausoleum von Nureddin Nematollah, eines berühmten Sufimeisters aus dem 15. Jahrhundert. Die leuchtend blaue Kuppel wird flankiert von vier schlanken Minaretten, in dem mit Zypressen und Pinien bepflanzten Innenhof ist ein kreuzförmiges Wasserbecken eingelassen. Die ganze Anlage begeistert durch ihre farbenfrohe Ausstattung und die nun schneebedeckten Gipfel im Hintergrund runden das malerische Bild gekonnt ab. In der wärmenden Mittagssonne gesellen wir

uns zu einer Familie aus Balutschistan, trinken zusammen Tee und beschenken die Kinder mit mitgebrachten Kleidungsstücken. Wir lernen Farhad kennen (like bicycle in german …), einen netten Kerl, der super Englisch und Französisch spricht, und auch seinen Nachbarn Mehrdad, der in Deutschland aufgewachsen ist, jedoch seinen Eltern Anfang der Achtziger in den Iran folgen musste. Den Nach-

mittag verbringen wir gemeinsam mit den beiden im Garten Baq-e Shahzadeh, einer wundervoll friedlichen und grünen Oase inmitten der kargen Berglandschaft am Rande Mahans.

Über eine kahle Hochebene, die sich bis auf rund 2.600 Meter erhebt, erreichen wir die kleine Stadt Rayen. Dort erwartet uns eine komplett aus Lehm erbaute Festungsanlage aus dem 19. Jahrhundert, deren Wehrtürme, Mauern und viele Gebäude teilweise rekonstruiert sind und so ein eindrucksvolles Bild der damaligen Lebens-

weise zeigen. Der Horizont wird von einem mit glitzerndem Schnee bedeckten Bergriesen beherrscht, der der ganzen Szenerie dadurch etwas Erhabenes gibt. Lange schlendern wir durch die alte Stadt, klettern auf Mauern und Dächer und kriechen durch niedrige Gänge und Türen und entdecken so immer wieder neue Perspektiven. Zurück zur Autobahn nach Bam wählen wir dann eine schmale Verbindungsstraße, jedoch endet das Teerband schon bald vor einer steilen Abfahrt; über die nun beginnende Wellblechpiste hoppeln wir hinunter in ein fruchtbares Flusstal, dem wir nun durch so manch winziges Bauerndorf folgen. Die Landschaft wird immer grandioser, bizarre Gebirgsformationen begleiten uns auf unserem Weg, der zwar schmal, aber durchaus vernünftig zu befahren ist. Erst bei dem Dorf Tahrood stoßen wir wieder auf die Hauptachse nach Bam, wo wir noch vor Einbruch der Dunkelheit eintreffen.

Wir stehen direkt vor der alten Zitadelle in Bam, man hat uns erlaubt, innerhalb der Absperrungen, unter den Augen des Nachtwächters, zu parken und zu übernachten. Also richtig gut aufgehoben. Eine zufällig vorbeikommende Zivilstreife der Polizei sieht dies allerdings anders und eskortiert uns nach einigen fruchtlosen Diskussionen schließlich zu einem am Stadtrand liegenden Hotel, damit wir auf dem dortigen Parkplatz sicher die Nacht verbringen können. Dort entwickelt sich dann eine Diskussion zwischen den Polizisten, dem Hotelmanager und uns, den gefährdeten Reisenden:

„Also, die deutschen Touristen müssen hier auf dem Hotelparkplatz übernachten, damit wir für ihre Sicherheit garantieren können." – „Einverstanden, das macht dann zehn US-Dollar für das Parken." – „Dann wollen wir einen anderen Platz zum Übernachten, denn dafür bezahlen wir keine zehn US-Dollar. Wir haben kein Problem mit der Sicherheit, das hat die Polizei." Jetzt entwickelt sich ein heftiges Gespräch zwischen den Polizisten, deren Chef am Telefon und dem Hotelmanager, jedoch offensichtlich ohne Ergebnis. „Wie viel wärt ihr denn bereit zu bezahlen …?" – „Na, nichts, denn wir wollen ja nicht hier parken, das will doch die Polizei …" Wieder heftiges Telefonat mit dem Polizeichef. Währenddessen klärt uns der Hotelmanager auf: „Also, vor drei Jahren ist ein japanischer Tourist überfallen und erschossen worden, und deshalb müssen alle Touristen rund um die Uhr bewacht und eskortiert werden, damit so etwas nicht wieder passiert." – „Ja gut, einverstanden, aber doch nicht auf unsere Kosten! Wir bezahlen doch nicht für einen Übernachtungsplatz, den wir gar nicht wollen. Wir hatten doch einen sicheren." Der Hotelmanager daraufhin zu den Polizisten: „Dann sorgt doch für einen Platz in der Nähe eurer Wache." – „Ja gut, damit wären wir einverstanden." Ein weiteres, heftiges Telefonat mit dem Chef. Geht nicht, kein Platz! Flehende Blicke der Polizisten … Toll, so kurz vor Feierabend zahlungsunwillige Touristen und ein sturer Hotelmanager. Doch wie aus heiterem Himmel entspannt sich die Situation, ein Protokoll wird aufgesetzt, unsere Passdaten werden eingetragen, von den Polizisten und dem Hotelmanager unterschrieben. Alles ist nun gut, wir dürfen hier übernachten und müssen auch nichts bezahlen. Doch der Spaß ist noch nicht zu Ende. „Wann wollt ihr morgen Früh zurück zur Zitadelle? Wir müssen euch nämlich dorthin eskortieren, wegen eurer Sicherheit!" – „Aber wir sind doch heute auch schon allein durch Bam gefahren und haben es überlebt …" – „Die müssen das tun, sonst bekommen sie Ärger mit ihrem Chef, wenn man euch ohne Eskorte in Bam entdeckt." – „Also gut, sagen wir so gegen neun Uhr, ist das okay?" Sichtlich erleichtert und äußerst freundlich verabschieden sich die beiden Polizisten, nicht ohne sich für die Unannehmlichkeiten zu entschuldigen. Der Hotelmanager entschuldigt sich für die beiden Polizisten und wir entschuldigen uns jetzt auch, denn wir haben inzwischen tierischen Hunger. Und wir werden die Nacht überleben. Ganz sicher …

26. Dezember 2003, vormittags. Das alltägliche Leben in der Stadt und in den umliegenden Dörfern nimmt seinen gewohnten Gang, und in den historischen Gemäuern um die Zitadelle schlendern Besucher durch die schmalen Gassen zwischen den uralten Lehmgebäuden. Doch plötzlich ist alles anders. In einer riesigen Staubwolke zerbröseln Millionen Tonnen Stein und Lehm, verliert die Gegenwart ihre Zukunft. Als der Staub langsam zu Boden sinkt, haben über 30.000 Menschen binnen weniger Sekunden ihr Leben verloren. Das Entsetzen ist greifbar, das soeben Geschehene jedoch bleibt unbegreiflich.

Rund zehn Jahre sind seit diesem schicksalsträchtigen Erdbeben vergangen, doch noch immer gleichen die alte Zitadelle und die ihr zu Füßen liegende Stadt einem Trümmerhaufen, auch wenn die Restaurierungsarbeiten erste Erfolge zeigen. Nur mühsam befreit sich die traumatisierte Bevölkerung von diesem Ereignis, ragen auch in der neueren Stadt immer noch zahlreiche Stahlgerippe wie Mahnmale in den blauen Himmel. Viele der damals Überlebenden sind fortgezogen, konnten nicht mehr bleiben, konnten nicht vergessen. Die, die blieben, versuchen, ihr geschenktes Leben wieder in den Griff zu bekommen. Bis zum nächsten Beben …

Wie verabredet holt uns die heutige Eskorte am Hotel ab und wir werden sicher durch die Stadt bis vor die Ruinen der seinerzeit komplett zerstörten Altstadt geleitet. Dezent und freundlich folgen uns unsere „Begleiter" sogar durch das Ruinenfeld, damit uns ja nichts passiert. Nach einem ausgiebigen Rundgang begleiten sie uns dann wieder aus der Stadt heraus, wobei sie sich peinlicherweise verfahren. Doch wir stoppen sie und weisen sie auf ihren Irrtum hin, sodass wir schließlich am richtigen Stadtrand dem nächsten Posten übergeben werden. Dieser geleitet uns dann noch weitere dreißig Kilometer hinaus in die platte Steinwüste, wo sie uns dann unse-

rem weiteren Schicksal überlassen, denn ab hier ist es ja wieder sicher …

Wir überqueren das Kuh-e Jebal Barez Gebirge, die große Wetterscheide hier im südöstlichen Iran. Auf einer eindrucksvollen Strecke durch die grandiose Felsenlandschaft dieser unwirtlichen Berge rollen wir hinunter in die weite Ebene von Jiroft und mit jedem Höhenmeter, den wir verlieren, steigt die Temperatur an. Als wir schlussendlich in der fruchtbaren und mit unzähligen Dattelpalmen bewachsenen Senke ankommen, schwitzen wir bei ungewohnten fünfundzwanzig Grad Celsius! In den natürlich reichhaltig bestückten Obst- und Gemüseläden decken wir uns für

die nächsten Tage ordentlich ein, bevor wir uns einige Dörfer nach Jiroft buchstäblich hinter die Büsche, sprich Palmenhaine, schlagen, da wir zwischen den Feldern von Bauer Ebrahim einen exotischen Übernachtungsplatz entdecken. Der Sommer ist zurück und wir sind schon gespannt, wann wir die Dreißig-Grad-Grenze knacken! Doch sie ist auch ungewohnt, diese plötzliche Wärme, und schafft uns ganz schön. Aber immer noch besser als frieren ohne Heizung. Also packen wir die warmen Jacken und Mützen weg und schlüpfen wieder in die Sandalen und kurzärmligen Hemden – also zumindest ich, Conny muss sich ja noch bedeckt halten –, bevor wir uns von Bauer Ebrahim verabschieden und weiter in Richtung des Persischen Golfs fahren. Auf unserem Weiterweg bewegt sich unser gesamtes Kartenmaterial zwischen ungenau und unbrauchbar, zumindest was diese Region angeht. Und so irren wir ein wenig von Dorf zu Dorf, ehe wir uns entschließen, auf dem direkten Weg nach Kahnuj auf der Hauptstraße zu fahren. Bezeichnend für die

Sinnhaftigkeit, nach dem richtigen Weg zu fragen, ist die Reaktion zweier Autofahrer an einer unbeschilderten Kreuzung irgendwo im Nichts, die spontan in die jeweils andere Richtung deuten. Na, dann danke für die aufschlussreiche Mithilfe …

Heute ist es so weit, wir werden unseren letzten Ort im Iran erreichen – Bandar Abbas am Persischen Golf! Die Fahrt dorthin ist immer wieder durch auffällig viele Polizeikontrollstellen unterbrochen, man merkt, wir nähern uns der brisantesten Engstelle im weltweiten Öltransport – der Straße von Hormuz. Bizarr aufgestellte Platten eines prähistorischen Meerbodens markieren das letzte Gebirge vor der sandigen Küstenebene, in breiten Wadis zwischen Mimosen, Akazien und Palmen ziehen vielbeinige Kamelherden zu den Wasserläufen. Der Einfluss der arabischen Welt wird spürbar. Und dann sehen wir es zwischen den Bäumen und Büschen hindurch blitzen – das Arabische Meer, Teil des Indischen Ozeans. Es ist schon ein tolles Gefühl, auf den eigenen vier Rädern nun in dieser exotischen Ecke der Welt eingetroffen zu sein.

Wir rollen nach Bandar Abbas hinein, dieser wichtigen iranischen Hafenstadt und Sprungbrett nach Dubai. Heiß und schwül ist es hier, ganz ungewohnt nach den kalten Tagen im iranischen Hochland. Und so genießen wir den sommerlichen Bummel über den urtümlichen Bazar, bevor wir uns aufmachen, uns wegen der Fähre in die Arabischen Emirate schlau zu machen. Leider fährt diese nur zweimal die Woche und einer der Abfahrtstage ist ausgerechnet heute. Zu spät für uns, da die Zollabfertigung schon geschlossen hat. Die nächste Fähre geht erst wieder am Montag, also in fünf Tagen. Als wir so an der Uferpromenade stehen und auf die rund hundert in der Straße von Hormuz liegenden Frachtschiffe blicken, werden wir von Ali und seiner Frau angesprochen und zum Mitkommen aufgefordert. Nach einigem Überlegen, ob wir diese Einladung annehmen sollen, da die beiden kein Wort Englisch sprechen, lässt Ali keine Widerrede gelten und so fahren wir den beiden hinterher zu ihrer Wohnung irgendwo am Stadtrand von Bandar Abbas. Trotz sprachlicher Hürden wird es ein netter Abend mit bester Versorgung und erfrischender Dusche, und erst als sich das Hochzeitsvideo der beiden anfängt wie Gummi zu ziehen, werden wir schlagartig todmüde und ziehen uns in unseren „Manni" zurück, der inzwischen geduldig vor der Tür gewartet hat.

Bevor wir den Iran verlassen, wollen wir natürlich unsere Tanks noch bis zum Anschlag füllen, denn billiger werden wir Diesel nicht mehr auf unserer weiteren Reise bekommen. Doch das gestaltet sich hier in Bandar Abbas als gar nicht so einfach, da der überwiegende Teil der Dieselvorräte zu den Betreibern der Hafenanlagen fließt und somit für die beiden Tankstellen am Rand der Stadt pro Tag lediglich ein Tanklastzug übrig bleibt. Und so warten wir denn geduldig mit rund 200 Truckern auf die nachmittägliche Lieferung. Als die endlich kommt, werden wir freundlicherweise ganz nach vorne gebeten und bekommen mit Hilfe der Tankkarten zweier hilfsbereiter Trucker zumindest rund 200 Liter zugeteilt – immerhin. Den verbliebenen Nachmittag verbringen wir dann wieder in einem Ausflugspark am Meer, in dem sich aufgrund des Freitagsonntags inzwischen Hunderte Menschen zum Promenieren, Wasserpfeiferauchen, Picknicken, Joggen, Kicken und Radfahren eingefunden haben. Viele dieser Wochenendbesucher bleiben in kleinen Zelten über Nacht und so gleicht das ganze Areal einem improvisierten Campingplatz. Am Abend gesellen wir uns zu unseren Nachbarn Samane und Hasan aus Mashhad, um in ihrem Möbelwagen hinten auf der Ladepritsche gemütlich Tee zu trinken und Spaghetti zu kochen.

Etwas unschlüssig stehen wir im Hafenbereich herum, suchen das Büro, in dem wir die Tickets für die Überfahrt nach Dubai kaufen können. Ein Mitarbeiter des Hafenamtes spricht uns an: „Salaam, kann ich euch weiterhelfen?" – „Ja gerne, wir suchen das Büro, in dem wir die Tickets bekommen." – „Das ist aber nicht hier, das ist in einem Gebäude des Hafenamtes, vier Kilometer in Richtung Stadt, und dann rechts an der …" Er fordert uns auf, mit ihm zu kommen. Auf dem Platz vor der Zufahrtsschranke stoppt er ein Taxi und steigt mit uns hinein. Schnell wird klar, wir fahren zur entsprechenden Behörde. Noch vor der Ankunft bezahlt er den Taxifahrer und geht mit uns in den zweiten Stock bis vor das entsprechende Büro. „So, hier könnt ihr die Tickets bekommen. Und hier habt ihr noch Geld für die Rückfahrt mit dem Taxi …" – „Wie? Nein, nein, wir bezahlen jetzt erst mal die Fahrt hierher, wie viel sind wir schuldig? Und es kommt ja gar nicht in Frage, dass wir jetzt auch noch das Geld für die Rückfahrt annehmen!" Er winkt ab und schon ist er verschwunden. Im Büro begrüßt uns Taha, der zuständige Verkäufer der Tickets. Schnell sind die Formalitäten erledigt und wir haben, was wir brauchen. „Was macht ihr denn heute Abend? Habt ihr schon was geplant?" Tahas Frage überrascht uns. „Ja, nein, eigentlich nichts, keine Ahnung …" – „Dann kommt ihr heute Abend zu uns nach Hause, wir laden euch zum Essen ein." – „Ja, aber, einfach so???" – „Na klar, wir freuen uns, euch als unsere Gäste bei uns zu haben. Hier ist meine Telefonnummer, ab sieben Uhr könnt ihr mich erreichen und dann hole ich euch ab." Noch ganz verwirrt von dieser unglaublichen Einladung stoppen wir unten auf der Straße ein Taxi, um wieder zurück zum Hafen zu fahren. Dessen Fahrer weigert sich wenig später hartnäckig, sich die Fahrt von uns bezahlen zu lassen. Dies übernimmt ein weiterer Fahrgast, der schon im Taxi saß. Ach, Iran …

Anschließend machen wir einen weiteren Versuch, unsere Tanks doch noch voll zu bekommen. Und wir haben Glück, eine der beiden Tankstellen hat noch Diesel und wir können mit Hilfe eines anderen Truckers die noch fehlenden 120 Liter bunkern. Randvoll mit günstigem Sprit stellen wir uns nun an die Strandpromenade, um endlich mal wirklich zu relaxen, haben wir doch heute tatsächlich die Dreißig-Grad-Marke überschritten! Am

Abend ziehen wir dann wieder los zu Taha und seiner Familie, wo wir sehr herzlich von seiner Frau Salime und den Kindern Khatereh, Raheleh und Morteza empfangen werden. Und wie immer genießen wir einen gemütlichen Abend bei reichhaltigem Essen im Kreise dieser netten Familie, bevor wir uns spät in unseren vor der Tür parkenden „Manni" verziehen. Beim gemeinsamen Frühstück am nächsten Morgen dann: „Mögt ihr Fisch?" – „Na klar, sehr gerne!" – „Na dann, bis heute Abend, den gibt es nämlich heute hier bei uns …"

Es wird langsam Zeit, Abschied von diesem schönen Land mit seinen wundervollen Menschen zu nehmen. Wir bummeln ein letztes Mal über den Bazar, verprassen unsere übrigen Rials, was sich bei den unglaublich niedrigen Marktpreisen als gar nicht so leicht herausstellt, und stellen uns dann wieder an die Strandpromenade, um die warme Sonne zu genießen. Am späten Nachmittag verabschiedet sich der Tag dann mit einem herrlichen Sonnenuntergang von uns. Zurück bei Taha gibt es den versprochenen, lecker zubereiteten Fisch aus den Küstengewässern des Persischen Golfs und als wir gerade mit ihm fertig sind, läutet es an der Haustür. Kennen wir ja schon, ein eifriger Nachbar hat mal wieder ein verdächtiges Fahrzeug in der Wohnsiedlung gemeldet. Und so müssen uns zwei nette Jungs von der Polizei mal wieder kontrollieren, damit auch alles seine Ordnung hat.

„Wann geht denn die Fähre?" – „ Abends um 21:00 Uhr" – „Und wann sollen wir im Hafen sein?" – „Na, gleich morgens ab 8:00 Uhr." – „Äh, ist das nicht ein bisschen übertrieben?" – „Nein, nein, das passt schon …" Tahas Erfahrung mit der Abwicklung der Ausreise und der Verschiffung lässt uns also schon früh am Hafen von Bandar Abbas erscheinen. Und er sollte recht behalten. Die Stempel- und Unterschriftenrallye nimmt ihren unerbittlichen und vor allem unergründlichen Lauf. Das Ganze ist manchmal so undurchsichtig, dass sich sogar die Beamten bei uns für die Umstände entschuldigen …

Sie sind alle sehr freundlich, geduldig und hilfsbereit und nach rund drei Stunden und mehreren Kilometern Fußmarsch haben wir alle Stempel eingesammelt, die Jungs im Hafen die Papiere abgeheftet und wir können uns nun endlich gemeinsam mit Danielle und Jean-Louis aus Frankreich, die auch die Fähre nach Dubai nehmen werden, entspannt zurücklehnen. Von Jean-Louis, der einige Zeit im Oman gearbeitet hat, erhalten wir noch wertvolle Tipps, dann dürfen wir unsere Autos schon mal auf die Fähre fahren; sie sind die einzigen Fahrzeuge an Bord. Um sieben Uhr geht es dann langsam los mit der Passkontrolle und dem Einchecken und nach weiteren drei Stunden sitzen wir doch tatsächlich schon im „Manni". Mit über anderthalb Stunden Verspätung liegen wir bei der Abfahrt dann schlussendlich noch überraschend gut in der Zeit.

Langsam gleiten wir hinaus in die Schwärze der Nacht, wo wir bald Hunderte beleuchteter Schiffe passieren, während am Horizont hinter uns mit dem Lichtermeer von Bandar Abbas der Iran allmählich verschwindet. Ein eindrucksvolles Bild …

Acht ereignisreiche Wochen waren wir im Iran, diesem gerne so kritisch gesehenen Land, unterwegs. Nach vielen Gesprächen mit Menschen in allen Landesteilen und vielen sehr persönlichen Einladungen versuchen wir mal, ein reelles Bild vom Iran wiederzugeben:

„Achse des Bösen, dunkle Mächte, von der Religion geknechtete Frauen. Fanatische Islamisten, Selbstmordattentäter, Unheil bringende Politik."

Die große Weltpolitik isoliert den Iran wirtschaftlich, eine Situation, die dem Verhalten der hiesigen Machthaber geschuldet ist. Doch es leiden die normalen Menschen unter diesen Sanktionen, ihre Einkommen und ihr Erspartes verlieren drastisch an Wert. Somit schaden diese zweifelhaften Maßnahmen hauptsächlich denen, die sich nicht wehren können, und das Unverständnis gegenüber denen, die sich an diesen Sanktionen beteiligen, ist groß.

Die unglaubliche Gastfreundschaft, die diese Menschen dem Besucher entgegenbringen, irritiert somit fast, doch es ist für die Menschen hier eine Selbstverständlichkeit, so zu handeln, denn es macht ihnen einfach Spaß, ohne im Gegenzug irgendetwas zu erwarten. Die Freude, einladen zu dürfen, ist echt, und die Spontaneität, mit der dies geschieht, ist frappierend. Gibt es Probleme, werden diese sofort angepackt und die daraus resultierende Hilfsbereitschaft kennt wirklich keine Grenzen.

Der Iran ist ein streng islamischer Gottesstaat, heißt es immer wieder. Doch die Moscheen sind überraschend wenig besucht, sieht man mal von Feiertagen ab; das staatlich verordnete Massenbeten gehört längst der Vergangenheit an. Und der Großteil der vor allem städtischen Jugend will nichts mehr davon wissen, ebenso wenig wie die meisten der gebildeten Menschen. Am besten erkennt man diese liberale Entwicklung am Verhalten der jungen Frauen. Das obligatorische Kopftuch wird immer bunter, schwebt lässig gebunden auf der toupierten Frisur und bedeckt dabei kaum die Ohren. Und sie zeigen, wie körperbetont „Frau" nicht körperbetonende Kleidung tragen kann. Attraktiv sind die meisten sowieso und unterstreichen dies überwiegend gekonnt aufreizend mit entsprechendem Make-up.

Doch diese äußerliche Veränderung darf nicht täuschen. Die generelle Situation im Iran ist eine sehr schwierige, überwachte und massiv gegängelte. Fehlende wirtschaftliche Entwicklungsmöglichkeiten und frustrierende Perspektivlosigkeit bei der Jugend lassen riesige Chancen für das Land verkümmern. Die Unzufriedenheit wächst unaufhörlich und ist kaum mehr zu verbergen. Und bei rund fünfzig Prozent Arbeitslosigkeit ist das ungeliebte Alkoholverbot eher von Vorteil ...

Besonders irritierend ist das Verhalten der Iraner beim Autofahren. Denn dabei lernt man das zweite Ich des iranischen Menschen kennen: rücksichtslos, buchstäblich bis zum Anschlag, der Stärkere frisst hier klar den Schwächeren, vor allem den Fußgänger, und planlos in allen verkehrsbedingten Situationen. So kommt es uns als regelgewohnte, mitteleuropäische Autofahrer zumindest vor. Doch es rollt, wenn auch auf Kosten einer der höchsten verkehrsbedingten Todesraten der Welt.

Hat man sich aber endlich aus den Stadtgebieten herausgequält, dann begeistert eine unglaublich vielfältige Landschaft. Palmenstrände und eisgepanzerte Bergriesen, trockene Wüsten und vor Feuchtigkeit triefende Wälder, endlose karge Hochebenen und paradiesische Gärten wechseln sich ab, die Kontraste könnten kaum unterschiedlicher sein in diesem so geschichtsträchtigen Land, geprägt von seinen Dutzenden verschiedenen Volksgruppen und Sprachen.

Das Reisen an sich ist in diesem spannenden Land extrem sicher, nie hatten wir ein ungutes Gefühl, nie wurden wir belästigt, jeder Übernachtungsplatz war von einem guten Gefühl geprägt. So können wir einen Besuch dieser Menschen wärmstens empfehlen, um ihnen zu zeigen, dass wir sie nicht vergessen haben, dass sie auf uns zählen können, wenn sie eines fernen Tages die Möglichkeit erkennen und den Mut fassen, sich von der herrschenden Willkür zu befreien und ihr Schicksal in ihre eigenen Hände nehmen zu dürfen. Dabei sollten wir sie unterstützen ...

Nach nun gut acht Wochen in diesem von unserer Welt geschnittenen, abgestempelten und verteufelten Land wollen wir uns bei diesen tollen Menschen bedanken, bei Mohsen und Elaheh, Ali und Ahmad, Parvin und Ali, Kamal und Shahin, Mohammad und Fatima, Mehdi und Majid, Reza und Narges, Mahmud und Mina, Elham und Navid, Seyed und Saleh, Bahman und Ali und all den vielen, vielen anderen, die wir getroffen, kennengelernt und in unser Herz geschlossen haben. Wenn wir jetzt dieses Land verlassen, dann haben wir hier viel gelernt. Und wir werden viel mitnehmen für unser weiteres Leben. Die Menschen im Iran haben uns ein Stück weit verändert. Und dafür sind wir ihnen dankbar.

11. Dezember 2012 – 19. Januar 2013 – Oman (über V. A. E.)

„Ein orientalisches Märchen …"

Als die Skylines von Dubai und Sharjah im morgendlichen Dunst vor uns auftauchen, fühlen wir uns über Nacht in eine andere Welt gebeamt. Es ist ein fast unwirkliches Bild nach all den Wochen im Iran.

Die „Hormuz 12", ein kleines Fährschiff, hat uns sicher durch diese haiverseuchten Gewässer hinüber auf die arabische Halbinsel gebracht und nun sind wir gespannt, wie uns die ultramodernen Emirate empfangen werden. Doch schnell wird klar, es ist alles nur Fassade, denn die hiesigen Behörden stehen den iranischen Kollegen in Umständlichkeit nicht nach. Doch diese waren wenigstens freundlich, während sich die emiratischen Beamten an Hochnäsigkeit gegenseitig zu überbieten versuchen. Und jeder Stempel kostet extra, unglaublich. Und was ihnen alles für Stempel einfallen! Nach endlosen fünf Stunden ist es so weit, wir haben alle Papiere zusammen, alle Stempel bezahlt und werden mit dem finalen Passierschein in die Glitzerwelt entlassen. Wir geben es zu, wir sind schon fasziniert, was sich uns hier für ein Bild bietet: Glasfassaden, in denen sich saftig grüner, englischer Rasen spiegelt, Wasserfontänen, in denen sich die Strahlen der warmen Wintersonne brechen, moderne Autos, die sich in geordneten Bahnen unauffällig fortbewegen, blitzblanke Straßen, die sich entlang mondäner Villen ziehen. Nach den aufregenden vergangenen Monaten sind wir etwas unsicher, fühlen uns wie Fremdkörper, alles wirkt ein wenig zu steril und aufgeräumt, zu sauber. Oder sind wir es einfach nicht mehr gewohnt, denn eigentlich sieht es doch nur aus wie zu Hause …

Die erstbeste Straße in Richtung Osten führt uns raus aus der Stadt, hinein in die endlose Weite der Wüste, die sofort hinter der letzten Häuserreihe anfängt. Wir atmen auf. Nach einiger Zeit biegen wir in ein Dünental ab und stehen plötzlich vor dem Pferch einer kleinen Kamelzucht. Der freundliche Besitzer der wunderschönen und eleganten Tiere, ein junger, typischer Araber aus besserem Hause, heißt uns herzlich willkommen, breitet eine Decke auf dem Sand aus und erklärt uns bei arabischem Kaffee und Tee interessante Einzelheiten über seine wertvollen Tiere. Als es dunkel wird, macht er sich auf nach Hause, nicht ohne uns einzuladen, mitzukommen, was wir allerdings diesmal dankend ablehnen und verschieben, da wir von der stundenlangen Einreiseprozedur einfach zu müde sind. Und so stellen wir uns in den Windschatten der Dünen und lassen uns vom regen Flugverkehr dreier internationaler Flughäfen in den Schlaf wiegen.

Heftiger Wind treibt feinen Sand über die Dünenkämme, die Luft ist so diesig, dass die Sonne es kaum durch den milchigen Dunst schafft. Wir verabschieden uns von den pakistanischen Pflegern der wertvollen Kamele und machen uns auf in Richtung Oman, denn wir haben im Moment keine Lust auf Großstadt á la Dubai & Co. Gleich nach Al Madam durchqueren wir bereits omanisches Territorium, auf das lediglich ein freundlicher Polizeiposten hinweist. In Hatta befinden wir uns dann wieder auf emiratischem Grund. Kurz darauf sind wir auch schon an der richtigen Grenze. Sowohl die Ausreise aus den Emiraten als auch die Einreise in den Oman ist trotz kostenpflichtiger Visaerteilung innerhalb weniger Minuten erledigt. Es geht also auch anders …

Und dann grüßt auch schon das Blau des Indischen Ozeans durch die Häuserreihen vor uns. Heiß ist es hier

unten am Meer, fünfunddreißig Grad Celsius lassen uns ganz schön schwitzen. In Shinas machen wir Mittagsrast im Schatten des alten Forts, bevor wir weiter entlang der Küste bis nach Sohar fahren. Hier im Oman fühlen wir uns sofort wieder wohl, denn es ist bei Weitem nicht so steril und aufgeräumt wie in den Emiraten. Die pakistanischen und indischen Gastarbeiter geben dem Ganzen ein persönliches Flair und auch die Omanis wirken viel entspannter und freundlicher als die Emiratis. Bei Al-Masna'ah biegen wir zum Meer ab, an die Landzunge von Ras as-Sawadi. Direkt an der Spitze der Landzunge ist ein Park

mit tollem Sandstrand und einigen vorgelagerten, kahlen Inselchen, auf der größten steht sogar eine alte Burg. Wir stellen uns zwischen zwei Kokospalmen mit direktem Blick auf das Meer, das hier stark von Ebbe und Flut geprägt ist, und packen nach längerer Zeit mal wieder unsere Stühle aus. Die Sonne lacht vom wolkenlosen Himmel, die Palmen wiegen sich sanft im leichten Wind, der als sachte Brise über den Indischen Ozean streicht. Vor uns auf dem breiten Sandstrand, der flach ins warme Wasser übergeht, liegen kleine Ausflugsboote im morgendlichen Licht und warten auf Kundschaft, die vielleicht zu den vorgelagerten Inseln möchte. Wir sitzen im Schatten von unserem „Manni" und machen einfach mal nichts. Hier wollen wir erst mal etwas bleiben, um die vergangenen Wochen Revue passieren zu lassen und im Oman anzukommen. Am Nachmittag nutzen wir die einsetzende Ebbe, um auf die größte der Inseln hinüberzuwandern, die nun trockenen Fußes zu erreichen ist. Hoch oben auf der alten Burg genießen wir den weiten Blick über die Landzunge und die übrigen Inseln. Inzwischen sind Hunderte von Wochenendbesuchern eingetrudelt, die nun in einem endlosen Corso im

Schritttempo mit dem Auto auf dem Strand hin- und herfahren, picknicken, spazieren gehen oder sich zu den Inseln schippern lassen. Nach Einbruch der Dunkelheit sind sie fast alle schlagartig verschwunden und es kehrt wieder Ruhe ein. Nur bergeweise zurückgelassener Müll zeugt noch vom nun vergangenen Wochenende.

Im Morgengrauen wuseln bereits zahllose Inder und Pakistani mit großen Müllsäcken über den Strand und durch den Park und zwei Stunden später blitzt wieder alles. So ist es kein Wunder, dass die Omanis es nicht lernen, die Natur sauber zu hinterlassen. Nach einem weiteren Tag Müßiggang ist für uns erst mal wieder Schluss mit der Faulenzerei. Wir wollen bei Al-Rustaq die schmale Straße hinein ins Wadi Bani Awf nehmen. Dieses Wadi bietet bis heute den einzigen fahrbaren Übergang durch das Al-Jabal-al-Akhdar-Gebirge. Mehrere hundert Meter hohe Felswände begrenzen die schmale Schlucht, durch die das Wadi aus den Bergen austritt. Nach einigen Kilometern auf der gut zu befah-

renden Piste bietet sich uns eine steile Auffahrt auf ein ebenes Plateau oberhalb des Talgrunds an, ein idealer Übernachtungsplatz und sicher vor eventuellen Regenfällen, die das Wadi zu einem gefährlichen Platz machen würden. Und kaum stehen wir dort oben, das Lagerfeuer brennt bereits, fängt es doch tatsächlich an, etwas zu regnen.

„Manni" jubelt, denn jetzt darf er die nächsten Tage endlich mal wieder Pisten fahren! Und was für welche! Nie wirklich schwierig oder gar gefährlich, aber immer spannend und mit tollen Ausblicken garniert. Los geht es am späten Vormittag, denn wir genießen erst mal die absolute Ruhe an unserem Platz, die nur durch ein paar freche Ziegen gestört wird, die uns unser Frühstück vom Tisch klauen wollen. Und dann werden mir noch schnell die Haare geschnitten, damit ich wieder manierlich aussehe. Ich darf mich diesmal aber nicht an Connys Haarpracht versuchen, da sie jetzt ja kein Kopftuch mehr tragen muss …

Unser Weg bleibt erst noch unten im eigentlichen Wadi, bis wir bei dem Dorf Zammah auf den Snake Canyon treffen, der sich bis hierher auf über fünf Kilometern messerscharf und extrem eng durch die wilde Berglandschaft schneidet und dem wir zu Fuß einige hundert Meter in seinem abenteuerlichen Bett folgen. Bei der

späteren Weiterfahrt wäre am Dorfausgang für uns fast Schluss gewesen, denn eine über die Piste führende Wasserleitung ist so niedrig angebracht, dass wir mit „Manni" aber so was von gerade noch durchpassen. Danach steigt die Strecke zum Teil extrem steil bergan und führt abenteuerlich in den Fels gearbeitet am Berghang entlang, immer mit tollen Blicken hinunter auf die tief eingeschnittene Schlucht des Snake Canyons. Wir erreichen Balaad Seyd, ein malerisch von hohen Bergen eingeschlossenes, wie in einem Kessel liegendes, etwas größeres Dorf. Auf unzähligen Terrassenfeldern wird Gemüse angebaut, Hunderte Dattelpalmen spenden

angenehmen Schatten. Es ist gerade Schulschluss und in einer nicht enden wollenden Karawane von weißen Toyota Landcruisern werden die Kinder in die abgelegensten Weiler und Oasen zurückgebracht. Wir dagegen nehmen die Passstrecke hinauf zum Aussichtspunkt Sharaf al-Alamayn in Angriff. 1.000 Höhenmeter auf nur zehn Kilometern, steil, aber gut zu fahren, liegen vor uns. Einige engere Passagen fordern ein wenig Augenmaß, doch nach einer Stunde Fahrt sind wir schließlich oben auf gut 2.000 Meter. Stürmischer Wind, der die zwölf

Grad Celsius noch unangenehmer erscheinen lässt, als sie ohnehin schon sind, vereitelt unseren Plan, hier oben zu übernachten, und so entscheiden wir, die herrliche Bergpiste gleich wieder hinunterzufahren, zurück bis Balaad Seyd, wo wir uns auf unseren Platz von heute Mittag stellen, um dort die Nacht zu verbringen. Und „Manni" fand den Tag einfach nur toll …

Der Zufall führt mal wieder Regie und so entwickelt sich der heutige Tag ganz anders als erwartet. Da die Piste zurück durch das Wadi Bani Awf wegen Bauarbeiten vormittags gesperrt ist, entscheiden wir, über das Wadi Sahtan nach Al-Rustaq zu fahren. Nach dem Abzweiger dorthin geht es so steil auf losem Untergrund hinauf, dass wir die Steigung erst nach dem Zuschalten sämtlicher Sperren schaffen. Oben angekommen, biegen wir prompt falsch ab, die Piste entpuppt sich als Sackgasse und wir landen vor einem Abbruch.

Wir stehen oberhalb von Selma, einem winzigen Weiler irgendwo in den schroffen Bergen des Jebel al-Akhdar-Gebirges, am Ende dieser steinigen und steilen Piste. Tief unten, in einem schmalen Talkessel, in den im Winterhalbjahr kaum ein Sonnenstrahl dringt, zwängen sich ein paar einfache Hütten zwischen die hohen Felsen. Einige wenige, dem kargen Boden abgerungene Terrassenfelder verteilen sich an den schwer zugänglichen Hängen, ein ausgeklügeltes System gemauerter Rinnen bewässert die empfindlichen Pflanzen. Dattelpalmen schützen das zarte Grün, sorgen dabei selbst für die Lebensgrundlage des einzigen noch verbliebenen Bewohners, des alten Said.

Er winkt uns zu, wir sollen ihm folgen. In steilen Serpentinen ist der Weg hinunter ins Dorf in den Abhang gefräst. Ein schmaler Pfad zeigt uns den Zugang zu seiner bescheidenen Bleibe. Er bittet uns herein, wir sollen schon mal Platz nehmen auf den dünnen Bastmatten im ummauerten Innenhof, während er mit den Töpfen und Kannen in seiner spärlich ausgestatteten Küche klappernd hantiert. Seine Kinder sind mit ihren Familien weggezogen, in die Stadt, um Arbeit zu finden, seine Frau ist vor kurzem gestorben. Doch er will hier nicht weg, es ist sein Leben, auch wenn es ihn hart ankommt, so alleine hier zu sein. Nun sitzen wir mit ihm auf seiner kleinen Terrasse unter einem selbst zusammengezimmerten Dach aus Palmwedeln, trinken starken arabischen

Kaffee und essen klebrige Datteln, die er selbst gezogen hat. Unterhalten können wir uns kaum, doch das ist auch nicht nötig. Unsere Blicke schweifen über die grünen Kronen dieser so wertvollen Bäume, weit hinaus in die fast unerreichbar scheinenden Täler. Es bedarf keiner Worte, die Szenerie spricht für sich, wir sind ganz eingetaucht in diese fast vergessene Welt.

Ein wenig später stoßen Ali, ein Neffe von Said, und Amur aus dem Nachbardorf noch zu unserer Kaffeerunde. Ali führt uns dann durch die Palmenhaine und Obstgärten, erklärt die Funktionen der uralten Bewässerungssysteme und zeigt uns das alte Dorf oben am Hang, in dem er noch geboren wurde und das nun seit Jahren verlassen ist. Als wir aufbrechen, bedankt sich der alte Said bei uns, dass wir uns die Zeit genommen haben, seine Gäste zu sein …

Nun bittet uns Amur zu sich nach Hause in sein Dorf und so fahren wir schon mal vor, um dort auf ihn zu warten. Eine kleine Ebene teilt die verwitterten Berge, die staubige Piste schlängelt sich unheimlich steil zwischen dürre Akazien und herumliegende Felsbrocken zu ihr hinunter. Am Rand der Ebene taucht der hübsche Turm einer unauffälligen Moschee auf, die im Schatten alter Dattelpalmen das Zentrum des Dorfes Al-Hail bildet. Am Ortseingang werden wir von einigen Bewohnern begrüßt, schnell ist eine Matte neben der staubigen Piste ausgebreitet und schon werden wir verköstigt mit Datteln, Obst und Kaffee. Wenig später kommt auch schon Amur angefahren und nimmt uns mit zu seiner Familie. Einfache Steinhäuser gruppieren sich zu einer gewachsenen Einheit, Ziegen und Hühner beleben das Bild. Kinder linsen schüchtern hinter Mauerecken hervor, als wir in diese Idylle eindringen, bunt gekleidete Frauen huschen flink in den Schutz ihrer Räume. Wir fühlen uns ein wenig als Störenfriede, doch der Empfang durch die anwesenden Männer ist herzlich, wir werden in ihren Gemeinschaftsraum hereingebeten, Frauen haben hier normalerweise keinen Zutritt. Kaffee und

Datteln werden gereicht, erste neugierige Fragen werden gestellt. Die Frauen und Mädchen haben ihren eigenen Raum, dieser bleibt fremden Männern verwehrt, nur die Ehemänner haben Zutritt. Und natürlich andere Frauen, für Conny eine interessante Gelegenheit, Einblick in deren Welt zu bekommen. Sie dreht sich um die Kinder, die häuslichen Belange, Krankheiten – und natürlich um die Männer ...

Der Familienverbund ist stark, ist gewachsen, alle leben zusammen, unterstützen sich gegenseitig. Die Familie ist der klare Mittelpunkt des Lebens, von der Geburt bis zum Tod. Gibt es etwas zu tun, etwa Ausbesserungen an der Mauer der Moschee, so hilft das ganze Dorf zusammen. Man zeigt uns die Gärten, doch die Lebensgrundlage sind sie hier nicht mehr, die Männer haben gute Berufe in der Stadt. Und trotzdem geht das Leben hier seinen traditionellen Gang, trotz Handy und Fernsehen, trotz Geländewagen und Schule für die Kinder. Und sie machen dabei alle einen wirklich zufriedenen Eindruck. Auch den nächsten Vormittag verbringen wir noch in Al Hail, sitzen vor der kleinen Moschee beim Kaffee, klettern über kaum erkennbare Bergpfade durch die Gärten und genießen die entspannte Ruhe dieser intakten Gemeinde. Und als wir uns schließlich verabschieden, müssen wir versprechen, wiederzukommen.

Die Verbindungspiste ins Wadi Sahtan ist traumhaft schön, im steilen Auf und Ab sucht sie sich ihren Weg durch das aufgeschichtete Gebirge, gibt immer wieder tolle Blicke auf die in der Sonne blitzenden Gipfel und Wände frei. Die letzten Kilometer führen dann direkt durch ein schmales Seitenwadi, wo wir manchmal ganz schön zirkeln müssen, um durchzukommen. Auch einige Bäume müssen auf „Mannis" Gardemaße zurechtgestutzt werden, damit wir unter den dichten und stacheligen Ästen hindurchpassen.

Das Wadi Sahtan ist schließlich erreicht, es ist teilweise sehr breit und extrem trocken, sodass wir bei flotter Fahrweise eine lange Staubfahne hinter uns herziehen. Auf der nun guten Piste und der anschließenden Teerstraße erreichen wir zügig wieder Al-Rustaq. Unser Tagesziel heute ist allerdings das Wadi Bani Kharus, das südlich von Awabi aus den Bergen austritt. Doch wir sind enttäuscht, denn das Wadi ist sehr breit und mit einer neuen Teerstraße versehen, die dem Ganzen doch den Reiz nimmt. Auch Übernachtungsplätze sind nicht wirklich vorhanden und so kehren wir am

Ende des Wadis um und fahren wieder hinaus nach Awabi, wo wir uns in den Hof des dortigen Forts stellen. Bewacht von mittelalterlichen Kanonen verbringen wir innerhalb des Gemäuers die Nacht.

Ein Blick auf „Mannis" Tacho zeigt uns noch, dass wir seit unserer Abfahrt Anfang Mai inzwischen exakt 20.000 Kilometer zurückgelegt haben!

Raus aus den Bergen und zurück an die Küste, das ist für heute unser Plan. Auf dem Weg dorthin statten wir der mächtigen Festung von Nakhl einen Besuch ab. Sie scheint aus dem Fels, auf dem sie sich erhebt, zu wachsen, so stimmig überragt sie den dichten Palmenhain um sie herum. In vielen Räumen sind alte Möbel und Handwerkszeug aus längst vergangenen Zeiten zu sehen und geben der Festung damit ein sehr lebendiges Erscheinungsbild. Ganz in der Nähe, in den dichten Gärten bei Al Thorwarah und den dortigen heißen Quellen, befindet sich ein sehr beliebter Picknickplatz. Und entsprechend bunt geht es dort heute auch zu, Dutzende omanischer, indischer und pakistanischer Familien genießen das begonnene Wochenende. Wir verlassen die Oasen um Nakhl und fahren hinunter ans Meer, nach Barka. Doch der ziemlich verdreckte Strand schreckt uns ab und wir entscheiden, die paar Kilometer zur bereits sichtbaren und uns ja bereits bekannten Halbinsel von Ras as-Sawadi weiterzufahren. Und weil es so nah aussieht, wählen wir die Uferstraße, vorbei an einer noch im Bau befindlichen Neubausiedlung. Die Straße endet natürlich bald vor einem Zaun, doch eine sandige Piste scheint um das eingezäunte Areal herumzuführen. Und der Strand ist ja befahrbar, machen ja alle so.

„Bist du sicher, dass wir da durchkommen?" – „Na klar, schau doch, hier sind sogar gut sichtbare Fahrspuren um das Gelände herum." Was wir zu diesem Zeitpunkt noch nicht wissen, es muss hier in der letzten Nacht heftig geregnet haben, sodass der normalerweise harte Sand nun viel zu weich für „Manni" ist. Und es kommt, wie es kommen muss: „Shit, der Vortrieb lässt nach!" „Manni" fängt an, unkontrolliert zu schlingern, und wir fahren uns natürlich fest. Ich bleibe sofort stehen und verhindere dadurch, dass wir uns tiefer eingraben, allerdings stehen wir schon ganz schön schräg. Nun also erst mal ordentlich Luft aus den Reifen und es gelingt uns auf Anhieb und mit viel Gefühl, „Manni" wieder flottzubekommen und ihn aus seiner misslichen Schräglage zu befreien. „Ist ja noch mal gut gegangen …", kommt der erleichterte Kommentar von rechts. Nach einigen

hundert Metern erreichen wir wieder festeren Untergrund und pumpen die Reifen etwas auf. „Wollen wir nicht lieber umdrehen?" – „Ach was, wir sind doch durch jetzt, und schau, da vorne ist schon unser Ziel …" Kurz darauf wird es jedoch noch weicher, „Manni" fängt wieder an, sich zu quälen, und plötzlich stehen wir, schon fast richtig festgefahren, vor dem Seitenarm einer Lagune. „Ach du Schande, daran haben wir ja gar nicht mehr gedacht, an den Wasserarm!" Conny steigt aus – und versinkt gleich mal fast bis zu den Knien im aufgeweichten Sand. Na prima! Und wir werden leicht nervös, diesmal pressiert es plötzlich, denn die Flut kommt und das Wasser steigt unaufhörlich. „Komm, mach schneller, das Wasser holt uns sonst ein!" – „Ja, ja, ich mach ja schon …" – „Du und deine Abkürzungen, immer wieder dasselbe Spiel!" Ich halte lieber die Klappe und arbeite, denn Conny hat natürlich schon wieder recht. Ganz schlecht fürs männliche Truckerego … Also ordentlich Luft aus den Reifen und mit viel Gefühl durch den tiefen Sand, ab durch den morastigen Untergrund. „Gib Gas, gib Gas! Bitte, Manni, nicht stehen bleiben, komm, du schaffst es!" Connys flehende Anfeuerung hilft, „Manni" ackert sich schwer über den Strand und erreicht schließlich festeren Untergrund. Geschafft! Denselben Weg zurückfahren wollen wir nun nicht mehr und so erbitten wir die Durchfahrt des abgesperrten Bauareals. So wird aus einer scheinbaren Abkürzung ein Nachmittag füllendes Programm. Reichlich verschmutzt und ordentlich eingesandet stellen wir uns am Ras as-Sawadi wieder unter „unsere" Palmen und der pakistanische Hühnerkebabgriller freut sich natürlich auch über unsere überraschende Rückkehr.

Nachdem wir uns von unseren aufregenden, gestrigen Abkürzung über den Strand erholt haben, fahren wir diesmal vernünftigerweise über die Hauptstraße zurück nach Barka. Dort besuchen wir den allmorgendlichen Fischmarkt, in dessen Mittelpunkt eine interessante Fischversteigerung steht. Rund um eine erhöhte Plattform sitzen einige ältere Herren mit einem großen Geldkoffer und einem Buch, in dem sie die Gebote eintragen, damit sie nach der Versteigerung ordnungsgemäß kassiert werden können. In die Mitte werden immer wieder verschiedene Fische geworfen, die direkt aus den am Strand liegenden Booten gebracht und dann lauthals ausgerufen und meistbietend an die Händler versteigert werden. Dort schlagen auch wir später ordentlich zu, denn frischer wird es Fisch nirgendwo geben.

„Hallo, ich bin Khalid, seid ihr das mit dem riesigen Lkw? Ist ja toll, darf ich mir den mal ansehen?" – „Ja klar, aber erst müssen wir noch etwas einkaufen." – „Ja gut, und dann kommt ihr mit mir nach Hause, zum Essen." In seinem riesigen, neu gebauten Stadthaus erwarten uns dann schon seine Frau und ein Teil seiner zwölf Kinder, um uns erst mal ordentlich zu versorgen. Anschließend bringt uns Khalid zur Farm seiner Familie etwas außerhalb von Barka. Es ist ein riesiges Areal mit den verschiedenartigsten Gewächsen und Gemüsen, unter anderem allein zwanzig verschiedene Mangobäume, mit einer Hühner- und Ziegenzucht, mit Bienenstöcken und Milchkühen. Nach und nach treffen auch die weiteren Familienmitglieder ein, die größtenteils in der Hauptstadt leben und heute am Freitagsonntag zum wöchentlichen Begutachten der Farm kommen. Und so füllt sich der Hof mit Nobelkarossen und die Tafelrunde mit feinen Herren der omanischen Oberschicht.

Nach einem äußerst interessanten Nachmittag inmitten blitzend weißer Dishdaschas will uns Khalid noch etwas ganz Besonderes bieten und entführt uns abends in eine indische Tanzbar mit Alkoholausschank, wo unmotivierte, indische Tänzerinnen mit gelangweilten Bewegungen zu schauderhaft lauter Musik versuchen, mehrheitlich desinteressierte und mit ihren Handys spielende Herren zu animieren, Trinkgelder für ihre angestrengten Darbietungen locker zu machen. Deren verzweifelte Versuche, mit Unmengen von Bierbüchsen die Damen einstweilen schöner zu trinken, ist zwar zum Scheitern verurteilt, freut aber zumindest den Barbesitzer. Als Khalid jedoch nach der dritten Büchse Bier anfängt, die Mädels langsam toll zu finden, treten wir lieber geschlossen den Rückzug an, denn er hat ja schon zwölf Kinder …

Uns lockt nun die „Capital Area", wie die Region um die Hauptstadt hier genannt wird. Bei Khalid gibt es noch ein kleines Frühstück, doch dann geht es los in Richtung Muscat. Am Stadtrand von Matrah, der geschäftigen Schwesterstadt der Hauptstadt, fällt uns sofort die Große Moschee ins Auge. Sie ist seit gut zehn Jahren fertiggestellt und beeindruckt durch ihre schiere Dimension. Ein sechzig mal siebzig Meter großer, von iranischen Knüpferinnen hergestellter Teppich bedeckt den Hauptgebetsraum, der von einem gigantischen Kristallleuchter der Firma Swarowski ausgeleuchtet wird. Leider lassen die Touristenmassen keine richtige Ruhe aufkommen

und so flüchten wir schon recht bald wieder. Praktisch um die Ecke entdecken wir eine große MAN-Werksvertretung, in der wir „Manni" mal kurz checken lassen wollen, doch acht unschlüssig in sein Innenleben stierende Pakistanis lassen uns an der Sinnhaftigkeit unseres Vorhabens zweifeln. Also wieder runter mit dem Fahrerhaus und ab vom Hof. Über die Stadtautobahn rollen wir im dichter werdenden Verkehr hinein ins Zentrum von Muscat und Matrah. Die beiden Schwesterstädte sind nahezu zusammengewachsen, lediglich durch einen kahlen Hügel voneinander getrennt. Während in Muscat das politische Leben stattfindet, ist Matrah das wirtschaftliche Zentrum mit dem Hafen. Ein erster Bummel entlang der Hafenpromenade ist ebenfalls geprägt von unzähligen Touristen, denn zwei Kreuzfahrtschiffe liegen gerade vor Anker und haben ihre Gäste auf Landgang geschickt, die nun zum Vergnügen der Bazaris mehrheit-

lich in völlig unpassendem Outfit wie knappen Hotpants und Dekolletés bis zum Bauchnabel durch den Bazar schlendern.

Da geht es in Muscat gemütlicher zu. Wir wandern auf ein Plateau oberhalb der Stadt, hier sind wir ungestört und genießen die Aussicht auf die zwischen hohen Felsen gebaute Stadt mit ihren alten portugiesischen Forts. Der Arbeitspalast des Sultans erinnert ein bisschen an Fantasyland und seine Umgebung ist dermaßen geleckt sauber, dass man sich kaum auf die Marmorfliesen zu treten traut; es wirkt alles ein wenig steril. An der Uferstraße zwischen den beiden Städten sind mehrere schöne Parkplätze angelegt, einen dieser Plätze wählen wir als unseren Standplatz, bevor wir am Abend dann noch mal hinüber nach Mutrah und dort durch die Souqs und entlang der Hafenpromenade schlendern.

Die Szenerie macht es uns nicht leicht, sich für das heutige Weihnachtsfest den gewohnten Rahmen zumindest vorzustellen. Wir frühstücken leicht bekleidet draußen im Freien, schon jetzt lassen uns fast dreißig Grad

Celsius den Schatten suchen. Palmen statt Tannen, Datteln statt Lebkuchen, Muezzin statt „Jingle Bells". So verbringen wir den Vormittag ganz unromantisch am Laptop, um die Weihnachtspost zu verschicken und unsere Homepage zu aktualisieren.

Und dann laufen wir in unserer Weihnachtstraumbucht ein! Qantab Beach heißt dieses kleine Paradies unweit des gleichnamigen Dorfes. Ein sichelförmiger, feinsandiger Strand, an den das glasklare Wasser des Indischen Ozeans in leichten Wellen anlandet, eingerahmt von Sandsteinfelsen und Inseln mit einem natürlich geschaffenen, großen Steinbogen, durch den die flinken Ausflugsboote flitzen. Wow, die Heilige Nacht kann kommen …

Wir parken „Manni" am Rand des tiefsandigen Strandes, legen uns in das klare Wasser und warten auf die

abendliche Bescherung. Die bereiten wir uns dann selbst mit einem herrlichen Rindersteak in einer pikanten Rotwein-Pfeffer-Sauce, begleitet von einem edlen Südafrikaner, der die iranischen Zollbehörden unbemerkt überstanden hat. Was für ein Genuss! Zum Nachtisch gibt es dann noch eine Extravorstellung omanischer Autofahrer, die sich in maßloser Selbstüberschätzung ihrer technischen Möglichkeiten reihenweise im weichen Sand festfahren und bei unprofessionellen Bergeaktionen ihre Abschleppgurte schrotten. Wir helfen ihnen dann mit einem scharfen Messer, um die Gurtreste von den Abschleppösen abzuschneiden …

Fröhliche Weihnachten …

So traumhaft schön unser Platz hier auch ist, der Lärm der Bauarbeiten in der Nachbarbucht, in der ein weiteres Hotelresort entsteht, nerven mit der Zeit ein bisschen und so machen wir uns auf, ein weiteres Traumplätzchen zu finden. Die soll es ja an dieser früher gerne von Piraten genutzten, zerklüfteten Küste in großer Anzahl geben. Nun, Qantab Beach hat uns verwöhnt, zugegeben. Es fällt uns deshalb schwer, ein weiteres Paradies zu finden, das unseren gestiegenen Ansprüchen gerecht werden kann. Mann, was für Luxusprobleme uns heute umtreiben. Und so tingeln wir von Bucht zu Bucht und von Dorf zu Dorf, bis wir schließlich in As-Sifah mit seinen weiten Sandstränden landen. Das sieht doch schon mal ganz gut aus hier und so holpern wir über eine

Sandpiste an den nördlichen Rand dieser weitläufigen Bucht, bis es nicht mehr weitergeht. Ein einmalig schöner Strand verwöhnt uns nun den ganzen Tag, erst am Abend fahren wir auf die Südseite von As-Sifah zu einem teilweise schon fertigen, schicken Hotelresort, an dessen Rezeption wir uns freundlicherweise von unseren Lieben zu Hause anrufen lassen können, um zumindest ein bisschen weihnachtliches Miteinander zu genießen.

As-Sifah ist allerdings auch eine Sackgasse. Um weiter in Richtung Süden zu gelangen, müssen wir erst wieder ein ganzes Stück zurück nach Norden fahren, bis kurz hinter Yiti.

Dort zweigt eine gute Piste durch das Wadi al-Mayb ab, auf der wir auf die Autobahn nach Qurayyat hinüberkommen. Nach flotter Fahrt erreichen wir diese unauffällige Stadt direkt an der Küste und zirkeln uns durch die engen Gassen hinunter ans Meer. Hier dreht sich alles ums Fischen, das sieht man an der Vielzahl der Boote und am großen, neuen Fischmarkt, wo der tägliche Fang versteigert und verkauft wird. In der Hafeneinfahrt wacht ein alter Festungsturm auf einer kleinen Insel, zu der man bei Ebbe auch laufen kann.

Irgendetwas Besonderes geht heute hier vor. Verkaufsstände sind aufgebaut, Sportfelder am Strand abgesteckt, im Bereich vor der Insel werden gerade historische Gegenstände dekorativ platziert. Wir erfahren, dass morgen zum ersten Mal ein Festival rund um das Thema Fischerei stattfindet. Und so entscheiden wir spontan, hierzubleiben und morgen den Tag auf dieser sicherlich sehr interessanten Veranstaltung zu verbringen. Auf unserem Weg hierher sind uns schon drei Übertragungswagen des omanischen Fernsehens aufgefallen, die nun direkt neben uns parken und dabei sind, ihre Fernsehtechnik aufzubauen. Wir werden herzlich willkommen geheißen, bekommen die Erlaubnis der örtlichen Organisation, mitten im Geschehen zu parken, werden mit Picknickpaketen versorgt und erhalten die Zusage, überall Zutritt zum Fotografieren zu haben. So verbringen wir den Nachmittag mit herumschlendern, werden der halben Stadtverwaltung vorgestellt und kommen erst spät ins Bett, da sich die Aufbauarbeiten hinziehen. So gegen

neun Uhr morgens ist dann doch alles bereit und wir dürfen schon vor der offiziellen Eröffnung durch die historische Ausstellung direkt am Strand vor dem alten Turm wandeln. Das ist natürlich super, denn dadurch können wir ungestört alles in Ruhe betrachten, uns erklären lassen und fotografieren. An der Zufahrt zum

Hafenbereich ist ein großes, seitlich offenes Zelt aufgebaut, unter dem nun Dutzende in traditionellen Gewändern gekleidete Würdenträger auf die Ankunft der angekündigten Minister aus der Hauptstadt warten. Als diese schlussendlich Platz genommen haben, gibt es die bei solchen Anlässen üblichen Ansprachen, gegenseitiges Überreichen von Geschenken und dann eine Menge Vorführungen der örtlichen Fischer. Anschließend schlendert die gesamte Delegation entlang der Buden und auch vorbei an unserem „Manni", der sich brav in das Geschehen integriert, bis zur historischen Ausstellung. Als die wichtigen Herrschaften schließlich alles gesehen haben, wird

die Ausstellung nun auch für jedermann geöffnet und natürlich entsprechend frequentiert. Gegen 15:00 Uhr ist auch wieder alles vorbei, die Besucher ziehen sich mehrheitlich zur nachmittäglichen Ruhe zurück und auch wir benötigen jetzt mal ein bisschen Pause. Unterdessen frischt der Wind gewaltig auf, entwickelt sich mehr und mehr zum Sturm und beendet damit die Darbietungen zusätzlich. Am Abend findet in der kleinen Sportarena der Stadt noch eine folkloristische Vorstellung verschiedener Tanzgruppen in traditionellen Gewändern statt, zu der wir pünktlich um 19:00 Uhr mit einer standesgemäßen Limousine direkt bei unserem „Manni" abgeholt und zur Veranstaltung chauffiert werden. Als man uns dann auch noch auf die Ehrentribüne zu den Würdenträgern setzen will, ziehen wir es doch vor, uns unter das gemeine Volk zu mischen, wo wir allerdings auch auffallen, da Frauen und Männer natürlich immer streng voneinander getrennt sitzen und wir die einzigen Nichtomanis sind. Kaum sind die farbenfrohen Darbietungen der Künstler zu Ende und wir bei „Manni" zurück, setzt

heftiger Regen ein. Glück gehabt …

Die Schlechtwetterfront hängt noch tief über uns, als wir uns aufmachen, Qurayyat zu verlassen. Heftiger Sturm wühlt das Meer auf, mächtige Wellen brechen sich an den Stränden. Immer wieder nieselt es etwas, die Temperaturen erreichen kaum noch zwanzig Grad Celsius. Die Berge sind nebelverhangen, von der Landschaft hier bekommen wir nicht allzu viel mit. So rollen wir auf der neuen Autobahn entlang der Küste nach Süden, bevor wir bei Fins direkt ans Meer hinunterfahren, da an der dortigen Steilküste die Brecher meterhoch gen Himmel schleudern und aus schmalen Fels-

spalten das Wasser wie bei Geysiren fauchend weit nach oben spritzt. Es ist ein tolles Schauspiel, das die unbändige Kraft des Meeres beeindruckend zeigt. Wir queren das Wadi Shab und machen einen kurzen Abstecher ins Wadi Tiwi, die beide beim großen Zyklon vor einigen Jahren fast komplett zerstört wurden, statten der Grabruine von Qalhat einen unnötigen Besuch ab und finden am Ortsrand von Sur direkt am Strand einen guten Übernachtungsplatz. Dort pfeift uns dann der Sturm dermaßen um die Ohren, dass „Manni" phasenweise ganz schön aus dem Gleichgewicht kommt.

Sur erweist sich als ein recht nettes Städtchen, vor allem im Mündungsbereich der Lagune, in der die Werkstätten der Dhaus liegen. Diese traditionsreichen, hölzernen Boote werden nur noch ganz selten gebaut, zurzeit liegen drei große in der Werft, wo sie nach alten Bauplänen originalgetreu hergestellt werden. Auf der gegenüberliegenden Seite, im Ortsbereich von Al-Ayjah, grüßt ein mächtiger Leuchtturm die hereinkommenden Schiffe, an ihm vorbei fahren wir weiter nach Ras al-Jinz, von wo aus wir uns in der kommenden Nacht einer geführten Meeresschildkrötentour anschließen wollen. Doch überraschender-

weise sind alle Touren für die nächsten zehn Tage mit jeweils einhundert Personen komplett ausgebucht, sodass wir entscheiden, unser Glück in Ras al-Hadd, dem östlichsten Kap der arabischen Halbinsel, zu versuchen. Wir erfahren in einem Hotel, dass am Abend eine geführte Tour stattfindet, und so schließen wir uns unauffällig – „Manni" macht sich ganz klein – im Dunklen einem Konvoi mehrerer Wagen an. Am Strand erfolgt dann eine kurze Einweisung in Sachen Verhaltensweise, wenn wir auf eine Eier ablegende Meeresschildkröte treffen. Wir haben heute Glück, denn die Ranger haben vier dieser riesigen, urweltlichen Tiere im Vorfeld ausfindig gemacht. Und so ziehen wir in zwei Gruppen los.

Als der erste Panzer in der hellen Vollmondnacht vor uns auftaucht, sind jedoch alle Verhaltensregeln bei den Touristen vergessen und auch die Ranger machen sich erstaunlicherweise nicht die Mühe, diese einzuhalten. So wird das verängstigte Tier angeleuchtet, aus wenigen Zentimetern Entfernung fotografiert und von rund dreißig Personen hautnah bedrängt. Völlig verstört versucht die bei der Eiablage gestörte Schildkröte, ins nahe Meer zu entkommen. Angewidert von dieser rücksichtslosen Vorgehensweise mit den empfindsamen Tieren verlassen wir die Gruppe und machen uns auf den Rückweg, wo uns noch das Glück beschert ist, eine winzige, soeben einem Ei entschlüpfte Meeresschildkröte auf ihrem beschwerlichen und gefährlichen Weg ins Meer zu entdecken. Da von rund 20.000 Neugeborenen schlussendlich nur eine Einzige überleben wird, ist ihr Schicksal leider sehr ungewiss …

Nach einer sturmgeschützten Nacht im Schatten des obligatorischen Forts inmitten des Ortes begleiten uns entlang der wilden Steilküste wenige, ärmliche Fischerdörfer, die sich schützend zwischen die Dünen ducken. In

Asilah verlassen wir die Küste, die Wüste reicht hier bereits bis ans Meer. Schwarze Hügel und goldgelbe Sanddünen bestimmen das Bild, doch kurz vor Jaalan Bani Bu Ali verflacht die Landschaft zu einer monotonen Steinebene. Wir entscheiden, in das Wadi Bani Khalid zu fahren. Die Strecke ist sehr kurzweilig, quert einen

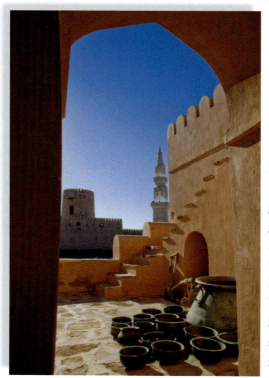

erstaunlich hohen Pass, bevor sie steil ins eigentliche Wadi hinunterfällt. Unzählige Palmenhaine verstecken niedrige Häuser, die Fahrt führt stellenweise direkt durch das Flussbett, das allerdings dank einer ausbetonierten Fahrspur problemlos zu befahren ist. Am Ende der Straße unterhalb des Dorfes Mugal stellen wir uns auf den dortigen Parkplatz zwischen die Palmen und nachdem auch der letzte Tagestouristenjeep in der Dunkelheit verschwunden ist, kehrt endlich die ersehnte Oasenruhe ein mit zirpenden Grillen und quakenden Fröschen. Dank des Übernachtens im Wadi Bani Khalid sind wir am Morgen ganz allein im enger werdenden Canyon unterwegs und können so die Ruhe entlang der leise plätschernden Wasserbecken genießen. Doch schon bald ist es damit vorbei, die ersten Touristengruppen fallen über das Tal her und verbreiten Badeseeatmosphäre. Nach dem ausgiebigen Genuss des erstaunlich warmen Wassers der tief ausgewaschenen Gumpen flüchten wir schließlich vor der Masse Mensch.

Uns ist es nach mehr Ruhe und so starten wir zur ausgedehnten Sandwüste Ramlat al-Wahibah, die sich gleich an die Berge hier anschließt. Von Al-Mintirib aus sind auch zwei Touristencamps leicht zu erreichen, dadurch ist die Piste durch den Sand bis zum ersten Camp aufgeschottert und daher problemlos zu bewältigen. Am Ende dieser Schotterpiste halten wir an, um den Reifendruck zu mindern, denn ab hier zieht sich die Piste durch ziemlich weichen Sand und auch immer wieder über die Dünen.

Und jetzt passiert es – ich entferne die Schutzkappe über dem Ventil am hinteren, linken Reifen und habe es komplett in der Hand. Es ist einfach abgebrochen! Mit lautem Zischen entweicht die Luft und im Nu ist der Reifen natürlich platt. Statt gemütlich einen Platz in den Dünen für die heute anstehende Silvesternacht zu suchen, heißt es jetzt also erst mal den Reifen wechseln. Das ist dank unseres umfangreichen Equipments eigentlich keine allzu große Sache und freundlicherweise ist der zu wechselnde Reifen auf der Schattenseite von „Manni". Während wir so dahinwerkeln, fahren unzählige Geländewagen mit Touristen auf ihrem Weg in die

Camps direkt und mit rücksichtsloser Geschwindigkeit an uns vorbei, doch nicht ein Einziger hält an, um zu fragen, ob wir Unterstützung benötigen. Ja, sind wir denn schon wieder in Europa zurück?

Nach einiger Zeit stoppt ein Wagen mit drei Omanis neben uns, die sich ohne viel Federlesens ans Helfen machen, obwohl wir ihnen sagen, dass wir alles im Griff haben, und so ist die ganze Aktion doch noch vor Einbruch der Dunkelheit erledigt. Doch da wir nun nur noch über einen einsatzbereiten Reservereifen verfügen, der allerdings nicht auf einer Felge

montiert ist, verzichten wir darauf, sehr viel tiefer in diese Wüste vorzudringen. Und so fahren wir nur ein paar Kilometer weiter zwischen die das weite Tal begrenzenden Dünen hinein und finden auch schnell einen schönen Platz für einen ruhigen Ausklang des für uns so aufregenden Jahres.

„Unser 2012" – Österreich, Italien, Slowenien, Kroatien, Bosnien und Herzegowina, Montenegro, Albanien, Mazedonien, Griechenland, Türkei, Georgien, Armenien, Iran, Arabische Emirate, Oman. Was sich wie eine belanglose Auflistung verschiedener Länder liest, ist in Wirklichkeit der unglaubliche Einstieg in einen komplett neuen Lebensabschnitt.

Die vergangenen acht Monate haben uns verändert, das können wir jetzt schon erkennen. Als nach einigen Wochen, irgendwo in Albanien, das Urlaubsfeeling durch das Lebensreise-Gefühl verdrängt wurde, konnten wir spüren, dass wir ruhiger, gelassener geworden waren. Beim Faktor Zeit, im alltäglichen Hamsterrad zwischen Job und Familie, Bankkredit und Freizeitplanung ein viel zu knappes Gut, konnten wir plötzlich aus dem Vollen schöpfen. Wir gewöhnten es uns ab, vorauszuplanen, wir leben nun Tag für Tag, intensiv und bewusst.

So bewegten wir uns viel langsamer als anfangs gedacht in Richtung Osten, raus aus Europa. Und mit jedem Kilometer, mit dem wir uns in für uns neue, unbekannte Regionen vorwagten, lernten wir, den unbezahlbaren Wert unserer neuen Lebensweise zu erkennen. Wir nutzen jede sich uns bietende Gelegenheit, den persönlichen Kontakt mit den Menschen um uns herum so intensiv wie möglich zu gestalten, denn nur dadurch lernen wir Neues kennen. Andere Lebensweisen und Traditionen werden so verständlich, die Toleranz gegenüber fremden Kulturen und Religionen bekommt eine ganz andere Chance.

Wir spüren, je weniger die Menschen für das eigene Leben zur Verfügung haben, umso herzlicher ist die grenzenlose Gastfreundschaft, die uns widerfährt. Geld und Besitztum, bei uns in Europa der wichtigste Gradmesser, werden hier eher zum Störfaktor. Nie verspürten wir Neid, obwohl natürlich nicht zu übersehen ist, dass wir über für die meisten Menschen unerreichbare Möglichkeiten verfügen, keine der unzähligen Einladungen wurde unterschwellig als eigene Vorteilsnahme benutzt. Es wurde beteuert, dass wir nun zur Familie gehören und dass wir jederzeit willkommen sind, egal, wann und unter welchen Umständen wir wiederkommen.

Immer wieder wurden wir gefragt, welches der von uns bereisten Länder nun das beste, das schönste war, wo die Menschen am freundlichsten waren. Dies zu beantworten, ist eigentlich nicht möglich, denn jedes Land hat seine tollen Seiten. Aber wenn wir so darüber nachdenken, so können wir doch den Iran und seine Menschen ein bisschen hervorheben, denn das, was uns in den acht langen Wochen dort widerfahren ist, sucht dann doch seinesgleichen. Und tagtäglich wurde uns dort vor Augen geführt, wie peinlich und arrogant doch das Verhalten der westlichen Welt ist, wenn es um die Beurteilung ihr fremder Menschen geht.

Nun also 2013. Was wird uns auf unserem weiteren Weg wohl so alles erwarten? Sicher ist, dass wir unseren gefundenen Lebensstil fortsetzen werden, denn er ist die Erfüllung unseres gemeinsamen Daseins, das uns miteinander unglaublich glücklich sein lässt. Tagein, tagaus zu zweit auf zwölf Quadratmetern, für die meisten eine Horrorvorstellung, für uns unser Lebenswunsch. Sicher ist auch, dass wir jedes Jahr für einige Wochen zu unseren Familien und Freunden fahren oder fliegen werden, denn sie sind unser Rückhalt und sie bleiben trotz räumlicher Trennung unser wichtigster Anker. Wir sind in unseren Gedanken immer bei ihnen und dank der modernen Technik auch oft und regelmäßig in Live-Kontakt via Skype und Mail.

Unsere visuellen und schriftlichen Reiseberichte bringen inzwischen vielen Interessierten unsere Welt und ihre Menschen ein Stückchen näher, und zwar so, wie sie wirklich ist, ungeschönt und unzensiert. Wir würden uns freuen,

wenn wir dadurch ein wenig mehr Verständnis und Interesse an den Lebensumständen dieser Menschen wecken können. Und vielleicht regen wir auch ein bisschen zum Nachdenken über das eigene Leben an …

Noch lange sitzen wir unter dem grenzenlosen Firmament zwischen den Dünen, die von einem hellen Mond in ein fahles Licht getaucht werden, und genießen die Stille der Natur um uns herum. Am nächsten Morgen beobachten wir die unter uns vorbeiziehenden Kamele in ihrer souveränen Art, sich im Sand zu bewegen, und auch die Touristen bei ihren tollpatschigen „Geländewagen-im-Sand-versenken"-Spielen. Und so zerrinnt der Tag ähnlich gleichmütig wie der heiße Sand zwischen unseren Fingern – und es ist gut so. Abends leuchtet unser Lagerfeuer weit hinaus in die scheinbar endlose Weite und wir wärmen uns an den lodernden Flammen, während putzige Wüstenspringmäuse zwischen unseren Beinen umherflitzen und jeden noch so kleinen Krümel finden.

Das Neue lockt uns wieder und so kehren wir nach dem Frühstück den Sand aus unserem „Manni" und ackern uns langsam durch die Dünen hinunter in die weite Ebene. In Al-Mintirib hat uns der Teer wieder und so geht es flott weiter nach Nordwesten, in Richtung Nizwa, in die alte Hauptstadt auf der südlichen Seite des Al-Jabal al-Akhdar-Gebirges. Die Strecke führt über öde Steinplateaus, aus denen immer wieder schroffe Berge herausragen, nur wenige Ortschaften trotzen der rauen Umgebung. Bei Birkat al-Mauz, einem schönen Oasenort mit vielen alten Lehmhäusern, versteckt in einem weitläufigen Palmengarten, in dessen Schutz sogar Bananenstauden gedeihen, erreichen wir die hohen Berge. Hier biegen wir ab und auf einer überraschend gut ausgebauten Straße klettern wir steil hinauf auf das Hochplateau von Sayq, auf dem wir direkt oberhalb einer Abbruchkante in 2.000 Metern Höhe einen exponierten Übernachtungsplatz mit einem herrlichen Blick hinunter zu winzigen Dörfern inmitten waghalsig angelegter Terrassenfelder finden.

Ungewöhnlich früh stehen wir heute auf, um im herrlichen Morgenlicht einen Spaziergang entlang der steilen Abbruchkante zu machen. Weit reicht dabei der Blick hinunter in den zerklüfteten Canyon, der die Plateaus und Berge voneinander trennt, während die aufgehende Sonne mit ihren hellen Strahlen die ersten Dörfer erreicht. Als wir am späten Vormittag wieder langsam über die stellenweise extrem steile Straße nach Birkat al-Mauz hinunterkriechen, kommen uns schon jede Menge Wochenendausflügler entgegen, die den Tag auf dem

weitläufigen Plateau genießen wollen. Da das interessante, kleine Fort in Birkat al-Mauz zurzeit leider geschlossen ist, fahren wir gleich weiter nach Nizwa, der früheren Hauptstadt des Oman. Ein Besuch des großen und mit einer ausführlichen Ausstellung über traditionelles Handwerk der Region toll gestalteten Forts gibt uns die richtige Einstimmung auf diese schöne Stadt, denn morgen lockt hier der bekannteste Viehmarkt des Oman Tausende Besucher von nah und fern an. Und das wollen wir uns natürlich nicht entgehen lassen.

Doch zuerst müssen wir das Problem unseres am Silvesternachmittag gebrochenen Ventils lösen. In einem Vorort von Nizwa finden wir eine kleine Werkstatt, vor der jede Menge Lkw-Reifen herumstehen, also nichts wie hin. Sie haben sogar ein Ventil, das passt allerdings nicht auf unsere Felge. Also wird kurzerhand an unser kaputtes Teil ein Stück mit dem passenden Gewinde beim Nachbarn in der Werkstatt angeschweißt und schon funktioniert es wieder – hoffentlich … Jetzt lassen wir gleich noch den zweiten Ersatzreifen montieren, sodass wir nun hinten die beiden neuen Reifen auf den Felgen haben. So können wir die beiden vorderen vollends abfahren und dann gegen die beiden fast abgefahrenen tauschen, damit dürften wir dann wieder bis nach Deutschland zurückkommen. Die Jungs in der Werkstatt haben schlussendlich sauber gearbeitet und dafür waren die zwanzig Euro dann auch gut angelegt. Zufrieden fahren wir wieder zurück nach Nizwa. Als wir dort so über den Hauptplatz schlendern, treffen wir überraschend Ahmed aus Quriyyat wieder, der sich mit Touristen auf einer Rundreise befindet und diese für heute im Hotel abgeliefert hat. Spontan lädt er uns zum Essen ein und wir gehen gemeinsam mit ihm und einem Freund in ein verstecktes, typisch omanisches Restaurant, wohin sich normalerweise kein Fremder verirrt. Es wird ein leckerer Ausflug in die abwechslungsreiche, traditionelle omanische Küche.

Zum Schlafen parken wir ganz am Rand des großen Hauptplatzes, doch einige Jungs drehen um „Manni" herum auf ihren Mopeds die wildesten Pirouetten und veranstalten dabei einen Höllenlärm. Kaum sind sie damit fertig, kommen nach gefühlten siebzehneinhalb Minuten Schlaf die ersten Bauern mit ihren blökenden Tieren angefahren, um am frühen Morgen die besten Plätze zu ergattern. So fällt es uns nicht allzu schwer, schon vor sieben Uhr aufzustehen, ist doch der Tiermarkt bereits in vollem Gange. Also nichts wie hin zum überdachten Versteigerungsplatz, wo in einem Rundlauf die Verkäufer ihre Tiere lauthals anpreisen, bis sich ein

Interessent bereit erklärt, den geforderten Preis zu bezahlen. Dabei wird jedes der Tiere mit kräftigen Griffen ordentlich geprüft, ob es diesen Preis auch wert ist. Das ganze Spektakel ist ungeheuer lebendig, denn die feilgebotenen Schafe und Ziegen wehren sich zum Teil lautstark gegen ihre Laufstegnummern. Anschließend werden Rinder und Kälber auf die gleiche Weise angeboten und verkauft. So nach und nach verladen dann die neuen Besitzer der Tiere ihre Einkäufe auf unzählige Pickups, versorgen sie noch mit Futterballen und ab geht es ins neue Zuhause.

Nach knapp drei Stunden ist das Schauspiel vorbei und der Platz leert sich wieder. Wir bummeln noch über den alten Souq, den Kleintier- und Geflügelmarkt und einen winzigen, von ausladenden Bäumen geschützten Platz, auf dem Waffen jeglicher Art angeboten und verkauft werden. Es ist eine schon fast mittelalterlich anmutende Szenerie. Gegen Mittag sind wir genauso geschafft wie die verkauften Tiere und machen uns auf den Weg nach Bahla, um dem dortigen gigantischen Lehmfort einen Besuch abzustatten. Dieses zum Weltkulturerbe auserkorene Bauwerk ist seit Kurzem nach einer groß angelegten Restaurierung wieder zugänglich und beeindruckt durch seine enorme Weitläufigkeit. Als wir uns schließlich ein paar Kilometer weiter auf den Parkplatz des historischen Palastes von Jabrin stellen, ist es schon spät am Nachmittag und wir sind froh um die Ruhe an diesem einsamen Ort. Die Wohnburg von Jabrin ist der wohl schönste historische Palast des Oman. Perfekt renoviert und mit vielen alten Gegenständen des täglichen Lebens ausgestattet, zeigt er besonders anschaulich die damaligen Lebensverhältnisse. Wir nehmen uns viel Zeit, um durch die unzähligen Räume, die verwinkelten Gänge und die luftigen Terrassen zu schlendern.

Die nächsten Tage wollen wir im al-Akhdar-Gebirge verbringen und so packen wir nach der Besichtigung zusammen und fahren nach Misfah. Auf dem Weg dorthin müssen wir das erste Mal nach dem Verlassen des Iran zum Nachtanken, was mit achtundzwanzig Cent pro Liter allerdings auch hier sehr moderat ist. Von Al-Hamra schlängelt sich eine schmale und kurvenreiche Straße hinauf nach Misfah, einer herrlich gelegenen Oase direkt an der Steilkante der Berge. Ein ausgiebiger Spaziergang durch den pittoresken Ort, durch die alten Gassen und üppig grünen Palmenhaine zeigt uns das ausgeklügelte Bewässerungssystem der Falajs, das seit Jahrtausenden im Oman praktiziert wird. Es gedeihen Mangos und Bananen und auf den kleinen Terrassenfeldern sind die verschiedensten Gemüsesorten angebaut. Genau gegenüber des in sich verschachtelten Dorfes, auf der anderen Seite des Wadis, finden wir einen tollen Platz mit der perfekten Aussicht auf die Palmenhaine und Gärten von Misfah und das weite Tal von Al-Hamra hinter uns. Und so sitzen wir den ganzen Nachmittag einfach nur da und genießen das herrliche Panorama.

Als die Sonne sich am nächsten Morgen langsam über die scharfen Kämme der Berge schiebt und Misfah in ein helles Licht taucht, sind wir schon wieder draußen auf unserem Panoramaplatz und frühstücken gemütlich. Es ist einfach schön hier. Wenig später rollen wir vorsichtig hinunter, zurück nach Al-Hamra, und von dort weiter hinein in die schroffe Bergwelt. Zwischen dem alten, aufgegebenen und dem neuen Dorf Ghul biegen wir in das Wadi Nakhar ab. Die Piste schlängelt sich zwischen hohen Felswänden und riesigen Steinbrocken hindurch und hinter jeder Biegung begeistert uns eine neue Einsicht in das tief eingeschnittene Wadi, das, je weiter man hineinfährt, zum Grand Canyon des Oman wird. Nach ein paar Kilometern ist jedoch Schluss, ab dem winzigen Dorf Al-Nakhar geht es nur noch zu Fuß weiter.

Wir sitzen gerade beim Kaffee mit einigen Leuten des Dorfes auf einer überdachten Terrasse, auf der selbst gewebte Teppiche in der Sonne ein farbenfrohes Bild zaubern, als Agathe und Henning aus München zu uns stoßen. Wir verstehen uns auf Anhieb prächtig und fahren später gemeinsam mit ihrem Mietjeep zurück zu unserem „Manni", der weiter vorne im Wadi auf uns wartet. Kaum haben sie sich am Nachmittag verabschiedet, steht plötzlich ein Schweizer Landcruiser hinter uns. Carsten und sein zehnjähriger Sohn Cedric sind auf einer

einjährigen Reise und da gibt es natürlich viel zu erzählen. Und ehe wir uns versehen, ist es auch schon wieder fast Abend und wir entscheiden, gemeinsam hier im Wadi Nakhar zu übernachten. In einem Seitental gesellen wir uns zu einem belgischen Geologenpaar, das hier schon sein Zelt aufgeschlagen hat, und schon bald sitzt die ganze Runde um ein großes Lagerfeuer.

Die mit Karsten und Cedric gemeinsam angetretene Rückfahrt durch das tolle Wadi Nakhar unterbrechen wir an einem warmen Wasserstrahl, der aus einem Schlauch oberhalb der Piste sprudelt, um mal wieder so richtig ausgiebig zu duschen, ohne Wasser sparen zu müssen. Zurück auf der Hauptstraße schrauben wir uns langsam immer höher hinauf in das Gebirge, während sich um uns herum immer wieder eindrucksvolle Felswände auftürmen. Irgendwann wird die Straße zur Piste, allerdings zu einer guten, und wir erreichen die letzte Siedlung Al-Kasheem, vor der wir die Fahrzeuge stehen lassen und auf einem schmalen Wanderweg immer weiter in den bis zu 1.000 Meter tiefen Canyon eindringen. Nach einer Stunde Wanderung entlang der gigantischen Steilwände erreichen wir eine verlassene Siedlung inmitten aufgegebener Terrassenfelder, die abenteuerlich direkt oberhalb überhängender Felswände in den Berg gearbeitet wurden. Ein verwachsener Steig bringt uns schließ-

lich zum Einstieg eines Klettersteiges, der sich von hier aus durch die senkrechten Canyonwände zieht. Nach einer kurzen Rast legen wir unsere Sicherungen an und steigen in die perfekte Anlage ein. Zügig gewinnen wir an Höhe, oft führt das Stahlseil ausgesetzt direkt an der Felswand hoch. Viel zu schnell ist das Klettervergnügen jedoch wieder zu Ende, schon eine Stunde später stehen wir oben auf dem 2.000 Meter hohen Plateau. Per Autostopp trampen wir von hier aus zu unseren Fahrzeugen und fahren dann ein kleines Stück auf der Piste zurück zu einem spektakulären Übernachtungsplatz an der Abbruchkante des Canyons. Von dort aus können wir gut 1.000 Meter senkrecht auf das winzige Dorf Al-Nakhar mit dem dazugehörigen Wadi hinunterschauen, wo wir uns gestern erstmals getroffen hatten.

Ein toller Sonnenaufgang weckt uns schon früh und wir verabschieden uns nach dem Frühstück von Carsten und Cedric. An der ersten Gabelung biegen wir in Richtung Jebel Shams zu einem Rundkurs durch die wilde Bergwelt ab. Leider ist der höchste Gipfel des Oman militärisches Sperrgebiet und so müssen wir uns mit einem Blick hinauf zur auf rund 3.000 Meter hoch gelegenen Radarstation begnügen. Die weiterführende, stellenweise arg holprige Piste windet sich in ständigem Auf und Ab durch winzige Bergdörfer und gibt dabei spektakuläre Blicke auf die Schluchten und Felswände frei. Nach einer knappen Stunde treffen wir wieder auf die Haupt-

strecke und kriechen langsam die steilen Serpentinen hinunter ins Wadi Ghul. Dort unten zweigt eine ziemlich schlechte Verbindungspiste ins benachbarte Wadi ab, entlang dem wir weiter zum Dorf al-Ayn fahren, um die rund 5.000 Jahre alten Bienenkorbgräber zu besichtigen. Diese stehen äußerst fotogen wie in einer Kette aufgereiht auf einem niedrigen Bergrücken direkt vor den senkrecht abfallenden Flanken des Jebel Misht. Wir durchqueren die Region des östlichen Hadjar-Gebirges mit ihren bizarren Bergen, die teilweise wie zerfressene Pyramiden aus der Ebene wachsen, bis wir schließlich Yanqul mit seinem mächtigen Fort Bait al-Marah erreichen,

das sich inmitten ausgedehnter Palmengärten versteckt. Direkt am kanonengeschützten Haupttor befindet sich ein kleiner Parkplatz, ein idealer Übernachtungsplatz für uns. Und nach Einbruch der Dunkelheit kehrt auch

sofort eine angenehme Ruhe vor dem alten Gemäuer ein.

Das Fort Bait al-Marah hier in Yangul gefällt uns am besten von allen Anlagen im Oman, denn es strahlt eine ganz besondere Atmosphäre und Ruhe aus. Es ist dezent, aber perfekt restauriert und wir streifen fast den ganzen Vormittag durch seine verwinkelten Räume und Gänge, erklimmen seine Türmchen und Zinnen und sitzen lange im schlichten Innenhof unter dem grünen Blätterdach eines riesigen Baumes. Wir lernen einen jungen Mann kennen, dessen Großvater hier noch residierte, und er erzählt uns viele

spannende Geschichten aus dieser Zeit. Anschließend füllen wir am zentralen Platz des Ortes am Waschbecken einer öffentlichen Toilette mal wieder unsere Wassertanks auf, was natürlich zum spannenden Schauspiel für Dutzende indischer und pakistanischer Neugieriger wird. Die Strecke nach Sohar führt nun durch eine abwechslungsreiche Hügellandschaft und quert dabei unzählige Wadis, bevor die Berge in der Küstenebene sanft auslaufen und das weite Meer in Sicht kommt.

Im schwülen Sohar angekommen, stürmen wir gleich mal den dortigen Carrefour Supermarkt, um uns für die nächsten Tage ordentlich einzudecken, tanken „Manni" auf, relaxen ein wenig am Strand und fahren dann gegen Abend zu dem Hotel, wo wir schon vor vier Wochen so freundlich empfangen wurden, um einen Internet-Kontakt herzustellen. Man freut sich, uns wiederzusehen, und lädt uns gleich mal zum Tee ein. Später am Abend stellen wir uns dann wieder hinter das Hotel, wo wir schlussendlich eine ruhige Nacht verbringen, nachdem eine mehrmals draußen auf der Straße vorbeifahrende und laut hupende Hochzeitsgesellschaft das Brautpaar endlich zur hoffentlich erfolgversprechenden Hochzeitsnacht eskortiert hat.

Da unsere Omanvisa heute ablaufen, müssen wir erst mal raus aus dem Land. Auf der Küstenschnellstraße in Richtung Norden haben wir dann die Grenze auch schon bald erreicht. Bei den Omanis kontrolliert überhaupt niemand etwas und auch bei den Emiratis ist das Einreiseprozedere innerhalb weniger Minuten erledigt. Lediglich die Frage nach der Fahrzeugversicherung – „Hast du eine Versicherung?" – „Ja natürlich, kennst du einen Deutschen ohne Versicherung?" – „Kann ich sie sehen?" – „Habe ich draußen im Fahrzeug, soll ich sie holen gehen?" – „Nein, nein, ist schon okay …" – lässt mich kurz fieberhaft nach einer plausiblen Ausrede suchen, denn die haben wir natürlich nicht …

Der Wind nimmt einstweilen immer mehr zu und weht Sand und Staub über die Straße und durch die Häuserschluchten, sodass die Sicht auf unserer Weiterfahrt stellenweise ziemlich beeinträchtigt wird. Dichte Wolken hängen über den Bergen, als wir Fujairah erreichen, Hauptstadt des gleichnamigen Emirats, die uns mit modernen Hochhäusern empfängt. Weiter geht es vorbei an riesigen Öllagern und entlang einem nie enden wollenden Siedlungsbrei, der sich bis nach Khor Fakkan zieht. Wir passieren einige Nobelhotels und erreichen die Vororte von Dibba, während uns der inzwischen zum Sturm angewachsene Wind den Aufenthalt im Freien vermiest, sodass wir bei geschlossenen Fenstern im „Manni" schwitzen.

Dibba ist eine zweigeteilte, gemütliche Stadt, die sowohl zu den Emiraten als auch zum Oman gehört. Mitten in der Stadt befindet sich dann auch ein gemeinsamer Kontrollposten, an dem jedoch lediglich eine kurze Passkontrolle vorgenommen wird. Und so sind wir also wieder zurück im Oman, auf der Halbinsel Musandam. Der breite Sandstrand im nördlichen Stadtbereich formt eine sichelförmige Bucht, das Meer ist ruhig und ringsherum bilden schroffe Berge einen natürlichen Schutzwall gegen den unangenehmen Wind. Am Nachmittag relaxen wir gemütlich am Ufer und beobachten dabei die Dhaus der Tauchausflügler, wie sie wieder in den kleinen Hafen einlaufen.

Noch vor dem Frühstück lockt das herrlich klare Meer zu einer morgendlichen Erfrischung. Anschließend geht es hinaus aus der kleinen Stadt in Richtung der unpassierbar scheinenden Berge, über die wir versuchen wollen, nach Ras al Khaimah auf der anderen Seite der Halbinsel zu gelangen, denn gestern hatte uns der Grenzposten die Information gegeben, dass dies, entgegen unserer Informationen, möglich sein soll. Die steilen Berge teilen sich überraschenderweise schon bald ein wenig und wir tauchen ein in das Wadi Khabb Ash Shamsi, durch das sich eine gute Piste immer etwas oberhalb des nun trockenen Flussbettes schlängelt. Die Wände links und rechts des Wadis werden immer höher und plötzlich stoßen wir sogar auf ein paar Kletterer, die sich an den eingerichteten Toprope-Routen probieren. Uns reizt es allerdings im Moment nicht, uns an den glatten Sandsteinwänden zu versuchen. An der schmalsten Stelle des Wadis ist der Durchbruch gerade mal noch ein paar Meter breit und die Wände sind eindrucksvoll hoch. Nun steigt das Wadi langsam an und bald darauf haben wir ein Hochtal erreicht, von dem aus die Piste sehr steil in engen Serpentinen die nun folgende Passhöhe auf gut 1.000 Metern Höhe erreicht. Immer wieder sehen wir kleine Hütten, Unterkünfte von Ziegenhirten, die hier mit ihren Tieren

leben. Oben angekommen, eröffnet sich ein großartiges Panorama über den gesamten südlichen Teil der Halbinsel Musandam.

Weit unten im Wadi al-Bih sehen wir schon die Piste in Richtung Norden, an deren Anfang der gemeinsame Militärposten der Emirate und des Oman steht. Und der lässt uns nicht passieren. Alles Reden hilft diesmal nichts, hier müssen wir wieder umkehren, obwohl Ras al Khaimah nur noch wenige Kilometer entfernt ist. Aber da wir insgeheim damit gerechnet haben und die Strecke so schön ist, dass wir sie gerne auch noch mal fahren, sind wir nicht lange gram ob dieser Durchfahrtsverweigerung. So genießen wir erneut die schöne Fahrt durch diese herrliche Gebirgslandschaft, machen eine ausgiebige Rast oberhalb des Wadis und trudeln im Lauf des Nachmittags wieder in Dibba ein, wo wir in einem Strandhotel kurz unsere Mails abrufen und uns anschließend vom pakistanischen Gärtner, der sich natürlich nicht zu protestieren getraut, den Wasserschlauch „ausleihen", um „Manni" mal wieder vom gröbsten Dreck zu befreien.

Da uns unser gestriger Versuch nicht in den Norden Musandams gebracht hat, fahren wir heute eben außen herum. Dazu müssen wir wieder aus dem Oman aus- und in die Emirate einreisen, was hier in Dibba ja ohne jeglichen bürokratischen Aufwand funktioniert. Und so sind wir nach einigen neugierigen Blicken des Kontrollpersonals auch schon durch und auf der Autobahn, die uns entspannt durch die öden Berge bringt. Wir erreichen Ras al Khaimah, die Hauptstadt des gleichnamigen Emirats. An allen Ecken und Enden wird hier gebaut, auch die Durchgangsstraße wird neu geteert, und so zeigt sich die Stadt nicht gerade von einer attraktiven Seite. Langsam schieben wir uns durch die Baustellen, passieren Ar Rams und Khor Khowair, Orte, die im Staub etlicher Zementfabriken versinken. Die ganze Gegend hier ist nicht gerade toll, und wir sind froh, hinter Al Qir den Grenzposten zu erreichen. Bei den Emiratis müssen wir eine Ausreisegebühr berappen und bei den Omanis neue Visa ausstellen lassen. Doch nach etwa einer Stunde ist alles erledigt und wir sind wieder im Oman.

Die Küstenstraße ist erst vor rund dreißig Jahren aufwändig aus den steilen Felswänden herausgesprengt worden, vorher war die gesamte Halbinsel Musandam nur per Boot erreichbar. Kleine Buchten mit weißen Sandstränden und türkisfarbenem Wasser zwängen sich zwischen die senkrechten Wände und die kurvenreiche Straße, eine dieser Buchten nutzen wir für unsere Mittagsrast. Und weil dort mal wieder ein praktisches Toilettenhäuschen steht, werden gleich noch Abwasser und Toiletteninhalt entsorgt und die nötigsten Klamotten gewaschen. Kurz vor Khasab überwindet die aussichtsreiche Strecke noch die steile Landzunge von Ras Shaykh Mas'üd, ehe sie am Strand von Bussa vorbeiführt. Dort stellen wir uns unterhalb der Steilküste ganz vorne ans Wasser, das hier Millionen unterschiedlichster Muscheln abgelagert hat. Draußen vor der Bucht dümpelt ein Dutzend hölzerner Dhaus, dahinter im Dunst tauchen die schroffen Küsten Musandams aus dem tiefblauen Meer auf. Was für ein schöner Platz, hier bleiben wir!

Am Abend kommt ein unangenehmer Wind auf, der den Sand quer über den Strand und natürlich auch an unsere Fenster treibt. Wir entscheiden spontan, direkt auf die Klippen umzuziehen. Als wir am Morgen einen ersten Blick nach draußen über das unter uns von heftigen Böen aufgewühlte Meer wagen, schleicht sich gerade ein riesiges Kreuzfahrtschiff in den kleinen Hafen von Khasab. Na prima, so viel zur Einsamkeit auf der vergessenen Halbinsel … Also machen wir uns auf ins Hinterland, um dem zu erwartenden Rummel zu entgehen. Unser Ziel ist die einzige mit dem Auto zu erreichende Bucht außerhalb Khasabs, eine leidliche Piste soll dorthin führen. Doch es ist auch hier inzwischen eine neue Teerstraße, die durch die Wadis gebaut wurde, uns bequem und schnell bis ans Talende nach Birkat al-Khaldiyah mit seinen unzähligen Akazienbäumen bringt. Mit dieser Straße und dem mitten im Wald aufgestellten Sendemasten verliert dieser ehemals abgeschiedene Platz allerdings jeglichen Reiz.

So fahren wir ein kleines Stück zurück, um auf einer steilen Piste einen windigen Pass zu erklimmen. Oben angekommen, bleiben wir erst mal ehrfürchtig stehen. Wow, was für ein Panorama! Tief eingeschnittene Buchten werden von schroffen Bergen überragt, deren Gipfel sich im glasklaren Wasser spiegeln. Der atemberaubende Anblick erinnert an Fjordlandschaften, wie man sie aus Norwegen kennt. Lange saugen wir diesen Moment in uns auf, bevor wir uns an die steile Serpentinenabfahrt wagen. Lästiges Wellblech lässt nur sehr langsames und vorsichtiges Fahren zu, doch für „Manni" kein Problem. Unten stellen wir uns direkt ans Ufer, das wir lediglich mit sechs netten Jungs aus Kuwait teilen müssen. So sind wir dann auch schnell im überraschend kühlen Wasser, wo uns erste neugierige Meeresschildkröten, elegante Rochen und unzählige, bunte

Fische begleiten. Wir genießen die Abgeschiedenheit und Ruhe, nur ab und zu gleitet ein Zubringerboot zu den wenigen, kleinen Fischerdörfern, die sich in den Fjorden verstecken, durch die Bucht.

Der Entschluss ist schnell gefallen, wir bleiben ein paar Tage hier. Als die Jungs aus Kuwait ihre Zelte abbrechen und uns zum Abschied noch eine ganze Tüte mit nicht aufgebrauchten Lebensmitteln schenken, sind wir zusätzlich bestens versorgt und auch erst mal ganz alleine am Strand. Doch die Badefreuden halten nur bis Mittag an, dann fegt plötzlich ein scharfer Wind zwischen den hohen Felswänden durch und der bringt sofort dichte Bewölkung und kühle Temperaturen. Innerhalb von nur wenigen Minuten wechseln wir also vom Badedress zur Fleecejacke, während bereits weiße Schaumkronen auf dem aufgewühlten Meer tanzen.

Wolkenloser Himmel lässt uns den Vormittag noch am Wasser verbringen, doch dann sind wir wieder bereit für Neues. „Manni" ackert sich die steilen Serpentinen nach oben, während wir noch mal die Aussichten auf die herrliche Landschaft weit unter uns genießen. Nach ein paar Kilometern auf der neuen Teerstraße biegen wir auf die Piste nach Süden, ins Kerngebiet von Musandam, ab. Anfangs geht es noch entlang des breiten Talbodens, doch schon bald verengt sich das Tal bis auf wenige Meter und die steinige Straße schraubt sich steil am Wadirand bergauf. Durch riesige, herabgestürzte Gesteinsbrocken, ausgewaschene Felswände und bedrohlich wirkende Überhänge schlängelt sich die gute Piste schließlich bis auf über 1.600 Meter nach oben. Wir passieren versteckte Hütten der hier ansässigen Hirten und queren das Plateau von Sayh mit seinen grünen Feldern und Palmengärten. Als wir die Passhöhe unterhalb des höchsten Gipfels von Musandam, dem Jebel Harim mit gut 2.000 Metern, verlassen, bietet sich uns ein toller Blick hinunter auf das Wadi al-Bih. Auf einem das weite Tal teilenden Bergrücken entschwindet die Bergpiste in der Ferne, kleine Dörfer mit unerreichbar scheinenden Terrassenfeldern kleben buchstäblich an den bis zu 1.000 Meter senkrecht abfallenden Wänden. Wir fahren noch ein Stück hinunter in diese Canyonlandschaft und entscheiden uns für ein kleines Plateau als Übernachtungsplatz. Und als wenig später die Sonne hinter den sich vor uns aufbauenden Gebirgsketten verschwindet und die langen Schatten der hereinbrechenden Nacht die Täler weit unter uns verdunkeln, da erkennen wir den herben Reiz dieses so abgeschiedenen Landstrichs erst so richtig. Empfindlich kalt wird es sogleich, wir lösen uns von der eindrucksvollen Bühne der Natur und verschwinden in der wohligen Gemütlichkeit unseres „Mannis".

Als die Sonne die zerklüfteten Flanken der spröden Berge Musandams mit ihren hellen Strahlen erweckt, erfreuen wir uns lange, im warmen Bett liegend, an den herrlichen Eindrücken, die uns unser exponierter Übernachtungsplatz anbietet. Erst die ansteigende Wärme des erwachten Tages lässt uns unser gemütliches Nest verlassen und wir starten zur langsamen Rückfahrt, da uns der Weiterweg nach Süden natürlich auch von dieser Seite durch den im Tal befindlichen Militärposten verwehrt bleibt. Nach 1.400 teilweise steilen Höhenmetern erreichen wir wieder das breite Wadi am Talboden und auf der neuen Teerstraße sind wir auch schon gleich in Khasab. Dort werden im für uns leider abgeriegelten Hafen soeben unzählige iranische Schmugglerschnellboote mit tonnenweise Elektronikartikeln und amerikanischen Zigaretten beladen, die nach der Querung der Straße von Hormuz versuchen, im Pulk den iranischen Behörden ein Schnippchen zu schlagen, um mit ihrer begehrten Fracht unbemerkt an Land zu kommen. Kurz vor Bukha setzen wir uns an einem schönen Sandstrand noch ein bisschen in „Mannis" Windschatten, bis vor uns eine glutrote Sonne am Horizont langsam im Meer versinkt. Es ist ein passender Abschluss unserer Tage hier im Oman …

Oman – allein der Name klingt nach orientalischem Märchen, nach wogenden Sanddünen, durch die Kamelkarawanen mit eleganten Schritten zu dattelpalmbestückten Oasen streben, nach verwinkelten Souqs, in deren schmalen Gassen ein exotisches Gemisch aus Weihrauch und fremden Gewürzen wabert. Geheimnisvoll verschleierte Frauen huschen hinter verdeckten Fenstern, in deren verspieltem Schnitzwerk sich das Licht der heißen Sonne bricht, und weißgewandte Männer lenken souverän die Geschicke des alltäglichen Lebens. All das fanden wir tatsächlich auch heute noch im Oman. Doch ist auch hier inzwischen die Moderne eingezogen, statt Kamelen flitzen meistens japanische Pickups zwischen den Dörfern hin und her, die Oasengärten sind längst nicht mehr die Hauptversorgungsquelle der Menschen, einkaufen geht man lieber in klimatisierten Supermärkten, die verschleierten Frauen fahren Auto und sitzen am Computer, nur das mit den weißgewandten Männern hat auch heute noch uneingeschränkte Gültigkeit. Der Spagat zwischen Tradition und Zukunft gelingt dem Land sehr gut, man findet keine Wolkenkratzer wie in den Emiraten, die jedes urbane Bild neu gestalten, jede Stadt fügt sich gewachsen in ihre natürliche Umgebung ein. Das Leben geht einen sehr beschaulichen Gang, Alltagssorgen sind eigentlich unbekannt, die Versorgung ist perfekt, die Einkommen gut, soziale Probleme werden sofort gelöst.

Doch ein – modernes – orientalisches Märchen? Nicht ganz, denn vieles geht trotzdem verloren auf dem schnellen Weg in die Zukunft. Aber das stört nur uns, die Reisenden, die mit einer bestimmten Vorstellung hierherkommen. Man setzt ganz bewusst auf den Tourismus und der verändert ein Land, eine Kultur, eine Tradition immer am nachhaltigsten, das wissen wir alle, die wir aufmerksam unterwegs sind, aus eigener Erfahrung. Bleibt zu hoffen, dass es noch ein Weilchen andauert, das orientalische Märchen …

Das Reisen an sich ist im Oman extrem entspannt. Die Infrastruktur ist perfekt, ein effizientes Straßennetz sorgt für stressfreies Fortkommen, riesige Supermärkte verleiten zu übertriebener Vorratshaltung, herrliche Übernachtungsplätze laden zum Verweilen in der Natur oder selbst in den Städten ein. Nie gab es Probleme mit einem Stellplatz, wir waren immer und überall sehr gerne gesehen. Die Menschen sind überaus freundlich, ständiges Nachfragen nach unserem Befinden und das Angebot, sich bei Problemen jederzeit telefonisch melden zu dürfen, zeugen von echtem Interesse, dass es uns immer gut geht. Die Geschlechtertrennung im täglichen Leben verhindert allerdings in der Regel persönliche Einladungen in private Bereiche, nur selten öffnen sich im arabischen Raum diese Türen wirklich. Doch dies tut dem gesellschaftlichen Kontakt keinen Abbruch.

Die Natur zeigt sich für ein Wüstenland überraschend vielfältig. Türkisfarbenes Wasser an kilometerlangen Sandstränden, schroffe Berge, durch die reißende Flüsse weite Wadis und tiefe Canyons gegraben haben, unendlich erscheinende Sanddünen, die sich zu unüberwindbaren Barrieren auftürmen, Palmenoasen, in denen exotische Pflanzen und Früchte üppig gedeihen. Doch manchmal bedrohen gigantische Wassermassen diese paradiesischen Flecken, reißen schmutzige Fluten ganze Landstriche mit sich fort. Es ist also Vorsicht geboten, die Unbeschwertheit kann sich schnell zur Katastrophe wandeln.

20. Januar 2013 – 21. Februar 2013 – Vereinte Arabische Emirate, Saudi-Arabien

„Glitzerwelt im Wüstensand …"

Wir verlassen unseren schönen Übernachtungsplatz und sind auch schon gleich an der Grenze. Der omanische Posten ist nicht mal besetzt und die Einreise in die V. A. E. ist binnen weniger Minuten erledigt. Jetzt sind wir bereits zum dritten Mal in den Emiraten, diesmal allerdings für eine längere Zeit, nicht nur für den Transit. Leider ist es nun erst mal vorbei mit Traumküste, denn Industriestandorte und Städte wechseln sich ohne Unterlass ab. Wir passieren die Scheichtümer Ras al Khaimah, Umm al Qaiwain und Ajman, wo uns eine erste Hochhausskyline begrüßt, und erreichen am Nachmittag Sharjah, die Schwesterstadt von Dubai, und unseren damaligen Ankunftshafen aus dem Iran kommend. Sharjah ist mit seiner Wolkenkratzerdichte schon ein richtiger Vorgeschmack auf Dubai, doch wir lassen die City zügig hinter uns und fahren hinaus zur Al Mamzar Lagoon, einer schönen Parkanlage mit weiten Stränden in gebührendem Abstand zur gläsernen Skyline. Dort stellen wir uns auf einen der vielen Parkplätze und genießen die sich am Horizont abzeichnende Silhouette der City von Dubai mit dem alles um ein Vielfaches überragenden „Burj Khalifa", dem mit 828 Metern Höhe höchsten Gebäude der Welt. Und als kurze Zeit später die Sonne wieder mal als glutroter Ball zwischen den Palmen der Promenade und den in einiger Entfernung verschwimmenden Riesengebäuden versinkt, da freuen wir uns doch tatsächlich mal ein wenig auf eine Großstadt …

Schemenhaft zeichnen sich die gläsernen Fassaden von Sharjah Downtown hinter uns im Nebel ab, vor uns herrscht morgendliche Ruhe an der Al Mamzar Lagoon. Wir nähern uns dem Zentrum von Dubai durch den Stadtteil Deira östlich des Creeks, dem Flusslauf, an dem die Stadt einst gegründet wurde. Ein kurzer Tunnel, dessen Passierverbot für Fahrzeuge über zweieinhalb Tonnen von uns geflissentlich übersehen wird, bringt uns auf die westliche Seite, auf der wir uns nun unauffällig in die wiederum mit Lkw-Fahrverbot belegte City schwindeln, um das dort angesiedelte Botschaftsviertel zu stürmen. Angenehmerweise befinden sich nahezu alle Auslandsvertretungen im selben Stadtteil, was die für die nächsten Tage anstehende Botschaftsrallye spürbar erleichtert. Unsere erste Station ist das jordanische Konsulat, auf dem wir innerhalb einer halben

Stunde völlig problemlos unsere benötigten Visa in den Pass gestempelt bekommen. Um dorthin zu kommen, müssen wir allerdings durch Saudi-Arabien, für das man, wenn überhaupt, nur ein dreitägiges Transitvisum bekommt, um damit rund 2.000 Kilometer abzuspulen, denn sie wollen eigentlich keine nichtislamischen Touristen in ihrem Land. Also weiter zu den Saudis, ordentlich eingekleidet und Conny zusätzlich mit strenger Kopfbedeckung ausgestattet, mit dem notwendigen jordanischen Visum, Passbildern und einer Handvoll Dollars. Und dort gibt es erst mal einen herben Rückschlag: „Salam Aleikum, wir würden gern ein Transitvisum für die Fahrt durch Saudi-Arabien beantragen." – „Sind Sie ‚Residents' hier in den Emiraten?" – „Nein, wir sind Touristen und möchten gern zurück nach Europa fahren. Das Jordanienvisum haben wir bereits im Pass." – „Also, für ‚Non-Residents' stellen wir keine Transitvisa aus, das müssen Sie in Ihrem Heimatland beantragen." – „Ja, aber da wollen wir doch hin, und ohne Transitvisa kommen wir doch gar nicht in unser Heimatland." – „Das ist nicht unser Problem." – „Ja, und was machen wir jetzt?" – „Sie können ja in einem kurzen Brief Ihr Anliegen schildern, den schicken wir dann nach Riyad und die entscheiden dann …" – „Und wie lange kann das dauern?" – „So zehn Tage …" Unsere langen Gesichter fallen dem sudanesischen Pförtner beim Verlassen der Botschaft auf und er rät uns, dass wir uns in unserer Botschaft ein Empfehlungsschreiben besorgen sollten, das würde die ganze Sache beschleunigen und die Chancen deutlich erhöhen. Also nichts wie hin zu unserer eigenen Auslandsvertretung: „Guten Tag, wir hätten gerne ein Empfehlungsschreiben für die Saudi-Botschaft, damit wir unser Transitvisum leichter bekommen." Die Dame an der Eingangstür bittet uns nicht einmal herein. „Also, das machen wir schon seit Längerem nicht mehr, da kann ich Ihnen leider nicht weiterhelfen." – „Aber warum denn nicht, wo ist denn da das Problem? Können wir mal bitte mit dem zuständigen Beamten sprechen?" – „Nein, das geht jetzt nicht, die Bürozeiten sind schon vorbei." – „Aber es ist doch erst 15:00 Uhr? Können wir da nicht noch …?" – „Nein, das geht so nicht. Da müssen Sie hier anrufen, dann können Sie mit jemandem sprechen." – „Aber – ich bin doch jetzt schon hier …?" – „Nein, das geht nur telefonisch …" Und dafür zahlen wir nun brav unsere Steuern! Ziemlich ratlos setzen wir uns erst mal an den Strand und lernen Christine aus Frankreich kennen, die alleine mit ihren Kindern Julie und Thomas für ein Jahr mit dem Wohnmobil unterwegs ist. Wir verabreden uns lose für einen der nächsten Tage, bevor wir nun zu Carmen und Stephan und ihren drei Kindern Anna, Lisa und Leon fahren, die seit zehn Jahren hier in Dubai leben. Der Empfang dort ist unglaublich, obwohl wir uns bis dato gar nicht persönlich kannten, sondern nur über unser Allrad-Lkw-Forum Kontakt hatten, und wir werden so richtig verwöhnt mit einem herrlichen Abend am beleuchteten Pool, mit heimatlichen

Schmankerln und leckerem Rotwein. Viel Arbeit wartet auf uns und das nach einer langen Nacht mit wenig Schlaf und einer nicht mehr gewohnten Rotweinmenge. Doch es hilft nichts, wir müssen das Saudi-Problem angehen. Wir schreiben den geforderten Brief, schicken zusätzlich eine Visaanfrage an die Botschaft nach Abu Dhabi und kontaktieren einen im Oman kennengelernten Iraner, der in Saudi-Arabien lebt und arbeitet und der uns angeboten hat, uns zu helfen, falls wir eben in diesem Fall Probleme hätten. Zwischendurch beantworten wir unsere aufgelaufenen Mails, skypen mit zu Hause und erfahren, dass uns Connys ehemaliger Chef und lieber Freund David mit seiner Frau Alya für eine Woche hier in Dubai besuchen kommen werden. Diese tolle

Nachricht hebt unsere Stimmung natürlich sofort wieder in den Himmel und die Saudis können uns für den Rest des Tages gestohlen bleiben. Zur Entspannung spazieren wir noch entlang der Strandpromenade zum berühmten Burj-al-Arab-Hotel, dessen stilisierte Segelfassade jeden Prospekt von Dubai ziert. Und schon ist der Tag wieder rum. Nach einem gemeinsamen Abendessen fahren wir mit Stephan noch in den riesigen Dragonmarket außerhalb der Stadt, wo es auf anderthalb Quadratkilometer Verkaufsfläche tonnenweise chinesischen Importschrott gibt, den eigentlich kein Mensch auf dieser Welt braucht,

um Lampions für den anstehenden Kindergeburtstag von Anna zu besorgen. Die anschließende nächtliche Rückfahrt durch Downtown gibt uns dann einen ersten hautnahen Eindruck dieser gigantischen City.

Ein erster Lichtblick in Sachen Transitvisa erhellt unsere Gemüter. Auf der Saudi-Botschaft erwischen wir an einem der Schalter einen hohen Mitarbeiter der Behörde, als wir das vorbereitete Schreiben abgeben wollen: „Salam Aleikum, was kann ich für Sie tun?" – „Ich habe hier ein Schreiben mit unserem Anliegen für ein Transitvisum. Man hatte uns gestern gesagt, wir sollen dies aufsetzen, und das würde dann nach Riyad geschickt werden zur Entscheidung." – „Zeigen Sie mal her. Warum wollen Sie denn durch unser Land fahren?" – „Nun, das ist im Moment für uns der einzige Weg, wieder nach Hause, nach Europa, zu kommen." – „Kennen Sie sich denn aus auf unseren Straßen? Wissen Sie, wie Sie fahren müssen?" – „Na klar, wir haben eine Karte und wir wissen, wo wir entlangmüssen." – „Und Sie wissen auch, dass Sie für die ganze Strecke nur drei Tage Zeit bekommen? Und Ihre Frau darf in unserem Land nicht Auto fahren." – „Ja, das weiß ich alles …" Er nimmt unser aufgesetztes Schreiben und schreibt in für uns nicht lesbaren arabischen Lettern eine Notiz darauf. „So, damit gehen Sie jetzt zur Visaagentur hier gleich um die Ecke, die erledigen das dann für Sie. Gute Reise …" Völlig überrascht und noch etwas ungläubig machen wir uns auf den Weg zur angegebenen Adresse. Dort empfängt uns ein dicker Sudanese mit einem breiten Grinsen im Gesicht. „Hello Mister, alles klar?" – „Das wissen wir noch nicht so genau, wir sollen uns hier einfinden wegen unseres Saudi-Transitvisums." Ich reiche ihm den von der Botschaft kommentierten Brief und er ruft überrascht: „Mann, da hast du ja ein ganz hohes Tier erwischt!" – „Ja, und was steht da jetzt?" – „Da steht, dass dir dein Visum genehmigt wurde! Wir sollen es für dich beantragen und in vier Tagen kannst du es abholen." Mit lautem Rumpeln fallen uns Dutzende zentner-schwerer Steine vom Herzen … „Insha' allah …"

Nach der Erledigung unserer Visaangelegenheiten wollen wir uns mal einen intensiveren Eindruck von Dubai-City verschaffen. Und das geht am besten per Fahrrad, denken wir. So kommen unsere Räder auch mal wieder ans Tageslicht und wir bewegen dabei die eingerosteten Knochen. Also starten wir am späten Vormittag entlang der Küstenstraße, meist sogar auf einem richtigen Radweg, bis wir das alte Stadtzentrum am Creek erreichen. Wir schlendern durch den auf alt getrimmten Souq, teilen uns die Gassen mit den Touristenladungen vier verschiedener Kreuzfahrtschiffe und radeln gemütlich den Creek entlang. Auf dieser Wasserstraße, die flankiert wird von den gläsernen Fassaden der modernen Welt, tummeln sich noch viele hölzerne Dhaus sowie eine

Unzahl winziger Taxiboote, die zwischen den Ufern hin und her pendeln. „Hello Mister, Entschuldigung, darf ich ein Foto von euch machen?" Ausländische Radfahrer scheinen hier auf Dubais Straßen einen gewissen Hauch von Exotik auszustrahlen. Oft werden wir gebeten, für ein Erinnerungsbild Modell zu stehen. Unser Weiterweg durch die eigentliche City wird etwas erschwert von vielspurigen Schnellstraßen, doch wir finden immer wieder fahrradtaugliche Möglichkeiten, die uns das Überleben sichern. Besonders eindrucksvoll ist es, zwischen den gigantischen Wolkenkratzern entlang der sechzehnspurigen Sheikh Zayed Road zu fahren. Dabei radeln wir auf dem breiten Bürgersteig, sodass wir immer die Anfahrtszonen der nobelsten Hotels mit ihren illustren Gästen und deren exquisiten Sportwagen queren. Den verwunderten Blicken der Portiers und den Gästen nach zu urteilen, scheinen jedoch wir das eigentlich Außergewöhnliche dabei zu sein …

Eine der größten Shopping Malls der Welt ist die Dubai Mall, direkt am Burj Khalifa. Wir „müssen" fast dorthin, denn Hosen und Sandalen sind am Ende und wir benötigen dringend Ersatz. Also machen wir uns gegen Mittag auf ins Einkaufsparadies. Diese Mall bietet neben dem Einkaufsvergnügen eines der größten Aquarien der Welt mit Haien, Rochen und Hunderten anderer Fische aus der Region, die man während des Bummelns durch die Geschäfte beobachten kann. Eine riesige Eislaufhalle lädt zum Wintervergnügen ein und sorgt für Abkühlung, falls es zu warm werden sollte. Vor der Mall und dem Burj Khalifa sind unzählige Wasserstraßen, künstliche Seen und kleine Kanäle um die Plätze mit den Cafés und Restaurants angelegt. Zweimal am Tag verzaubern dort elegante Wasserspiele, untermalt mit arabischen Klängen, die Besucher. Ein äußerst edles Hotel im orientali-schen Stil komplettiert das Arrangement, jedes zweite Fahrzeug vor dem Eingang kommt aus einer der edlen italienischen Sportwagenschmieden. Die Fülle des Angebots aus über 1.200 Geschäften überfordert uns sichtlich, unsere geistige Aufnahmefähigkeit nimmt proportional zur Höhe des Burj Khalifa rasant ab und so torkeln wir schließlich kaufrauschgeschädigt von dannen.

Heute Früh erreicht uns die für uns im Moment wichtigste Nachricht – es hat tatsächlich geklappt, wir haben die Transitvisa für Saudi-Arabien in unseren Pässen! Damit steht einer Weiterreise nichts mehr im Weg. Unsere Erleichterung ist riesig, denn im Falle der Nichterteilung hätten wir noch mal den Weg über den Iran nehmen müssen, und das wäre jetzt im Winter nicht so prickelnd gewesen. Und als wir so vor unserem „Manni" am Strand sitzen, biegt plötzlich ein großer, weißer Lkw um die Ecke und hält direkt neben uns: „Ja Servus miteinander, habt's noch ein Platzerl frei für uns?" Was für eine Überraschung! Es sind Tina und Klaus, ebenfalls wie wir in einem MAN rund um die Welt unterwegs und gerade auf ihrem Weg nach Afrika. Seit einigen Monaten

fahren wir schon in einigem Abstand hintereinanderher und hatten dabei regelmäßig Kontakt über Mail. Jetzt sprudeln natürlich die Erlebnisse der letzten Monate und wir freuen uns alle, dass es mit unserem anvisierten Treffen doch noch geklappt hat. Und wie wir so um unsere Tische sitzen, hält plötzlich ein Emirati neben uns: „Salaam, ihr habt ja tolle Gefährte hier, kommt ihr aus Deutschland?" Wir erfahren, dass er schon öfter in Rosenheim war und auch Bad Tölz kennt. Und er lässt es sich nicht nehmen, uns eine Stunde später eine riesige Platte feiner iranischer Speisen vorbeizubringen. Kaum sind wir mit dem reichhaltigen Abendessen fertig, stößt auch noch Christine mit ihren Kindern zu uns. Und so füllt sich der Strand so langsam mit Travellern …

„Hi, Guys, schön euch hier zu treffen, ihr habt ja ein tolles Auto, ist das ein Camper?" Wir stehen auf einem Supermarktparkplatz und verstauen gerade unsere Einkäufe, als uns Ahmed anspricht. „Wir eröffnen heute unsere neue Autowerkstatt, gleich hier um die Ecke, habt ihr Lust, dabei zu sein? Euer Auto wäre ein toller Blickfang für die eingeladene Presse und es kommen auch eine Menge interessanter Leute. Und ein Buffet gibt es auch …" Na, so ein Angebot lassen wir uns doch nicht entgehen und so fahren wir ein wenig später zur angegebenen Adresse, wo wir die herausgeputzte Werkstatt auch gleich finden. Reichlich Krawattenträger und Pressemenschen wuseln schon umher, als wir uns in den engen Innenhof drängen. Jetzt bekommt „Manni" aber erst noch eine ordentliche Wäsche verpasst, damit er später auf den offiziellen Fotos auch eine gute Figur macht. Und schon ist er natürlich der Mittelpunkt des Geschehens, jeder Neuankömmling schleicht sofort um seine imposante Erscheinung in der blank geputzten Halle. Wir nutzen die Zeit, um uns am reichhaltigen Buffet ordentlich zu versorgen, und bieten anschließend so manche Führung durch unser mobiles Heim. „Hi, ich bin Emil, ich wohne in Abu Dhabi und würde euch gerne einladen, mit meiner Familie und unseren Freunden ein Wochenende zu verbringen." Und schon haben wir den nächsten Event auf unserem Zettel …

Ein verregnetes Wochenende erinnert uns spontan an längst vergessene Szenarien zu Hause. Immer wieder trommeln die schweren, nassen Tropfen träge auf „Mannis" Dach und erinnern uns daran, dass es auch noch was anderes als Sonnenschein gibt. Unseren Informationen zufolge regnet es in Dubai jährlich an ungefähr drei Tagen und so tanzen die Menschen hier schon fast auf den Straßen ob der Begeisterung über diese Wetterkapriolen. Es dauert nicht lange und die Sonne lacht wieder vom fast wolkenlosen Himmel, doch der heftige Sturm, der das schlechte Wetter wohl erfolgreich vertrieben hat, bläst den Sand durch alle Ritzen und die Kite-Surfer über die Wellen. Wir nutzen den herrlichen Tag, um auf „The Palm Jumeirah", einer künstlich aufgeschütteten Insel in Form einer Palme, zu fahren. Hier entsteht in schicken Villen und ansprechenden Hochhäusern Wohnraum für rund 300.000 Menschen. Luxuriöse Hotels säumen die Seaside, von denen das berühmte „Atlantis" den Vogel abschießt. Eines der größten Aquarien der Welt, ein einmaliges Delphinarium und Suiten zum Übernachtungspreis eines besseren Gebrauchtwagens bieten hier den Eintritt in eine andere Welt. Alles sehr eindrucksvoll, aber unerschwinglich für unsereins. Dafür genießen wir von hier draußen einen tollen Blick auf die Skyline von Dubai, während der immer noch heftig tobende Sturm riesige Wellen anrollen lässt, die sich

in haushohen Gischtwolken über die Promenade ergießen. „Manni" ist anschließend ganz schön eingesalzen, es steht uns also kurzfristig mal wieder ein Waschtag ins Haus. Zurück an unserem Übernachtungsstrand ist an einen angenehmen Aufenthalt nicht zu denken, da wir kein Fenster öffnen können, ohne dass sich eine Sanddüne in der Küche breitmacht. So verstecken wir uns für heute Nacht zwischen den Häusern der Siedlung hinter uns.

Der bereits angekündigte Besuch aus der Heimat ist da! Unsere Freunde Alya und David überraschen uns mit einer spontanen Urlaubswoche und die gemeinsamen Tage vergehen wie im Flug. Als sie wieder in das Wintergrau zurückfliegen, geht es auch für uns endlich weiter. Nach einem letzten Bad im Meer, einem gemütlichen Frühstück an unserem Strand und herzlichen Umarmungen mit Tina und Klaus fahren wir auch noch bei Carmen und Stephan vorbei, um uns von ihnen ebenfalls zu verabschieden und uns vor allem für die tollen gemeinsamen Abende zu bedanken. Noch ein kurzer Bremsencheck bei unseren Freunden in der Werkstatt, dann geht es endgültig auf die Autobahn nach Abu Dhabi. Bis zu sieben Spuren pro Richtung lassen den Verkehr angenehm fließen und so erreichen wir am späteren Nachmittag die der Stadt vorgelagerte Insel Yas Island, wo wir einen netten Platz direkt am Strand finden.

Unser morgendlich verschlafener Blick aus dem Schlafzimmerfenster gleitet über vereinzelte Mangrovengewächse, die von der morgendlichen Ebbe freigegeben wurden, das Meer lockt verführerisch von Türkis bis Dunkelblau, und Millionen winziger Spiralmuscheln leuchten in der fahlen Sonne. Wäre alles wunderschön, wenn da nicht mein rechtes Ohr verrücktspielen und mich mit unangenehmen Schmerzen quälen würde. Also spielen wir erst mal HNO-Doktor: „Nimm eine unserer Einwegspritzen, mach ein wenig Wasser warm und spritz mir dieses dann so lange ins Ohr, bis sich die Verklebungen lösen." – „Aber das habe ich doch noch nie gemacht. Das tut doch weh!" – „Quatsch nicht, das macht der Doktor auch immer so ähnlich, kann also nicht so falsch sein. Also los!" – „Oh je, das trau ich mich nicht. Aber wenn du meinst …" – Conny legt also los und spült mir mit einer Einwegspritze literweise warmes Wasser durch den Gehörgang. Und es hilft tatsächlich …

Vorbei an der Formel-1-Strecke und der gigantischen Ferrari-World nähern wir uns der im Dunst auftauchenden Skyline der Hauptstadt der Emirate. Eine neue Brücke bringt uns direkt an die Corniche, die palmenbestückte Promenade entlang des Persischen Golfes. Üppiges Grün, in allen Farben leuchtende Blumenpracht, ein schneeweißer Strand und ein glasklares, fast schon karibisches Wasser prägen diese Uferstraße – und das alles mitten in der Stadt. Wir fahren auf eine der künstlich aufgeschütteten Wellenbrecherinseln, die diese Idylle bei allzu großen Unwettern schützen, und stehen nun direkt gegenüber der Skyline. Hier promenieren die jungen Emiratis mit ihren Superboliden in einem ständigen Auf und Ab vorbei an schüchtern kichernden, aber züchtig verschleierten Mädels. Die pausenlos vorbeiblubbernden Acht- und Zwölfzylinder übertönen sogar das sanfte Rauschen der leicht an das Ufer laufenden Wellen und wir entscheiden, zum Übernachten doch noch den Standort zu wechseln.

Die Sheikh Zayed Moschee ist die drittgrößte der Welt und diese steht seit einigen Jahren hier am Stadtrand von Abu Dhabi. Schon von Weitem leuchtet der schneeweiße Komplex in der hellen Sonne, verspielt recken sich die Minarette in den blauen Himmel, ducken sich unzählige Kuppeln unter deren Spitzen. Klare Wasserbecken und

auflockernde Blumenarrangements, arabeskenverziertes Mauerwerk und filigrane Säulengänge geben dem Ganzen ein souverän-elegantes Erscheinungsbild. Tausende Besucher aus aller Welt schlendern über den größten handgeknüpften Teppich, der je hergestellt wurde, lassen sich einfangen von der schieren Größe des Gebäudes. Natürlich ist sie modern, doch das perfekte Zusammenspiel von nüchtern-klaren Linien und verspielter, arabischer Ornamentik schafft eine beruhigende Harmonie. Nur ein bisschen viel Mensch stört die Atmosphäre …

Auf dem Parkplatz vor der Moschee treffen wir zufällig Christine mit ihren beiden Kindern wieder, sie sind auf dem Rückweg nach Dubai. Wir dagegen machen uns auf den Weg zu Emil und seiner Familie, die hier in einem Vorort von Abu Dhabi leben und uns vor ein paar Tagen bei der Werkstatteröffnung in Dubai eingeladen haben. Sie freuen sich riesig, dass wir tatsächlich vorbeikommen. Es ist Wochenende und es steht ein Barbecue mit Freunden irgendwo mitten in der Wüste östlich von Abu Dhabi an. Während Emils Frau Marga tonnenweise Lebensmittel bunkert, belädt Emil den Trailer mit Sandspielzeug. Das sind hier allerdings nicht Schaufel und Förmchen, sondern Hochleistungsbuggy und Quads, mit denen sogar schon die vierjährige Alissa und vor allem der achtjährige Dimo über die endlosen Dünen sausen.

Gegen Mittag geht's also auf die Autobahn und wir fahren schon mal vor, denn wir sind ja deutlich langsamer unterwegs. Wir wundern uns, dass uns immer wieder Autos mit Menschen, die uns freudig zuwinken, überholen, doch als wir den vereinbarten Treffpunkt, eine Autobahnraststätte, erreichen, treffen wir diese alle wieder. Es sind alles Teilnehmer unseres geplanten Barbecues in der Wüste, die schon unterwegs von Emil und Marga über uns informiert wurden. Nun biegen wir bei Al Khaznah mit schließlich rund fünfzehn Fahrzeugen ab nach Norden durch die ersten sich an der Straße aufbauenden Sanddünen. Bald schon wird die Straße zur Piste, die wir schließlich, nach allgemeinem Reifendruckablassen, in spannendem Auf und Ab hinein in die faszinierende Landschaft der Wüste verlassen. Schnell erreichen wir den anvisierten Campground in einer kleinen Senke zwischen steil aufragenden Sandbergen und sofort werden die „Spielzeuge" für Groß und Klein startklar gemacht. Während die meisten sich nun mit teils halsbrecherischen Manövern ihren Kick holen, sitzen wir gelassen auf einer hohen Düne und beobachten das Spektakel. Gegen Abend, als die ersten Geschwindigkeits-räusche befriedigt sind, trifft sich die aus dreizehn Nationen bestehende Mannschaft am lodernden Feuer. „Lasst mal euer Zeugs im Kühlschrank, wir haben mehr als genug dabei." Grills werden belegt, kaltes Bier und leckerer Rotwein machen die Runde und im Nu ist die halbe Nacht verquatscht.

Nach und nach schälen sich die müden Geister aus den Schlafsäcken, die ersten Motoren heulen auch die letzte Schlafmütze aus den Träumen, der Teekessel hängt über dem Lagerfeuer und die ersten Pancakes werden verteilt. Das Lagerleben ist herrlich entspannt, auch wenn so langsam nebenbei schon wieder zusammenge-

packt wird. Wir sind so ziemlich die Letzten, die das Camp verlassen, wir wollen noch zum Festival von Sweihan, von dem uns Christine vor zwei Tagen erzählt hat. Kurz vor Al Ain biegen wir ab nach Norden und finden den Festplatz etwas außerhalb der kleinen Wüstenstadt. Wir haben Glück, es ist der Abschlusstag des Festivals mit dreizehn angesetzten Kamelrennen am Nachmittag. Sofort werden wir von zwei Offiziellen begrüßt: „Herzlich willkommen bei uns in Sweihan, bitte seid heute unsere Gäste." Als wir auf die Tribüne kommen, werden uns Plätze in der ersten Reihe angeboten, mit weich gepolsterten, roten Sesseln, edlen Pralinen und kalten Geträn-ken. Und natürlich alles zum Nulltarif …

Und schon geht die Hatz auch los, pro Rennen sind rund zwanzig Kamele mit meist jugendlichen Jockeys unterwegs, die sich in einer riesigen Staubwolke, neben der Rennbahn von ihren Besitzern im Geländewagen begleitet, dem direkt vor uns befindlichen Ziel nähern. Unter lautstarken Anfeuerungsrufen hecheln die eleganten Tiere erschöpft in den Zielraum, manche haben unterwegs auch ihren Jockey verloren. Wir finden einen Durchschlupf hinter die Kulissen, befinden uns plötzlich inmitten aufgeregter Tiere, verschwitzter

Jockeys und lautstark gestikulierender Besitzer. Keiner kümmert sich um uns und so können wir unbehelligt die exotische Szenerie erleben. „Bonjour, ich bin Laurence, ich arbeite in der französischen Botschaft in Abu Dhabi, und das hier ist mein lieber Freund und Nachbar Alaa aus Ägypten. Wir haben schon euer tolles Vehikel bewundert. Wenn ihr Lust und Zeit habt, würden wir euch für heute gerne zu mir nach Hause einladen, wir sind wahnsinnig gespannt auf eure Erlebnisse." Natürlich haben wir Lust und Zeit und es wird wieder mal ein wunderschöner und lustiger Abend mit

einem tollen Essen, während die Waschmaschine von Laurence eisern unseren Wäscheberg niederkämpft.

Ein langer Weg nach Westen wartet auf uns, in Richtung Saudi-Arabien. Unsere Visa für die Emirate laufen morgen ab, also müssen wir uns ein wenig sputen. Die frisch gewaschene Wäsche wird verstaut und der letzte „Carrefour" auf unserer Strecke noch mal geplündert, ehe wir uns auf die endlose Reise durchs Nichts bege-

ben. Und die Fahrt ist wirklich öde. Immer nur geradeaus, links und rechts der Autobahn platte Sand- und Kieswüste. Begleitet von riesigen Strommasten und ununterbrochenen Reihen von Straßenlaternen rollen wir stetig entlang der meist nicht sichtbaren Küste. Vorbei an Tarif, Al Marfa und Ruwais, alles wenig attraktive Orte im Nichts, immer der langsam untergehenden Sonne entgegen, die im sandigen Dunst zerfließt und dabei gnädig die Sicht auf die trostlose Umgebung mindert, nähern wir uns dem saudischen Königreich. Bei Barakah schließlich, einer armseligen Ansammlung unscheinbarer Häuser, öffnet uns ein Emirati den Zaun zu seinem „Grundstück mit Meerblick", auf dem wir uns für die Nacht einrichten dürfen.

Nun, wir verlassen die Arabischen Emirate mit sehr zwiespältigen Gefühlen. Warum?

Man wird nicht richtig warm mit diesem Land, denn es bleibt dem Ausländer verschlossen. Und es ist das erste Mal auf unserer Reise, dass wir uns immer als Ausländer, als nur geduldeter Gast fühlten. Sicher, die Emiratis sind durchweg freundlich zu uns gewesen, wir hatten auch nie Probleme, wochenlang am Strand in Dubai oder auch in Abu Dhabi im Prominentenviertel zu stehen und zu übernachten. Und wir wurden oft angesprochen, nach dem „woher" und „wohin". Aber es fehlte das Persönliche, das Herzliche, das wirkliche Interesse. Bei fast allen ausgesprochenen Einladungen spürten wir, dass sie pro forma waren und deshalb auch nicht wirklich zustande kamen. Anders dagegen die Kontakte mit den sogenannten „Expats", den „Gastarbeitern" aus Europa und Amerika. Sie freuten sich, dass wir mit dem eigenen Fahrzeug bis hierher gekommen sind, und es ergaben sich nette Abende mit interessanten Menschen, die hier seit Jahren leben und arbeiten und denen es durchweg ebenso ergeht wie uns – sie bleiben geduldete Gäste, mehr nicht.

Landschaftlich bietet dieser Landstrich ebenfalls nichts wirklich Tolles. Vor allem, wenn man vorher im Oman unterwegs war, in den Dünen und den Bergen, in den Wadis und den alten Städten mit ihren traditionellen Bauweisen, ist man mit den Emiraten schnell durch. Einzig Boomtown Dubai sticht hier hervor, mit dem höchsten Gebäude der Welt und vielen verrückten Attraktionen der Neuzeit. Doch wirklich spannend ist dies natürlich auch nicht … Und doch war für uns diese eher ereignislose Zeit sehr wichtig, denn wir konnten das bisher Erlebte, und das war ja fürwahr nicht gerade wenig, mal in Ruhe verarbeiten. So freuen wir uns jetzt wieder richtig auf die Weiterreise, auf neue Erlebnisse mit den Menschen dieser Welt.

Wir verschlafen den halben Vormittag, die letzten Nächte waren einfach zu kurz für uns. Ein letztes Bad im Arabischen Meer weckt unsere Lebensgeister aber schnell wieder und so machen wir uns ausgeruht auf den Weg zur nicht mehr weit entfernten Grenze. Wir sind gespannt, was uns erwarten wird, denn die Erfahrungsberichte der meisten Reisenden waren eher negativ angehaucht. Doch wir sind sehr überrascht, sowohl auf der emiratischen als auch auf der saudischen Seite werden wir überaus freundlich empfangen und mit großer Gelassenheit durch alle bürokratischen Hürden geleitet. Man verwöhnt uns mit Kaffee und Fruchtsäften und der junge saudische Zöllner entschuldigt sich sogar für die entstandenen Unannehmlichkeiten bei der äußerst oberflächlichen Fahrzeugkontrolle. Da kennen wir aber ganz andere Grenzabfertigungen …

Nach rund vier Stunden sind wir also drin im so verschlossenen Königreich der Wahabiten. Was wird uns erwarten? Ist das Image des stinkreichen, arroganten und frauenfeindlichen Arabers Realität? Bestens gelaunt ob der entspannten Einreise, verabschiedet mit guten Wünschen für unsere Weiterreise, begeben wir uns an die nächste Tankstelle, wo uns das Dauergrinsen dann endgültig nicht mehr verlässt, da bei einem Dieselpreis von sechs Cent gerade mal fünfunddreißig Euro für rund 570 Liter Diesel den Besitzer wechseln. Gleich nach der Tankstelle zweigt eine einspurige Landstraße nach Riyad, der Hauptstadt, ab. Das Besondere an dieser von unzähligen Lkws frequentierten Überlandstraße ist, dass sie über mehr als 300 Kilometer absolut schnurgerade durch die Dünen führt. Nicht eine Lenkbewegung ist notwendig, so exakt ist die Trasse gelegt. So rollen wir ungehindert nach Westen, wieder der untergehenden Sonne entgegen.

Unser Drei-Tage-Transitvisum lässt uns keinerlei Spielraum für das sonst gewohnte Reisetempo, so starten wir bereits bei Sonnenaufgang um sechs Uhr morgens noch ohne Frühstück, das holen wir bei der ersten Rast nach. Nach kerzengerader, monotoner Fahrt erreichen wir Al Kharj und gegen Mittag sind wir endlich in Riyad. Dort verpassen wir die richtige Abfahrt der Stadtumgehung, landen mitten im Verkehrsgewühl und mühen uns mangels lesbarer oder meist gänzlich fehlender Hinweisschilder eine gefühlte Ewigkeit durch die ausufernde

Metropole. Als wir schlussendlich leicht genervt auf der richtigen Autobahn stadtauswärts fahren, führt uns die Straße kurze Zeit später wieder in die Irre. Da sowohl Navi als auch Kartenmaterial mit der Wirklichkeit häufig auf Kriegsfuß stehen, sich die Straßenbeschilderung äußerst spärlich und ohne Fernziele anzugeben zeigt, summieren sich so etliche Zusatzkilometer und es geht natürlich auch wertvolle Zeit verloren. Wir sind überrascht über die meist schlechten Straßenverhältnisse und über die Vielzahl wirklich alter und schäbiger Fahrzeuge. Der

Ölreichtum des Landes geht so ziemlich spurlos an der normalen Bevölkerung vorbei. Diese ist überaus freundlich und winkt uns aus uns überholenden Fahrzeugen immer wieder zu. Über Shaqra und As Sajir, wo uns noch einer der äußerst seltenen Regenschauer überrascht, kommen wir schließlich nach Al Midhnab. Dort finden wir in einem kleinen Park einen ruhigen Übernachtungsplatz, an dem uns nach einem leckeren Abendessen der Springbrunnen vor unserer Tür schnell in den wohlverdienten Schlaf plätschert.

Auch heute starten wir zwangsweise wieder bei Sonnenaufgang, die Zeit sitzt uns einfach gnadenlos im Nacken, sodass wir sehr zu unserem Bedauern auch keine der uns unterwegs angebotenen Stopps zum Kaffeetrinken annehmen können. Dank einer neuen Stadtumgehung und einer endlich mal perfekten Beschilderung umgehen wir Unaizah und Buraydah zügig, sind mittags bereits an Ha'il vorbei und erreichen eine Stunde vor Sonnenuntergang die Nabatäergräber von Al-Hijr/Madain Saleh. Die Reste dieser alten nabatäischen Handelsstadt an der ehemaligen Weihrauchstraße, die vom Indischen Ozean bis ins heute jordanische Petra führte, sind ein archäologisches Kleinod und kaum jemandem so wirklich bekannt. Hunderte Felsengräber sind hier aus den weichen Sandsteinfelsen filigran herausgearbeitet worden, viele von ihnen stehen pittoresk inmitten der weiten Ebene.

Allein die letzte Stunde der langen Fahrt ist schon eine kleine Sensation – pechschwarze Berge ragen zwischen goldgelben Dünen empor, weite Täler geben einen eindrucksvollen Blick frei auf eine märchenhafte Landschaft. Als wir den Eingangsbereich der alten Nabatäerstadt mit ihren unzähligen Gräbern erreichen, ist eigentlich schon fast Feierabend: „Salam Aleikum, wo ist denn hier die Kasse?" – „Äh, wo kommt ihr denn her? – „Wir sind Touristen und würden uns gerne die Ausgrabungen ansehen." – „Ja, habt ihr denn eine Genehmigung?" – „Nee, wir sind einfach auf der Durchreise und dachten …" – „Also, so einfach ist das nicht, ihr braucht eine spezielle Genehmigung vom Tourismusministerium und eine Hotelbuchung und dort gibt es dann auch die Tickets und einen Guide …" – „Oje, jetzt sind wir den ganzen langen Weg hierher gefahren, um eure tolle Ausgrabungsstätte anzusehen, und jetzt so etwas. Was machen wir denn da jetzt?" Wir jammern den Jungs ein wenig was vor und trinken erst mal eine Kanne Tee zusammen. Nach einer Weile dann das Angebot: „Also gut, kommt morgen Früh vorbei, dann lassen wir euch kurz rein." – „Oh, das ist ja toll, vielen Dank, aber – wir müssten eigentlich jetzt gleich noch rein, weil jetzt das beste Licht zum Fotografieren ist …" Wieder gibt es einige Gläser Tee und eine Schüssel mit Datteln, ja, und wir schaffen es tatsächlich, das Tor öffnet sich und wir klappern binnen einer Stunde die wichtigsten Felsengräber im Schnelldurchlauf ab, um noch die erhofften tollen Fotos zu bekommen. Und es ist wirklich atemberaubend schön, was die Geschichte uns hier darbietet.

Als sich die Sonne hinter die bizarren Berge zurückzieht, lädt uns die Wachmannschaft noch mal zum Kaffee und Tee ein, inzwischen ist es stockdunkel. Ich habe da plötzlich so eine Idee: „Sagt mal, wäre es denn möglich, wenn wir unser Auto einfach über Nacht hier auf dem Parkplatz stehen lassen und hier schlafen? Da stehen wir doch prima aufgehoben und ein Nachtwächter ist ja auch da …" – Erst ungläubige Blicke, ein solches Ansinnen

hat hier sicher noch nie jemand geäußert. Doch dann das okay, wir grinsen uns an – Frechheit siegt! Aber es kommt der Obermützenträger und dem ist das Ganze doch nicht geheuer. „Na gut, dann parken wir einfach vor dem Eingangstor, da ist ja auch ein Parkplatz." – Nein, nein, das geht gar nicht. Das ist viel zu gefährlich." – „Gefährlich? Wie das denn? Gibt es hier wilde Beduinenhorden, die uns überfallen könnten?" – „Nein, natürlich nicht, aber zum Übernachten müsst ihr ins Hotel." – „Aber nie im Leben, wir schlafen immer in unserem Auto, wenn wir unterwegs sind. Das ist unser Haus!" So etwas kennen sie hier natürlich überhaupt nicht und so kommen wir, auch wegen der nur sehr rudimentären Englischkenntnisse der Anwesenden, nicht so wirklich weiter. Doch dann plötzlich eine neue Idee: „Wir rufen Hakem an, der kann doch gut Englisch. Der hat in Australien studiert." Eine Viertelstunde später hält ein Pick-up vor dem Tor, Hakem und sein Bruder begrüßen uns herzlich und schon wenige Augenblicke später ist das Übernachtungsproblem gelöst: „Ihr kommt jetzt mit auf unsere Farm, die ist nicht weit von hier, da könnt ihr in Ruhe schlafen, habt warmes Wasser, Duschen und eine Toilette, und morgen Früh frühstücken wir zusammen." Na, wenn das kein tolles Angebot ist! Dankbar nehmen wir und auch das gesamte Wachpersonal der Ausgrabungsstätte dieses Angebot an und wir folgen Hakem durch die stockdunkle Nacht.

Um sieben Uhr morgens brennt bereits das Kaminfeuer, Tee und Kaffee sind heiß und Hakem kommt soeben mit frischem Brot und verschiedenen arabischen Leckereien. So genießen wir gemeinsam mit ihm und seinem ägyptischen Farmarbeiter ein gemütliches Frühstück, bevor wir noch einmal zur alten Nabatäerstadt fahren. Dank Hakem, dessen Elternhaus noch im alten Dorf inmitten der Ruinen stand, kommen wir auch diesmal ohne Genehmigung und Kosten ins Areal und begeistern uns an den unglaublich gut erhaltenen Relikten dieser vor fast 2000 Jahren verschwundenen Kultur. „Seht, hier stehen die Reste unseres Dorfes, hier bin ich aufgewachsen, mitten in den historischen Ruinen. Sie waren unser Spielplatz, hier kennen wir jede Ecke, jedes Grab. Und als das Ganze vor dreißig Jahren UNESCO-Weltkulturerbe wurde, da haben sie uns umgesiedelt, in neue

Häuser." Wir streifen den ganzen Vormittag mit Hakem durch die alte Nabatäerstadt und erleben sie mit seinen Erzählungen aus Blickwinkeln, die dem normalen Besucher verborgen bleiben. Im Gelände befindet sich auch ein restaurierter Bahnhof samt Zug der legendären Damaskus-Medina-Bahn, die vor rund einhundert Jahren von den Deutschen im Auftrag der türkischen Herrscher gebaut wurde und deren Gleise von Lawrence von

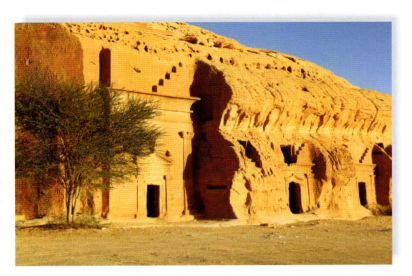

Arabien und seinen Beduinensoldaten während des Ersten Weltkriegs immer wieder sabotiert wurden. Ebenso geben kleine Museen einen guten Einblick in die Geschichte der damaligen Zeit.

„Bleibt doch noch bei uns, meine Mutter möchte euch auch unbedingt kennenlernen. Sie lädt euch für heute Abend zu uns nach Hause ein." – „Ach, Hakem, wie gerne würden wir der Einladung deiner Mutter folgen. Doch eure Regierung erlaubt uns nur einen dreitägigen Aufenthalt." Das kann er kaum glauben, das wissen die Menschen hier gar nicht. „Aber versprochen, wenn wir das nächste Mal hier sind, dann nehmen wir uns die Zeit für deine Familie." Wir verabschieden uns gegen Mittag von Hakem und der gesamten Wachmannschaft und machen uns an unsere letzte Transitetappe.

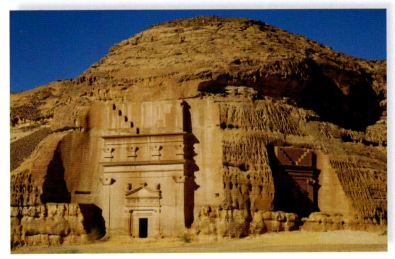

Die Polizei besteht darauf, uns bis zur jordanischen Grenze zu eskortieren, das sind noch gut fünfhundert Kilometer. Und so gibt es an jeder bedeutenden Kreuzung einen Stabwechsel, insgesamt acht verschiedene Eskorten begleiten uns somit auf unserem Weg nach Norden. Über Tobuk erreichen wir das Grenzgebirge, das mit seinen bizarren Felsformationen und goldgelben Dünenfeldern eine herrlich kontrastreiche Kulisse bietet. Im letzten Tageslicht taucht das Rote Meer vor uns auf und von der gegenüberliegenden Seite grüßt die ägyptische Sinaiküste zu uns herüber. Wir füllen unsere Tanks noch mal randvoll, diesmal sogar für nur fünf Cent den Liter, und schon stehen wir an der Grenze. Die Abfertigung sowohl auf der saudischen als auch auf der jordanischen Seite verläuft absolut problemlos und zügig, und nach nur einer Stunde heißt es für uns: „Welcome to Jordan!"

22. Februar 2013 – 18. März 2013 – Jordanien

„Auf den Spuren der Geschichte …"

Die letzten fünf Tage waren heftig, 2.650 Kilometer mussten wir innerhalb unserer dreitägigen Visagültigkeit abspulen und so vertrödeln wir gemeinsam mit halb Aqaba, da Wochenende, den Tag am unglaublich klaren Meer mit seinen berühmten Korallenriffs und den bunten Fischen, baden, lesen und schauen einfach ein wenig übers Wasser hinüber nach Ägypten und nach Israel. Als am Nachmittag ein mächtiger Flugzeugträger in den Golf gleitet und im Grenzhafen von Saudi-Arabien anlegt, schauen wir gebannt auf das riesige Schiff. Haben wir was verpasst in den vergangenen Tagen?

Der Zufall beschert uns wieder mal einen unterhaltsamen Abend mit tollen Menschen. Diese lernen wir kennen, als wir auf der Suche nach einem brauchbaren Internetkontakt in einem netten Café in Aqaba landen. Iyad, der Chef, hilft uns bereitwillig mit seinem Anschluss und Conny schafft es, die anstehenden Aufgaben zügig zu erledigen. Der anschließende Bummel durch die Innenstadt von Aqaba ist eher ernüchternd, die Stadt bietet wirklich nichts Sehenswertes. Doch damit es nicht ganz so nüchtern bleibt, decken wir uns in einem der zahlreichen, Alkohol anbietenden Läden noch mit ein paar Flaschen Rotwein ein …

Zurück bei „Manni", der in der Zwischenzeit bei Iyad vor dem Café auf dem Parkplatz stehen bleiben durfte, wollen wir uns für seine Hilfe bedanken und verabschieden. Doch daraus wird natürlich nichts: „Hallo, Iyad, wir sind zurück von unserem Stadtbummel, vielen Dank, dass wir auf deinem Parkplatz stehen durften und dein WLAN nutzen konnten. Jetzt sind wir müde und fahren wieder raus an unseren Strand." – „Halt, halt, wartet noch, kommt, setzt euch zu uns, das ist mein Freund Yasser und seine Frau Rahaf, die sind aus Syrien geflüchtet und leben jetzt in Amman." Schon sitzen wir bei den dreien am runden Tisch in der Ecke seines Cafés, Getränke und Snacks werden uns gereicht und die beiden erzählen von den furchtbaren Gräueltaten der syrischen Armee. Sie wissen nicht, wie es den anderen Familienmitgliedern im Moment geht, die Nachrichtenlage ist schwierig. Doch Yasser gibt auch zu bedenken, dass die schlimmste Zeit wohl erst nach einem Sturz Assads kommen wird: „Es gibt kein Konzept, keinen Plan bei den Oppositionellen, sie werden sich gegenseitig um die Beute streiten. Syrien wir noch sehr lange nicht zur Ruhe kommen …" Als wir spät in der Nacht aufbrechen, haben wir neue Freunde gewonnen, mit denen wir uns in drei Wochen in Amman wiedertreffen wollen.

Jordanien leidet unter massivem Wassermangel. Nirgendwo gelingt es uns, unsere fast restlos leeren Wassertanks aufzufüllen. Erst an einer Autowaschanlage am Stadtrand von Aqaba werden wir fündig. Als die Tanks gefüllt sind, versuchen wir, praktisch von hinten, auf einer direkten Piste ins 1.000 Meter hoch gelegene Wadi Rum zu gelangen, scheitern aber leider am Militärposten, der uns am Abzweig von der Hauptstraße nicht passieren lässt. So müssen wir den vielbefahrenen Desert Highway nehmen, der uns in einem großen Bogen um das gesamte Gebirgsmassiv herumführt.

Am Eingang zum Wadi Rum, dieser faszinierenden Wüstenlandschaft zwischen erodierten Granitbergen und sandigen Tälern mit bizarren Felsformationen und roten Sanddünen, bezahlen wir den nicht ganz billigen Eintrittspreis für den Naturpark, doch der Großteil des Geldes kommt den im Wadi lebenden Beduinenfamilien zugute und so ist das schließlich auch in Ordnung. Im nur wenige Kilometer entfernten Dorf endet die Teerstraße und wir verringern den Reifendruck, um „Manni" wüstentauglich zu machen. Und ab geht es durch den weichen Sand, entlang sich vielfach verzweigender Fahrspuren. Das warme Nachmittagslicht erzeugt eine märchenhafte Stimmung und wir gleiten sanft über flache Dünen und um von Verwitterung gestaltete Felsinseln, die steil aus dem roten Sand aufragen. Zielsicher entdecken wir einen wirklichen Traumplatz unterhalb einer senkrechten, von Wind und Wetter zerfressenen, hoch aufgerichteten Wand, leicht erhöht auf einer festen

Düne, mit einem sagenhaften Blick in alle Richtungen. Während wir der atemlosen Stille der Wüste lauschen, taucht die untergehende Sonne die Szenerie um uns in ein leuchtendes Farbenspiel, das langsam in der hereinbrechenden Dunkelheit zerfließt.

Der enormen Vielfältigkeit dieser Wüste „en miniature" kann man sich nicht entziehen. Wir wandern durch eine unglaublich schmale, von haushohen Wänden begrenzte Schlucht, die das Wasser beharrlich aus dem

Sandstein gegraben hat. Uralte Felsritzungen an den glatten Wänden zeugen von frühen Wüstenbewohnern, sie verewigten sich mit stilisierten Darstellungen von Menschen und Tieren. Wir umrunden immer wieder rund geschliffene Berge auf weichen und sandigen Pisten, hinter jeder Biegung bieten sich dabei einmalige Ausblicke auf eine monumentale Urlandschaft. Viele kleine und größere Steinbrücken trotzen der Verwitterung, schaffen so visuelle Highlights inmitten der unendlich scheinenden Täler. Immer wieder treffen wir auf Beduinen, die mit Kamelen und Ziegen zwischen den nur ihnen bekannten Wasserstellen und spärlichen Weidegründen unterwegs sind. Andere zeigen in uralten Pick-ups Touristen ihre wundervolle Heimat, Wandergruppen schreiten forsch durch den weichen Sand. Nein, allein sind wir hier nicht, doch die wenigen Besucher verlieren sich schnell in der Weite. Am Nachmittag stellen wir uns wieder auf eine etwas erhöhte Stelle, eine flache Düne am Rand eines Bergmassivs, und lassen die einmalige Szenerie auf uns wirken. Und als später der Vollmond die umliegenden Berge in sein fahles Licht taucht, ist das Bühnenbild perfekt.

Eine abwechslungsreiche Wanderung mit leichten Klettereinlagen bringt uns hoch hinauf auf den Jabal Burdah mit seiner massigen Steinbrücke. In schwindelnder Höhe sitzen wir auf dem schmalen Steg und blicken weit hinein in das Wadi Rum. Durch einen schmalen Durchschlupf fahren wir später hinein in ein fast kreisrundes Tal. Fast mittig erheben sich einige Felsinseln aus einer goldgelben Düne. Und genau darauf stellen wir uns für den Abend und die Nacht.

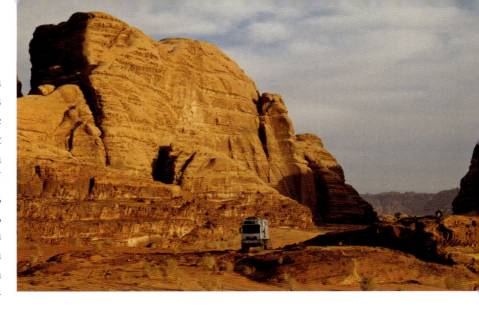

Aufgeregt zieht „Manni" seine Spuren weiter durch den weichen Sand, mal links herum, dann wieder rechts um die nächste Ecke. Ein schmaler Canyon mit Weichsand? Kein Problem für unseren Wüstenfuchs. Rauf auf die Düne und auf der anderen Seite wieder steil hinunter, fast scheint es, als spürten wir den Spaß, den er dabei hat. Wir haben ihn auf jeden Fall. Kreuz und quer kurven wir durch dieses einmalig schöne Gebiet, entdecken noch mehr alte Felsritzungen und herrliche Rastplätze in schattigen Felsnischen.

Vorbeikommende Beduinen grüßen uns schon als alte Bekannte, alle haben sie uns in den letzten Tagen schon mal irgendwo hier im Tal gesehen. Am späten Nachmittag verlassen wir das Kerngebiet des Wadi Rum wiederum durch einen schmalen Canyon, vorbei an einer elegant durch den Wüstensand wiegenden Kamelkarawane und entdecken am Rand des Naturschutzgebietes einen exponierten Stellplatz für die Nacht. Noch lange sitzen wir auf einer der kleinen Felsinseln und unser Blick schweift ein letztes Mal begeistert zurück über die in der Abendsonne schemenhaft verschwimmenden Bergkämme.

Als wir die Teerstraße erreichen, bekommt „Manni" wieder ordentlich Luft in seine Reifen und wir fahren zurück ins schmucklose Al-Quwayra am Desert Highway, wo wir unsere Vorräte in kleinen Straßengeschäften auffüllen. Ein halbes Dutzend kleiner Jungs begrüßt uns begeistert mit „Manni, Manni"-Rufen, doch warum strecken sie uns dabei ihre Hände entgegen? Als sie von einigen Erwachsenen davongejagt werden, wird klar, dass sie nicht unseren Großen, sondern unser Kleingeld gemeint haben …

Immer weiter schraubt sich nun die Straße über weite Plateaus nach oben, der Abzweig nach Petra führt uns dabei auf eine schmale Nebenstrecke, deren Scheitelpunkt erst bei rund 1.700 Metern Höhe erreicht ist. Kalt ist es hier oben, gerade mal dreizehn Grad zeigt unser Thermometer. Das bessert sich auch nicht wirklich, als es langsam wieder etwas nach unten geht, der eindrucksvollen Canyonlandschaft von Petra entgegen. Inmitten einer erodierten Felslandschaft, unsichtbar versteckt hinter hoch aufragenden Bergen, da verbirgt sich ein wahres Wunder längst vergangener Kulturen. Das geheimnisvolle Volk der Nabatäer nutzte vor rund 2.000 Jahren den weichen Sandstein, um Hunderte gigantische Felsengräber und Tausende Wohnhöhlen aus den senkrechten Flanken zu meißeln, mit unzähligen Treppen begehbare Verbindungen zwischen den verschiedenen Ebenen zu schaffen und ein ausgeklügeltes Wasserversorgungssystem zu bauen. Der über den Berghang verstreute Ort Wadi Musa ist heute der Ausgangspunkt zu einer spannenden Entdeckungsreise in diese Vergangenheit. Direkt am Visitor Center, neben den Stallungen der Pferde, die nachmittags sich müde gelaufene Touristen zurücktransportieren, stellen wir uns an das ausgetrocknete Wadi, einen idealen und zentralen Übernachtungsplatz für die nächsten drei Tage.

Als die ersten Touristenscharen auf der anderen Seite des Wadis an unserem Schlafzimmerfenster vorbeiziehen, schälen wir uns gerade aus den warmen Federn. Der Rucksack wird gepackt, an der Kasse werden über 130 Euro (!) für zwei Drei-Tages-Tickets abgedrückt und ein im Preis inbegriffener kurzer Pferderitt bringt uns zum eigentlichen Eingang. Durch den über zwei Kilometer langen, nur wenige Meter breiten Siq, einen tiefen Canyon, vom Wasser in Jahrmillionen aus dem weichen

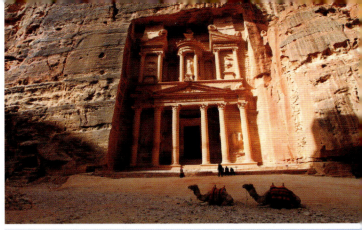

Gestein geschliffen, betritt man eine unglaubliche Welt. Endlich gibt der schmale Spalt des Siq den Blick frei auf den Khazne Faraun, das Meisterwerk Petras schlechthin. Staunend stehen wir vor diesem filigranen Bauwerk, schlendern dann weiter entlang hoher Fassaden wuchtiger Felsengräber. Das weite Halbrund eines in den Stein gehauenen Theaters füllt den Platz vor uns, von dort fällt der Blick auf die Königswand mit den imposanten Mausoleen nabatäischer Könige. Eine einst prächtige, römische Kolonnade, der Cardo Maximus, führt vorbei am Großen Tempel und endet am Temenos-Tor, dem Eingang in den heiligen Bezirk. Der wuchtige Bau des Qasr el Bint Faraun bildet den Mittelpunkt dieses Areals, wiederum umgeben von unzähligen Felsenwohnungen und Grabfassaden.

Wir wandern weiter durch die hohen Felsen, begeistern uns an den riesigen und meist auch sehr bunten Sandsteingräbern, besteigen Berge mit fantastischen Ausblicken und sitzen oft ausgiebig an einer Stelle, um das große Ganze auf uns wirken zu lassen. Schon lange haben wir die ausgetretenen Wege verlassen und finden nun auch die nötige Ruhe, um das alte Petra vor unseren Augen wieder entstehen zu lassen. Gegen Abend, als wir schon fast ganz alleine durch das riesige Stadtgebiet schlendern, entdecken wir noch eine Ansammlung von Grabbauten, die denen, die wir in Saudi-Arabien besuchen durften, sehr ähneln. Für den Rückweg zu „Manni" wählen wir die als Tunnelstrecke bekannte Route, die uns durch einen extrem schmalen und verwundenen Canyon klettern lässt, ehe wir durch ein schmales Wadi und einen Wassertunnel schlussendlich auf den Eingang des Siq treffen. Als wir wenig später

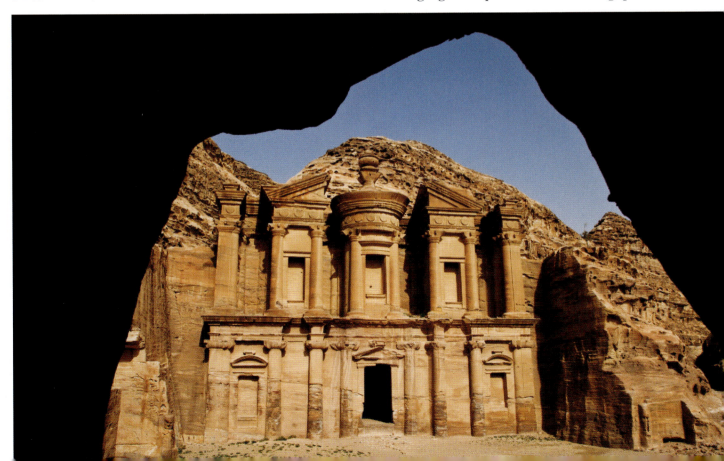

nach rund elf Stunden Wanderung durch Petra bei letztem Tageslicht wieder an unserem Ausgangspunkt eintreffen, sind wir mausetot … Ein weiterer Tag im Weltkulturerbetal von Petra wartet auf uns. Der steile Treppenweg markiert den Steig hinauf zum Tempel von Ed Deir, dessen unglaubliche Säulenfassade plötzlich überraschend inmitten dieser Bergwelt auftaucht. Ehrfürchtig verweilen wir für eine lange Zeit, lassen den Blick immer wieder hinunterschweifen über die weit unter uns im Talgrund zu erkennenden Königsgräber. Wir wandern hinauf auf den großen Opferplatz, zentral über der Stadt gelegen, und erfassen so erst die erstaunliche Ausdehnung des ehemals bewohnten Gebietes. Immer wieder sitzen wir einfach zwischen den roten, violetten und gelblichen Fassaden, die mit ihren von der Natur geschaffenen Maserungen auch dem Lebensgefühl eines Gaudi oder Picasso entsprungen sein könnten.

Petra, das ist die perfekte Symbiose aus menschlichem Schaffen und dem Spiel der Natur. Bedauerlicherweise geht der Charme des Ganzen ein wenig verloren zwischen hetzenden Touristen und lautstarken Souvenirverkäufern, denn das heutige Petra ist vor allem ein Geschäft. Hat man jedoch die Muße, die ausgetretenen Wege zu verlassen, so wird man den Zugang zu Vergangenem schlussendlich doch noch finden …

Wir entscheiden spontan, noch die kurze Strecke hinüber nach El Barid, dem sogenannten „Little Petra", zu fahren, um dort morgen Früh möglichst ungestört durch die bizarre Landschaft wandern zu können. Nahe dem Eingang zu diesem Gebiet stellen wir uns zwischen ehemalige Felsenwohnungen und bereits bestellte Felder. Schon früh werden wir geweckt, Schafe blöken, bellende Hunde flitzen zwischen den Felsen umher. Ein einsamer Esel hebt zu seinem klagenden Ruf an, etwas entfernt verkündet ein Hahn unverdrossen den neuen Tag. Urlaub auf dem Bauernhof? Nein, wir sind umgeben von Beduinenlagern, die hier draußen fern der Dörfer mit ihren Tieren wohnen, in alten Felswohnungen oder schwarzen Zelten. In respektvoller Entfernung laufen sie an uns vorbei, heben den Arm zum Gruß. Durch den schmalen Siq treten wir in das Innere von El Barid, eine überraschend gut erhaltene Tempelfassade empfängt uns in diesem perfekt geschützten Bergversteck. Viele geräumige Kammern bestärken die Vermutung, dass El Barid eine Lagerfunktion für die zwei Fußstunden entfernte Stadt hatte.

Das Dana Biosphere Reserve, ein Naturschutzgebiet rund um einen tiefen Canyon, ist unser nächstes Ziel. Nebelschwaden wabern über den oberen Rand der Abbruchkante, werden vom scharfen Wind zerrissen, der kalt um die niedrigen Steinhäuser des Dorfes pfeift. So richtig gemütlich ist es hier nicht und so verlassen wir Dana wieder, verzichten auf eine Wanderung durch das Naturreservat. In Ain Beidha biegen wir von der King's Road, wie die alte Überlandstraße heißt, ab und suchen den Weg hinunter nach Es Sela, einem halb verfallenen

Beduinendorf inmitten einer zerfressenen Erosionslandschaft. Ein zerbeulter Lieferwagen hält neben uns und wir werden zum Tee ins nahe gelegene Haus eingeladen. Sayyed bittet uns herein in die spartanische Wohnstube, in der Mitte bullert ein heißer Ofen, seine Frau bringt frisches Brot, selbst gemachten Ziegenkäse und ein sauermilchähnliches Getränk, das Conny alles abverlangt; ich verzichte in weiser Voraussicht. Die Konversation bleibt übersichtlich, doch die Situation ist angenehm vertraut. Als wir später das Haus verlassen, müssen wir versprechen, morgen wiederzukommen.

Der Weg hinunter nach Es Sela ist steil und eng, wir schlängeln uns durch das am Hang gelegene Dorf. Unser Ziel ist noch weiter unten, ein kleiner Platz inmitten der runden Felsen. Ein genialer Platz zum Verweilen erwartet uns, wir wandern hinauf zu einer Bergkuppe, nabatäische Felsenwohnungen säumen unseren Steig. Zurück bei „Manni" sitzen wir mit Schaf- und Ziegenhirten in einer Runde, kochen Tee und genießen die Ruhe ausstrahlende Stimmung der Beduinen und ihrer Tiere.

Es sind viele verschiedene Beduinenstämme, die hier im Süden des Landes die Bevölkerungsmehrheit stellen.

Seit ehedem ziehen sie mit ihren Tieren zwischen den ihnen bekannten Weidegründen umher, sind aber auch immer öfter sesshaft geworden im Lauf der Zeit. Doch ihr Leben ist hart geblieben, der Boden gibt nicht viel her, dementsprechend karg ist ihr Alltag. Aber ihre Herzen, ihre Seelen, die sind reich, voller Leben. Ihre Tiere bestimmen ihren Lebensrhythmus, natürlich auch die Jahreszeiten. Wir sind offen für diesen Rhythmus, lassen uns Zeit, um mit ihnen in ihre Welt einzutauchen, süßen Tee zu trinken, über das steinige Land zu schauen. Es bedarf nicht vieler Worte, um die ausstrahlende Gelassenheit zu verspüren, die von ihnen ausgeht. Sie teilen mit uns, was ihre Beutel hergeben, und sei es noch so wenig, denn der Gast ist ihnen heilig. Schnell ist ein kleines Feuer entfacht, der verbeulte und vom Ruß pechschwarz gewordene Kessel direkt in die Glut gestellt und schon wenig später wärmt der heiße und zuckersüße Tee den Magen und die Seele. Selbstgebackenes Brot und harter Käse machen die Runde, es reicht aus, den Hunger zu besänftigen. Meist sitzen wir stumm beieinander, hängen unseren Gedanken nach und fühlen uns ganz nahe den archaischen Abläufen hier draußen …

Es ist kalt geworden hier oben im Hochland, über den Canyons. Und es regnet auch leicht. So warten wir im Warmen und Trockenen, bis sich zumindest die Sonne wieder etwas zwischen den dichten Wolken hervorwagt. Langsam schleppt sich „Manni" den zum Teil extrem steilen Weg empor, zurück auf die Hauptstraße in Ain Beidha. Dort müssen wir die örtlichen Gemüsehändler erst mal überzeugen, dass wir sehr wohl die richtigen Preise kennen, handeln ist also angesagt. Wir erreichen Al-Tafila, einen quirligen Marktflecken, eng an den steilen Berghang gebaut. Die verstopfte Durchgangsstraße wird schnell passierbar, als „Manni" seine Größe ausspielt, und wir kurven 800 Höhenmeter hinunter ins Wadi Hasa. Ein Abstecher zu den warmen Quellen von Hammamat Borbatah erweist sich als ziemlicher Reinfall, alles ist verkommen und verdreckt, die Quellen zum Wasserauffüllen nicht mehr nutzbar. Ärmliche Beduinenzelte stehen an kargen Hängen, die Menschen hier sind bettelarm. Die staubtrockene Berglandschaft bietet kaum Chancen für sie und es ist beklemmend, hier durchzu-fahren.

Auf der gegenüberliegenden Seite des Wadis erreichen wir wieder rund 1.200 Meter Höhe, eisiger Wind pfeift über die zartgrünen Felder, treibt Millionen von Plastiktüten vor sich her, die das Land und die Dörfer verschan-deln. Al Karak ist hier die wichtigste Stadt der Region, gekrönt mit einer mächtigen Kreuzritterfestung. Direkt vor dem Eingangstor der Burg ist ein optimaler Platz zum Übernachten, ruhig und unter den wachsamen Augen der Touristenpolizei, die uns durch ihre bloße Anwesenheit die etwas lästig gewordenen Jungs aus den umliegenden Gassen von der Pelle hält. Wir schlendern durch die gewaltige Anlage, besuchen das interessant gestaltete Museum und genießen den weiten Blick hinunter bis zum Toten Meer. Als schließlich drei voll besetzte Reisebusse ihre Touristen ausspucken, sind wir Gott sei Dank schon wieder bei „Manni" und bereiten uns auf unsere Weiterfahrt vor.

Diese führt uns weiter über die King's Road direkt zum Wadi Mujib, dem gewaltigsten Canyon der gesamten Region. Ein riesiger Grabenbruch, durch tektonische Verschiebungen entstanden, teilt urplötzlich die hier

schon grüne Landschaft und stürzt rund 800 Meter in die Tiefe. Eine kurvenreiche Straße schlängelt sich durch die steilen Abbrüche und gibt dabei immer wieder beeindruckende Tiefblicke frei. Am Talgrund breitet sich das dunkle Blau eines Stausees zwischen den braunen Gesteinsschichten aus und bietet so einen schönen Kontrast im farbigen Einerlei. Auf der anderen Hangseite tuckern wir langsam nach oben, um am Aussichtsparkplatz noch mal einen Blick über den weitläufigen Canyon zu genießen. Von den dort auf Kundschaft wartenden Beduinen mit ihren gesammelten Steinen und handwerklichen Erzeugnissen werden wir sofort zum Tee eingeladen, ohne dass uns ein einziges Mal etwas zum Kauf aufgedrängt wird. Und so verbringen wir eine gute Stunde mit den Jungs, trinken Tee und essen Kekse. Als sie dann auch noch ihr karges Abendessen mit uns teilen wollen, verabschieden wir uns mit dem schönen Gefühl, wieder eine tolle Gastfreundschaft genossen zu haben. Die Ruinenstätte von Umm ar-Rasas ist nicht mehr weit entfernt, wir biegen auf ein schmales Sträßchen in Richtung Osten ab und kurven durch grüne Felder zum Visitor Center, wo uns die allgegenwärtige, aber sehr freundliche Touristenpolizei das Übernachten gestattet. Sonnig, aber kalt präsentiert sich der Morgen, als wir zu unserem Rundgang durch die Ruinen von Umm ar-Rasas und die wunderschönen Bodenmosaiken der St. Stephanskirche aufbrechen. Die aus dem 8. Jahrhundert bis in die heutige Zeit geretteten Mosaiken sind die größten in Jordanien und zeigen viele damalige Stadtansichten und Szenen des täglichen Lebens. Zurück in Dhiban queren wir anschließend das Wadi Wala, bevor wir in Libb nach Westen in Richtung Mukawir abbiegen. Immer wieder zeigt sich das Tote Meer tief unter uns inmitten der hier trostlos kargen Landschaft. Auf einem isolierten Hügel erkennt man in exponierter Lage die Reste des Palastes von Herodes, bevor es auf einer neuen und sehr kühn in die steil abfallenden Hänge gesprengten Straße hinunter geht zum tiefsten Landstrich der Erde.

Auf Meereshöhe Null, gut 400 Höhenmeter oberhalb des Toten Meeres, entdecken wir etwas abseits der Straße einen kleinen Palmenhain mit einer Quelle, ein optimaler Aussichtsplatz für einen gemütlichen Nachmittag. Eine saudische Großfamilie hat sich dort bereits häuslich niedergelassen und kaum sind wir ausgestiegen, bringen uns zwei Mädchen heißen arabischen Kaffee. Schon sitzen wir auf weichen Teppichen zwischen den traditionell gekleideten Männern und ihren Frauen, Kinder wuseln umher, es herrscht eine ausgelassene und fröhliche Wochenendstimmung. Etliche Kaffee- und Teerunden später werden wir mit einem üppigen Mansaf, dem beduinischen Nationalgericht, verwöhnt. Ein ganzes Lamm, geschmort und mit Pinienkernen und Nüssen vermengtem Reis serviert, garniert mit dem kompletten Kopf des Tieres, wird auf zwei große Platten verteilt und genüsslich nur mit der rechten Hand verspeist. Anschließend werden die Essensreste und auch der sonstige Müll gleichmäßig in der Landschaft verteilt ... Als es bereits dunkel wird, brechen unsere Gastgeber auf und wir richten uns für die Nacht ein, wobei ein heftiger Sturm unseren „Manni" schüttelt wie auf hoher See. Und so schlingern wir der Nacht entgegen, während uns die bis zu uns herauf leuchtenden Lichter Jerusalems und Jerichos die Bedeutung des geschichtsträchtigen Bodens bewusst machen.

Als wir am nächsten Morgen einen ersten Blick aus dem Fenster riskieren, haben wir mal wieder das Gefühl, auf einer Müllkippe übernachtet zu haben – es war Picknickfreitag ...

So fahren wir hinunter ans Tote Meer, klettern den geRölligen Hang bis zum Wasser hinunter und gleiten vorsichtig in das seifige und salzige Meer. Dreiunddreißig Prozent Salzgehalt (das Mittelmeer hat drei Prozent!) lassen ein normales Schwimmen nicht zu, man ploppt hoch wie ein Korken. Auch sollte man nur auf dem Rücken schwimmen oder im Wasser liegen, da Augenkontakt äußerst unangenehm ist. Das versehentliche Einatmen des Wassers ist sogar lebensgefährlich, da der hohe Salzgehalt die Lungenbläschen platzen lässt. So ist das Vergnügen ein schlussendlich doch sehr zweifelhaftes.

Steile Kehren schrauben sich hinauf auf den Mount Nebo, von dessen Plateau aus Moses seinerzeit den Israeliten das gelobte Land zeigte und daraufhin im hohen Alter von 120 Jahren verschied. Wir wussten gar nicht, dass man in diesem Alter noch so weit schauen kann ... Aber gut, es gibt einige wirklich schöne Mosaiken zu bewundern, die wegen der Restaurierung der Kirchenruine in ein Zelt ausgelagert wurden. Ein ebenso schönes Mosaik befindet sich in der Kirchenruine von Khirbet al-Mukhayyat, nur wenige Kilometer entfernt. Nach so viel Kultur besuchen wir noch die Mosesquelle unten im Wadi, vor allem, um unsere Wassertanks aufzufüllen. Mittels unserer externen Wasserpumpe gelingt uns das auch sehr gut und weil die Quelle so ergiebig ist, machen wir auch gleich große Wäsche und „Manni" wird anschließend auch noch geputzt. Na, wenn das der alte Moses gewusst hätte, als er damals mit seinem Wanderstock gegen den Felsen schlug und die Quelle zum Sprudeln brachte ...

Mosaike ohne Ende bietet Madaba, die Mosaikstadt schlechthin. Es ist nur ein kurzes Stück dort hinüber und so machen wir uns von unserem zentralen Parkplatz am Visitor Center dann auch gleich zu Fuß auf den Weg zu den alten Kirchen, die diese filigranen Zeugnisse historischer Kunstfertigkeit beherbergen. Das Glanzstück unter den rund 1.500 Jahre alten und noch erhaltenen Mosaiken ist sicherlich die in Fragmenten gut erkennbare

Landkarte des Nahen Ostens in der Georgskirche. Über zwei Millionen Steinchen wurden seinerzeit zu einer eindrucksvoll genauen Darstellung der Region zusammengesetzt. Als wir so in der alten Kirche sitzen, der Weihrauch uns um die Nasen wabert und sakrale Musik unsere Sinne berührt, da spüren wir eine eigenartige Stimmung aufkommen, denn es ist das erste Mal nach vielen Monaten in islamisch geprägten Ländern, dass wir wieder mit unserer religiösen Kultur in Berührung kommen. Doch hier in Jordanien herrschen absolute Toleranz und Religionsfreiheit und so stört sich auch niemand an den abgehaltenen Messen in den Kirchen. Gefühlte zwanzig Millionen Mosaiksteinchen später sitzen wir fußlahm und hungrig in unserem „Manni". Wir dürfen hier auf dem Parkplatz des Visitor Centers übernachten und nachdem das Zufahrtstor geschlossen wurde, verbringen wir auch eine ungestörte Nacht mitten in der Stadt.

Wir nähern uns immer mehr der Hauptstadt Amman. Das spürt man vor allem an der dichter werdenden Bebauung und dem stark zunehmenden Verkehr. Westlich der Metropole gräbt sich das jetzt im Frühjahr grüne Wadi es Sir tief durch die Berge hinunter zum Jordangraben. Ort an Ort säumt die schmale und kurvige Straße, die sich steil zwischen Häusern und Gärten nach unten schlängelt. Immer weiter geht es hinunter, bis zum Dorf Iraq el Amir. Dort stehen am Ortsrand, zwischen Feldern und einzelnen kleinen Gehöften, die imposanten Reste des mysteriösen Palastes Qasr el Abd. Gewaltige Steinquader, aufgeschichtet zu einem wuchtigen Bau, mächtige Säulen, durch die jetzt am Nachmittag die Sonne ihre Strahlen schickt, gekrönt von detailgetreuen Reliefs von Löwen, Pantern und Leoparden. Qasr el Abd strahlt eine angenehme Ruhe aus, so mitten in der dörflichen Idylle, Ziegen und Schafe, Hühner und Kaninchen streifen um die Ruinen, alte Männer sitzen im Schatten knorriger Olivenbäume. Wir parken direkt vor dem Zugang, an einem schmalen Weg gegenüber eines winzigen Ladens, und werden völlig in Ruhe gelassen. So schlendern wir ein ums andere Mal um die beeindruckenden Gemäuer, sitzen lange auf hellen Säulenresten und genießen einen stillen Nachmittag. Später zieht der Duft gebratenen Fischs durch die Dunkelheit, während wir den Geräuschen der hereinbrechenden Nacht lauschen. Natürlich bleiben wir …

Kurz vor Sonnenaufgang, als die Hähne der Umgebung den neuen Tag lautstark begrüßen, hat sich auch der Letzte der ständig bellenden, streunenden Hunde zum Schlafen verkrochen. Gott sei Dank waren wir so müde, dass wir trotzdem zwischendurch unsere Ruhe fanden … Langsam fahren wir durch all die vielen kleinen Dörfer wieder hinauf nach Amman und tanken für uns ungewöhnlich teure achtzig Cent für den Liter etwas nach. Natürlich sind wir dahingehend seit Monaten extrem verwöhnt, damals in Armenien haben wir uns über achtzig Cent den Liter

noch richtig gefreut. So ändern sich die Zeiten … Wir finden problemlos ins alte Stadtzentrum der Hauptstadt, besichtigen das römische Theater und den Zitadellenhügel mit einigen Relikten aus römischer und omayadischer Epoche. Damit hat man im Wesentlichen das Wichtigste in Amman gesehen. Genug von der hektischen Stadt, fahren wir in die parkähnliche Sportcity, wo wir einen gemütlichen Nachmittag und Abend verbringen, bevor uns die Parkaufsicht hinauskomplimentiert und wir einen „idyllischen" Übernachtungsplatz zwischen einem Bürohausrohbau und der Rückseite einer Schule finden. Muss auch mal gehen …

Dank der mit heiteren Kinderstimmen in den morgendlichen Himmel Ammans zum Fahnenapell geschmetterten Nationalhymne werden wir frühzeitig geweckt. Jerash ist unser heutiges Ziel, besser gesagt, das antike Gerasa, das sich zwischen den Hügeln der heutigen Stadt präsentiert. Die zweispurige Schnellstraße führt meist bergab, wir sind schlussendlich 700 Meter tiefer als in Amman und knacken dabei zum ersten Mal in diesem Frühjahr die Dreißig-Grad-Marke.

Schon bei der Einfahrt nach Jerash sticht uns das monumentale Hadrianstor ins Auge, ein über zwanzig Meter hoher Triumphbogen, der den Eingang in die römische Ruinenstadt markiert. Wir flanieren über die 2.000 Jahre

alte Prachtallee, vorbei an unzähligen Säulenkolonaden, sind beeindruckt von der Lebendigkeit der Tempelanlagen und Marktplätze. Vier Stunden stöbern wir in der Vergangenheit, ehe uns die hereinbrechende Dunkelheit und das Wachpersonal zum Verlassen des Geländes auffordern.

Noch mal durch Gerasa schlendern, das möchten wir gerne, denn diese Ruinenstadt fasziniert uns ungemein. Freundlicherweise lässt uns der Eintrittskartenkontrolleur mit unseren Tickets vom Vortag ein weiteres Mal passieren. Und wir genießen die Ruhe des frühen Vormittags, sitzen zwischen alten Säulenresten und herumliegenden Friesen, während bunte Eidechsen um uns herumflitzen. Gegen Mittag brechen wir auf. Die Burg von Ajlun ist nicht weit entfernt und schon bald markiert sie weithin sichtbar ihre ehemalige Wichtigkeit durch ihre exponierte Präsenz. Qala'ata r Rabad heißt das Bollwerk, das schon Saladdin im Kampf gegen die Kreuzritter nutzte. Wuchtig steht es auf einem hohen Burgfelsen, beherrscht die Wadis der Umgebung. Leider ist der eigentliche Trumph der Burg, die herrliche Rundumsicht, heute ziemlich getrübt. Nach einem kurzen Abstecher zum Tell Mar Elias und seinen byzantinischen Kirchenresten fahren wir wieder zurück zum Visitor Center der Burg, wo uns der zufällig anwesende Direktor der Tourismusbehörde in tadellosem Deutsch willkommen heißt und uns das Übernachten auf dem Parkplatz gestattet. Aber natürlich kommt am Abend noch die Tourist Police vorbei und bittet uns zu sich hinauf in den Burghof. Dort werden wir noch mit kalten Getränken und heißem Tee versorgt und blicken hinunter auf das Lichtermeer der umliegenden Ortschaften und Städte.

Irgendwann in der Nacht gab es wohl einen Temperatursturz, denn als wir aufwachen, sind von den dreißig Grad Celsius des Vortages gerade mal zehn Grad übrig geblieben. Also wieder mal die warmen Klamotten hervorgekramt und während des Frühstücks den Nebelschwaden über dem alten Gemäuer beim Wabern zugesehen. Wir verabschieden uns von unserer „Leibgarde" und machen uns auf den Weg nach Norden. Die Gegend ist dicht besiedelt, wir passieren ein Dorf nach dem anderen, erreichen dabei fast 1.200 Meter Höhe, wo der kalte Wind die knorrigen Bäume malträtiert, und finden uns schon bald in Irbid wieder, der größten Stadt hier oben. Eine ungewohnt perfekte Ausschilderung lotst uns flüssig durch das Straßengewirr und wir nähern uns dem Dreiländereck Jordanien, Israel und Syrien.

Die Ortschaft Umm Qais mit der alten römischen Stadt Gadara liegt auf einem strategisch günstigen Hügel hoch über dem Jordantal. Der Ausblick nach Westen und Norden ist ein ganz besonderer, denn fast zum Greifen nahe blitzt der See Genezareth mit Tiberias an seinem Westufer zu uns herauf. Die grünen Hügel der Golanhöhen, die immer wieder heiß umkämpfte Region im Grenzgebiet, liegen auf Augenhöhe vor uns, nur vom tief eingegrabenen Grenzfluss Yarmuk von uns getrennt. Die Ruinen von Gadara bieten dazu einen schon romantischen Rahmen, denn die herumliegenden Säulen und Mauern sind von einem leuchtend gelben Blumenmeer umgeben, und als sich der Himmel endlich zu einem kräftigen Blau entschließen kann, ist die Stimmung perfekt. Die allgegenwärtige Tourist Police erlaubt uns, direkt neben dem Museum innerhalb des Grabungsgeländes zu übernachten, und so können wir so lange und so oft wir wollen durch die herrliche Gegend schlendern.

Kräftiger Regen prasselt auf „Mannis" Dach und lässt uns erst mal im kuscheligen Trockenen verweilen. Der scharfe Wind treibt dunkle Wolken vor sich her, über den Golanhöhen entlädt sich ein heftiges Gewitter. Es ist richtig kalt und ungemütlich, bis die Sonne erste zaghafte Versuche startet, die Oberhand über das Wetterintermezzo zu bekommen. Jetzt schlendern wir immer wieder durch das Ausgrabungsgelände von Gadara, denn die herrliche Wolkenstimmung und die klare Luft zeigen die Umgebung nun in einem tollen Licht.

Als wir gerade zusammenpacken, spricht uns ein Herr in Anzug und Krawatte an, ob alles in Ordnung sei und ob wir etwas brauchen würden, er sei der Direktor der Ausgrabungsstätte hier und er würde sich freuen, wenn wir auf einen Tee in seinem Büro vorbeikommen würden. Machen wir natürlich gern und so erfahren wir noch eine ganze Menge interessanter Dinge über die Ausgrabungen. Wir verlassen Umm Qais, passieren den ersten von einem halben Dutzend Checkpoints der jordanischen Armee und fahren entlang des Grenzflüsschens Yarmuk weit nach unten ins fruchtbare Jordantal. Hier wächst so ziemlich alles, was auf den fast überquellenden Märkten der Dörfer auch deutlich zu sehen ist. Natürlich decken wir uns da gleich mal ordentlich mit frischem Obst und Gemüse ein, bevor wir in Pella, einer weiteren Ausgrabungsstätte, unsere letzte Nacht in Jordanien verbringen.

Auszug aus dem 5. Buch Mose, Deuteronomium 34, 1-8: „[...] Mose stieg aus den Steppen von Moab hinauf auf den Nebo, den Gipfel gegenüber Jericho, und der Herr zeigte ihm das ganze Land. Der Herr sagte zu ihm: Das ist das Land, das ich Abraham, Isaak und Jakob versprochen habe mit dem Schwur: Deinen Nachkommen werde ich es geben."

Mount Nebo, irgendwann im Jahre 1280 v. Chr.: Der Prophet Moses steht, gestützt auf seinen Hirtenstab, auf dem windumtosten Gipfel und blickt versonnen nach Westen. Dort erkennt er das blaue Band des Jordan, der träge der weithin sichtbaren Wasserfläche des Toten Meeres entgegenfließt, er sieht die Mauern und Türme der Stadt Jericho in der flimmernden Hitze und er erahnt die aufsteigenden Hügel der Berge am Horizont, die das Ziel seiner Mission darstellen: „Bring das Volk Israels in das gelobte Land", so lautete der göttliche Auftrag, der ihn und die Seinen aus Ägypten fliehen ließ.

Es war ein fataler Blick, denn damit begann das Übel, das bis in unsere Zeit keinen Frieden mehr aufkommen lässt in dieser so geschichtsträchtigen Region. Moses erreicht das Ziel nicht mehr, doch Joshua packt die Trompeten aus und stürzt die Mauern von Jericho, er vertreibt die Philister, die Vorfahren der Palästinenser, von ihrem Grund und Boden und er und seine Nachfolger, allen voran die Könige David und Salomo, knechten das Land mit dem Schwert und dem Feuer. Auf dieser sagenumwobenen Basis begründet das heutige Israel seine fragwürdige Berechtigung, dort zu existieren. Seit der zweiten fatalen Entscheidung vor rund siebzig Jahren, als jüdische Politiker unter Absegnung der Amerikaner und Briten den Staat Israel auf palästinensischem Gebiet proklamierten, schwelt hier ein ununterbrochener Krisenherd vor sich hin, der immer wieder mal in einen Krieg ausbricht. Und ein Ende ist nicht abzusehen …

Jordanien betrifft diese festgefahrene Situation besonders. Sicher, das Land hatte als Einziges in der Region nie direkt unter einem Krieg mit dem ungeliebten Nachbarn zu leiden, doch der Verlust der Westbank im Sechstagekrieg brachte eine riesige Welle von Flüchtlingen ins Land, ebenso wie alle nachfolgenden Auseinandersetzungen. Und so sind rund sechzig Prozent (!) der heutigen Bevölkerung Jordaniens Flüchtlinge aus Palästina, aus dem Irak, aus dem Libanon und seit Neuestem auch aus Syrien. Für all diese Menschen gibt es keine richtige Zukunft, denn Arbeitsplätze sind rar gesät, es gibt keine nennenswerte Industrieproduktion, kein Öl.

Das zweite, ganz große Problem Jordaniens ist das fehlende Wasser. Schon in der Antike musste durch raffinierte Konstruktionen die Trockenheit überlistet werden, doch damals lebten nur einige zehntausend Menschen in diesem Landstrich. Heute sind es bald zehn Millionen, die unter diesem Manko leiden. Pausenlos sieht man die Wasserlaster über das Land fahren, jedes Dorf, jede Beduinensiedlung muss versorgt werden. Wasser ist rationiert, muss teuer verteilt werden. So ist der überwiegende Teil der Bevölkerung arm. Arm und ohne Perspektiven. Denn durch die immerwährenden Krisen in der Region investiert kein ausländischer Konzern, gibt es keine Zukunft. Weiß man um diese fatalen Situationen, dann verwundert es, wie friedlich und freundlich die Jordanier sind, wie stoisch sie ihr Schicksal meistern. Es bleibt ihnen zu wünschen, dass sich ihr Leben eines Tages verbessern möge …

19. März 2013 – 12. April 2013 – Israel und Palästina

„Pulverfass ohne Chance auf Frieden …"

Erwartungsvoll und auch ein wenig nervös starten wir zu einem der kompliziertesten Grenzübergänge der Welt. Hinübergesehen ins ungeliebte Nachbarland haben wir ja schon mehrmals, doch jetzt müssen wir aufgrund der politischen Situation in Syrien auch dorthin reisen. Die Ausreise aus Jordanien ist unkompliziert und nach einer guten Stunde auch erledigt. Dann stehen wir vor einem regelrechten Hochsicherheitstrakt. Früher dachte ich ja immer, dass die ehemalige Grenze zur DDR das Nonplusultra der Abschottung war. Doch gegen das, was hier entlang des Jordan aufgebaut ist, und welchem Prozedere sich der Reisende hier unterziehen muss, war die innerdeutsche Grenze damals ein bisschen wie Kinderkram.

Panzersperren und Schlagbäume verhindern eine Durchfahrt bis zum ersten Vorhof nach der Brücke über den Jordan. Gut, noch nichts Besonderes. Wir werden aufgefordert, an der letzten Barriere vor der Brücke stehen zu bleiben. Dutzende MG-Träger in Zivil stehen herum, schon etwas bedrückend. Jeder, auch der letzte Wachmann, mit elektronischem Knopf im Ohr, nichts wird dem Zufall überlassen, keine Sicherheitslücke wird zugelassen. Nach einiger Zeit geduldigen Wartens werden wir über die Brücke gewunken, stoppen inmitten schwer bewaffneter Grenztruppen. Ein junger Sicherheitsoffizier, auch in Zivil, begrüßt uns überraschend freundlich in tadellosem Englisch: „Willkommen in Israel. Ah, ihr seid aus Deutschland, das ist ja toll. Mein Großvater war auch von dort, aus Hamburg, aber ich spreche leider fast kein deutsches Wort mehr, schade eigentlich. Wie lange wollt ihr denn in Israel bleiben?" – „Ja, so zwei Wochen, wir wollen hier auf die Fähre zurück nach Europa." Er nimmt unsere Pässe in Empfang und blättert sie interessiert durch. „Oh, ich sehe, ihr seid auch im Iran gewesen, acht Wochen lang! Und bei uns wollt ihr nur zwei Wochen bleiben?" – „Na ja, der Iran ist ja auch eine ganz Ecke größer, oder?", versuche ich die Spannung ein wenig herauszunehmen. Aber unser neuer Freund lacht nur und erklärt uns das nun zu erwartende Prozedere des Grenzübergangs. „Also, jedes Fahrzeug muss hier durch eine Röntgenanlage. Und dafür muss es komplett leer sein. Nichts darf sich innerhalb des Fahrzeuges befinden." Nun, das wussten wir ja schon im Vorfeld, also überrascht es uns nicht wirklich. „Ich weiß, das ist ein riesiger Aufwand, aber das sind nun mal unsere Bestimmungen. Ich habe absolutes Verständnis, wenn ihr das nicht wollt, dann dürft ihr sofort wieder nach Jordanien zurückfahren." Sehr witzig … „Nee, nee, alles klar, wir sind natürlich einverstanden, aber das wird wohl ein Weilchen dauern. Einen normalen Pkw zu entladen, ist ja kein wirkliches Problem, aber einen voll beladenen Expeditions-Lkw? Da werden wir wohl zwei Tage bei euch hier an der Grenze verbringen …" Etwas nachdenklich entlässt er uns zur Passkontrolle, um den Einreisestempel abzuholen. Nach einer Stunde sind wir registriert und unser „Officer" stößt wieder zu uns, im Schlepptau vier Kollegen. „Also, wir haben uns die ganze Sache mit dem Ausräumen eures Trucks noch mal überlegt. Wir schlagen euch einen Deal vor: Wir röntgen euren Truck im beladenen Zustand und kontrollieren dann nur noch stichpunktartig Gegenstände, die wir nicht eindeutig identifizieren können. Wäre das okay für euch?" Wir unterdrücken ein breites Grinsen und stimmen diesem Deal natürlich sofort zu. Sie haben wohl sehr schnell erkannt, dass ein Entladen unseres Fahrzeugs den üblichen Zeitrahmen einer Einreisekontrolle deutlich sprengen würde. Gesagt, getan! Doch nach der Röntgenkontrolle und einigen Stichproben dann noch eine überraschende Zusatzkontrolle: „So, jetzt fährt unser Kollege euren Truck in diese Halle hier, um noch eine mechanische Kontrolle durchzuführen. Dabei dürft ihr aber nicht dabei sein." Unsere Fragezeichen in den ungläubigen Augen kommentiert er mit einem knappen: „Ist halt so. Wir geben euch Bescheid, wenn er damit fertig ist." Ein Schwerbewaffneter eskortiert uns in eine Wartehalle, in der wir ständig beobachtet werden. Selbst der Gang auf die Toilette wird begleitet … Elektrozäune mit Stacheldraht sichern jeden Hof und jede Halle, Kameras überwachen alles. Nach einer knappen Stunde darf ich unseren „Manni" wieder abholen, ein Bewaffneter fährt mit, Conny muss einstweilen in der Wartehalle bleiben, läuft nervös auf und ab. Bei der Kontrolle unserer Wohnkabine fallen verräterische Fußspuren auf der Sitzbank auf. Ist uns womöglich ein Peilsender eingebaut worden, um uns jederzeit „im Griff" zu haben? Ein sehr mulmiges Gefühl befällt uns. Schlussendlich ist noch eine teure Versicherung für „Manni" abzuschließen, alle Daten werden ein weiteres Mal registriert, doch dann haben wir es geschafft! Unser persönlicher Sicherheitsoffizier verabschiedet sich von uns per Handschlag: „Ich bitte noch mal um Entschuldigung für die langwierigen Sicherheitskontrollen, aber ihr wisst schon, unsere Nachbarn mögen uns nicht so besonders." Warum wohl …? Wir bedanken uns für den fairen Deal mit der Röntgenanlage, fahren zur Endkontrolle an der Ausfahrt, dann hebt sich die finale Schranke. Keine fünf Stunden später sind wir drin im Hochsicherheitstrakt Israel/Palästina; da hatten es die Jungs zu Moses Zeiten einfacher …

Kann man sich unter solchen Umständen wohlfühlen? Oder sollte man mal darüber nachdenken, ob man am nachbarschaftlichen Verhältnis so langsam etwas ändern müsste?

Irgendetwas ist anders als in den vergangenen Monaten. Und so langsam dämmert es uns. Wir sind wieder in der sogenannten westlichen Welt. Die Preise im Supermarkt und an der Tankstelle erinnern uns doch sehr an zu Hause und es gibt wieder eine große Weinauswahl. Wir bummeln durch Tiberias, nicht gerade eine Schönheit, trotz der tollen Lage direkt am See Genezareth, der allerdings so dreckig erscheint, dass es sicher besser wäre, darüber zu laufen, anstatt darin zu baden … Auf unserer Fahrt entlang des Sees besichtigen wir das rund 2.000 Jahre alte Fischerboot, mit dem angeblich schon Simon seinerzeit auf dem See unterwegs war, statten der Kirche der Apostel einen kurzen Besuch ab und sind beeindruckt vom guten Erhaltungszustand der bekannten Mosaiken in der Kirche der wundersamen Brot- und Fischvermehrung. Bis dahin zählen wir mindestens einhundert (!) Reisebusse mit Touristen aus allen Teilen der Welt, die den Spuren Jesu voll klimatisiert und Wi-Fi-ausgestattet im Laufschritt folgen. So will bei uns die erwartete, andächtige Stimmung nicht so recht aufkommen und wir schlagen uns am späten Nachmittag in die Büsche, wo wir bei einem Glas Rotwein einen ungestörten Blick auf den geschichtsträchtigen See genießen.

Bei einem morgendlichen Rundgang entdecken wir, dass man in der anschließenden Bucht fast bis ans Wasser hinunterfahren kann, wir sehen grüne Rasenflächen unter großen Bäumen und wechseln den Standort. Putzige Klippschliefer, die uns an die heimischen Murmeltiere erinnern, flitzen aufgeregt zwischen den Ufersteinen umher oder sonnen sich auf der Wiese. Gegen Abend radelt noch Tobi aus Waiblingen an unseren Strand und baut sein Zelt in unserer Nähe auf. Er war einige Jahre in Afrika im Entwicklungsdienst tätig und hat vor Kurzem frustriert seinen Dienst quittiert, da er die Scheinheiligkeit der Hilfsorganisationen nicht mehr mittragen konnte. Wir erfahren viele Interna dieser Organisationen und sind fassungslos ob der Machenschaften auf Kosten der weltweit willigen Spender und der Bedürftigen.

Wer kennt sie nicht aus unzähligen Nachrichtensendungen, die Pufferzone auf den Golanhöhen zwischen Israel und Syrien, kontrolliert von der UN und immer wieder wegen kleiner Scharmützel in den Schlagzeilen. Im Moment ist alles unter Kontrolle, Syrien hat genug mit sich selbst zu tun, und so wagen wir uns in diese herrlich grüne und gebirgige Ecke des Landes. Wir überqueren den Jordan und nun steigt die Straße beharrlich an, durch akkurat gepflanzte Plantagen und vorbei an schmucken Dörfern. Fette Kühe weiden zwischen noch nicht geräumten Minenfeldern, Weinstöcke gedeihen unter Radaranlagen und Militärposten. UN-Fahrzeuge weisen auf die angespannte Lage hin, auch wenn eine überaus friedliche

Stimmung über dem fruchtbaren Hügeln liegt. Über Mas'ada und Majdal Shams fahren wir hoch bis zum Skigebiet am Mount Hermon, mit 2.224 Metern die höchste Erhebung in Israel und auch jetzt noch mit einer ganzen Menge Schneeresten garniert. Wir stellen uns auf den großen Parkplatz, auch schon rund 1.650 Meter hoch gelegen, um morgen diesem Aussichtsberg direkt an den Grenzen zum Libanon und zu Syrien aufs Haupt zu steigen, doch urplötzlich schlägt das Wetter um, Sturm kommt auf und treibt dichte Nebelschwaden vor sich her, Regen setzt ein und die Temperatur stürzt von fast dreißig auf nur noch zehn Grad Celsius ab. Wir verkriechen uns rasch ins geschützte Innere von „Manni" und wärmen uns mit einem ordentlichen Abendessen und einem respektablen Rotwein aus einheimischer Produktion. Plötzlich, es ist schon spät in der Nacht, wird es spannend: Ein Militärfahrzeug stoppt direkt neben uns und wir rechnen jeden Moment mit forschem Klopfen an unserer Tür, da wir hier oben nahe einer Militärbasis stehen. Doch die Jungs im Wagen klappen lediglich ihren Laptop auf, überprüfen gewissenhaft unsere Fahrzeugdaten und identifizieren uns wohl als harmlose Touristen. Hat der vielleicht eingebaute Peilsender also doch was genützt ...?

Ekelhafter Sprühregen und undurchdringliche Nebelschwaden, ganze drei Grad Celsius, die mit dem scharfen Wind noch eisiger wirken, lassen uns nur widerwillig aus den warmen Federn schälen, ist es doch ohne nach wie vor nicht funktionierende Heizung selbst im „Manni" nicht gerade kuschelig. Bei diesen Bedingungen ist an eine Wanderung natürlich nicht zu denken und so rollen wir langsam wieder hinunter nach Majdal Shams, hier haben wir unterhalb der dichten Nebeldecke zumindest wieder vernünftige Sicht. Wir fahren vorbei an den Ruinen der Festung Nimrod, die majestätisch auf einem isolierten Berggipfel die gesamte Region überwacht, und durchqueren Dörfer, die mit hohen Stacheldrahtzäunen und automatischen Toren hermetisch abgeriegelt werden können. Es ist eine befremdende und verstörende Erfahrung, als wir kapieren, dass sich die jüdische Bevölkerung im Ernstfall eines Angriffs so wirkungsvoll abschotten und die Angreifer aussperren kann. Ein wenig später erreichen wir in Qiryat Shemona wieder die tiefe Ebene des Jordan. So weit das Auge reicht, wird hier üppige Landwirtschaft betrieben, Plantagen exotischer und bekannter Früchte und Gemüse aller Art gedeihen in diesem perfekten Klima.

Ein Abstecher nach Metula lässt uns einen weiten Blick in den Libanon werfen, der den Ort regelrecht einkesselt und uns wieder die prekäre Situation der Region vor Augen führt. Bis Zefat regnet es nun immer wieder, sodass wir auf weitere Stopps entlang der grünen Natur verzichten. Dieser auf mehreren Hügeln erbaute Ort ist ein Zentrum der jüdischen Traditionen und beliebter Wirkungs- und Wohnort vieler Künstler. Wir stellen uns mitten im Ort auf den großen Parkplatz vor der alten Festung und nutzen die Regenpausen zu Spaziergängen durch die schmalen Gassen, die am heutigen Sabbat wie ausgestorben sind. Auf einer dieser Rundgänge besuchen wir die Reste der alten Festung von Zefat. Dort wurde von den Israelis zu Ehren der jüdischen Pioniere, die 1948 das Land „befreiten", ein Gedenkstein für die beim Kampf um Zefat gefallenen zweiundvierzig Kämpfer errichtet. Auf die damals rund 300.000 (!) aus der Region vertriebenen Palästinenser und deren Tausende Tote weist allerdings nichts hin ...

Der Entschluss ist schnell gefasst, wieder nach Tiberias an den See Genezareth hinunterzufahren, da es dort sicher deutlich wärmer und, so wie es aussieht, auch trocken ist. Die Straße windet sich in vielen Kehren rund 800 Höhenmeter nach unten, bis wir wieder 200 Meter unter dem Meeresspiegel sind und tatsächlich, hier ist es wesentlich angenehmer. Wolkenloser Himmel spannt sich über den See Genezareth und die Golanhöhen, der Mount Hermon grüßt wie zum Hohn mit seinen in der Sonne blitzenden Schneeflanken bis zu uns herüber. Es verspricht, ein heißer Tag zu werden. An der Wasserversorgung einer großen Wohnanlage dürfen wir dank des freundlichen Hausmeisters unsere nahezu leeren Wassertanks wieder bis zum Rand füllen, bevor wir über kleine Nebenstraßen in den äußersten Nordwesten des Landes starten. In stetigem Auf und Ab fahren wir durch endlose Olivenhaine und kleine Dörfer und plötzlich blitzt es durch die steinigen Berghänge – das Mittelmeer! Auf einer gerade mal mannibreiten Nebenstraße erreichen wir die Küstenebene und finden am Strand von Achziv einen herrlichen Platz. Nur wenige Kilometer hinter uns deutet ein Bergrücken die schwer bewachte

Grenze zum Libanon an, Patrouillenboote überwachen pausenlos die Küste und Soldaten in voller Kampfausrüstung marschieren in Richtung Kaserne. So übernachten wir bestens bewacht am einsamen Strand …

Die Sonne strahlt und wir freuen uns auf einen schönen Tag am Meer. Doch was ist das? Kaum stellen wir die Stühle draußen auf, fallen Myriaden von winzigen Fliegen über uns her, kriechen in Nase und Ohren und schicken sich an, den Frühstücksbrotbelag mit einer dicken Schicht zu besetzen. Wir geben uns schon bald geschlagen und fahren nach Akko, der bekannten Festungsstadt an der Küste. Das machen mit uns gemeinsam auch noch ein paar andere, sodass die Altstadt im Lauf des Tages aus ihren alten Gemäuern zu bersten scheint. Was selbst Napoleon seinerzeit nicht gelungen war, die Touristen heutzutage schaffen es, die Altstadt ist fest in ihrer Hand. Es sind die jüdischen Osterfeiertage samt den dazugehörigen Ferien, die die Menschen auf die Beine bringen, dazu wieder mal Tausende auf Christus' Spuren wandelnde Europäer, die sich zwischen den historischen Kirchen und Moscheen drängeln. Zu allem Übel ist es heute extrem schwül und heiß und so machen wir uns am Nachmittag wieder vom Hof, um außerhalb der Stadt am Strand ein angenehmeres Plätz-

chen zu finden. Das gelingt uns auch schnell und so sitzen wir dann mit einem eiskalten Sundowner unter den inzwischen aufgezogenen Gewitterwolken, die sich jedoch freundlicherweise zurückhalten, am breiten Sandstrand südlich der alten Stadtmauer. Und als schließlich die Sonne endgültig den Kampf gegen die Wolkenübermacht verloren hat, leuchten von links das Lichtermeer von Haifa und vor uns in dezenten Farben die Türme Akkos, während uns die leichte Brandung des Meeres in den Schlaf schickt.

Der nächtliche Wind hat uns den Sand ordentlich um die Ohren getrieben, sodass wir ihn nun in jeder erdenklichen Ritze vorfinden. Als wir losfahren, knirscht es noch ein bisschen, doch das gibt sich nach den ersten Kilometern. Die bringen wir auf der Autobahn nach Haifa hinter uns, das schon die ganze Zeit am anderen Ende der Bucht zu uns herübergrüßt. Es ist eine angenehme Stadt mit einem großen Hafen und vielen über die steilen Hänge gebauten Häusern. Die Keimzelle der Stadt ist „The German Colony", die ehemalige Siedlung württembergischer Auswanderer, der protestantischen Templer, deren alte Häuser heute alle gekonnt renoviert und einem neuen Nutzen zugeführt wurden. Die alte Hauptstraße führt in gerader Linie auf das prächtige Baha'i Mausoleum des Bab mit seiner imposanten Kuppel zu, dem architektonischen Fixpunkt der Hängenden Gärten am Berg Carmel. Wir steigen unzählige Treppen entlang der traumhaft angelegten Gärten empor, besuchen in andächtiger Ruhe das Mausoleum des Bab und erfreuen uns an der wunderbaren Aussicht über die weite Bucht von Haifa. Die gesamte Anlage ist in floraler Perfektion gestaltet, der Duft Tausender bunter Blüten betört die Sinne und man ist schnell gefangen von der Ausstrahlung dieser religiösen Stätte. Am Nachmittag verlassen wir die Stadt in Richtung Süden, immer direkt entlang der ungemein fruchtbaren Küstenebene. Die Autobahn bringt uns rasch hinunter nach Caesarea, dem antiken Hafen der Griechen und Römer. Ganz in der Nähe der Ausgrabungsstätte fahren wir direkt ans Meer, wo die Reste eines einst mächtigen Aquädukts über viele hundert Meter entlang der Küste noch heute von der einst wichtigen Stadt zeugen und uns mit seinen endlosen Bögen eine wunderbare Silhouette in die untergehende Sonne zeichnet.

Unschlüssig stehen wir vor der Ausgrabungsstätte. So richtig viel ist von außen nicht zu erkennen, der Plan verspricht einige Mosaike zwischen alten Grundmauern ehemaliger römischer Villen, ein paar aufgerichtete Säulen und ein römisches Theater, umgeben von dicken Mauerresten aus byzantinischer Zeit. Doch was uns wirklich stört, das sind Dutzende, im Wind flatternde, bunte Flaggen, eine nervige Musikbeschallung, die über das ganze Areal tönt, und schon von außen erkennbare, zu offensive Restaurationen. Wir entscheiden, dass uns das Angebotene den teuren Eintritt nicht wert ist, die passende Stimmung wird hier nicht aufkommen. Dafür haben wir schon zu viele wirklich stimmungsvolle und interessante, historische Stätten genießen dürfen. So verlassen wir diesen Mix aus historischem Gemäuer und moderner Picknickkultur und machen uns auf den Weg nach Nazareth. Es herrscht dichter Osterfeiertagsverkehr, doch die Entfernungen sind erfreulicherweise nicht weit. Wir passieren Afula und sehen Nazareth schon von Weitem auf einem Hügel liegend die Umgebung beherrschen.

Unser erster Stopp gilt einem farbenfrohen Obst- und Gemüsemarkt, auf dem wir unsere Vorräte mit frischen Früchten aus der Umgebung ordentlich aufstocken. Ein unglaublich buntes und vitales Treiben lässt uns augenblicklich eintauchen in eine arabisch geprägte Welt, denn Nazareth ist zu rund siebzig Prozent palästinensisch. Eine ältere Dame nimmt uns an die Hand, führt uns zu den ihrer Meinung nach besten Marktständen und überwacht unsere Einkäufe, damit wir nicht übervorteilt werden. Doch dies scheint uns nicht wirklich notwendig zu sein, denn die Menschen hier sind ausgesprochen freundlich und freuen sich, dass wir den Weg zu ihnen auf den Markt gefunden und uns nicht für den danebenstehenden jüdischen Supermarkt entschieden haben. Schwieriger wird es, in der Stadt einen vernünftigen Platz für die Nacht zu finden, dies scheitert an der Enge der Bebauung. Erst auf dem Berg des Abgrunds, von dem Jesus einst heruntergestoßen werden sollte, allerdings dabei seinen Verfolgern noch einmal entkam, werden wir innerhalb der Umzäunung fündig. Eine vorbeikommende Polizeistreife hält neben uns: „Salam aleikum, dürfen wir hier über Nacht stehen bleiben und schlafen?" – „Ja, okay, wir schließen das Eingangstor zum Park um acht Uhr, dann seid ihr sicher aufgehoben. Dann kommt ihr allerdings auch nicht mehr hinaus bis morgen Früh." – „Das macht gar nichts, wir haben es morgen nicht eilig." – „Hier, ich gebe euch noch meine Handynummer, falls irgendetwas ist, dann kommen wir sofort." – „Oh, vielen Dank, das ist ja ein toller Service …" Bei Einbruch der Dunkelheit schließen die Jungs das Tor ab und wir genießen sicher das nächtliche Lichtermeer Nazareths, über dem nun der Vollmond langsam aufgeht.

Vor genau einem Jahr sind wir in „Manni" umgezogen, haben dabei das bisherige Leben hinter uns gelassen. Und es ist Connys Geburtstag, den wir heute feiern dürfen! Nach einem gemütlichen Vormittag mit intensivem Aufwachen, heißem Duschen, einem reichhaltigen Frühstück mit Blick auf Nazareth und vielen Gratulations-Skypeanrufen unserer Familien warten die Kirchen dieses berühmten Ortes schon ungeduldig auf uns. Verkündigungskirche und St. Gabriel-Kirche sind dabei die wichtigsten, doch es fehlt uns so ein bisschen der gedankliche Zugang zum Gebotenen, der touristische Rummel ist einfach zu heftig. Wir bummeln noch ein wenig durch die Gassen, doch so richtig gefallen will es uns hier nicht.

Nicht weit von Nazareth ragt der Mount Tabor aus der Ebene empor und auf dessen Haupt kurbeln wir jetzt hoch. Unten warnt uns ein Schild mit einem Fahrverbot für Lkw über vier Tonnen Gewicht und zweieinhalb Metern Höhe. „Willst du da trotzdem hoch?" Connys Zweifel sind berechtigt, neige ich doch manchmal zu leicht unvernünftigen Entscheidungen. „Klar, wird schon passen, oder willst du die vier Kilometer da hoch lieber laufen?" Normal sicher kein Problem, doch wir wollen da oben wenn möglich natürlich übernachten und dazu brauchen wir nun mal unseren „Manni". Die schmale Serpentinenstrecke stellt uns schlussendlich vor keine Probleme und die Höhenbeschränkung bezieht sich dann lediglich auf die Hofeinfahrt zur Verklärungsbasilika oben am Gipfel. Etwas abseits der Einfahrt finden wir einen passablen Parkplatz oberhalb einer tollen Aussichtswiese. Dort hat sich bereits eine palästinensische Familie niedergelassen. Sofort werden wir aufgefordert, uns zu ihnen zu setzen. Schon bald machen Teegläser und Kaffeebecher die Runde, wir teilen uns die mitgebrachten Feinheiten und genießen gemeinsam den herrlichen Blick, der hier über ganz Galiläa reicht.

Der weite Blick vom Mount Tabor offenbart die fast schon paradiesische Schönheit dieses lieblichen Landstrichs, des Kernlandes christlichen Glaubens. Hier hat Jesus seine Reise zu den Seelen und Herzen der Menschen begonnen, verbrachte erste Wunder und begründete so eine Religion, deren Anfänge sich hier hinter nahezu jedem Hügel entdecken lassen. Nazareth und Kanaa, Tabgha und Kapernaum, der Berg der Seligpreisungen und die vielen Taufstellen am Jordan sind nur einige dieser Plätze, zeugen von dieser Zeit. Jeder noch so kleine Zipfel dieser Region ist effizient bewirtschaftet, mehrere Ernten pro Jahr beweisen die Kraft des reichen Bodens. Auf den grünen Hügeln drängen sich weiße Häuser zu dicht besiedelten Dörfern und Städten, wir erkennen Nazareth und Tiberias am See Genezareth, der sich in der tiefen Senke des Jordantals versteckt. Dahinter ragen die mit Weinstöcken kultivierten Golanhöhen aus dem Dunst des Horizonts, der im Norden von den immer noch schneebedeckten Flanken des Mount Hermons begrenzt wird. Hinter den bewaldeten Bergrücken von Zefat und Karmi'el schlägt die Brandung des Mittelmeeres an die felsigen und sandigen Küsten, die schon vor langen Zeiten von der Festung Akko beschützt wurden. Heute leuchtet vor allem Haifa mit seinen schicken Häusern entlang des Carmelbergs weit hinaus über die Wellen, hinaus in die Zukunft.

Doch was ist die Zukunft? Juden und Christen, Moslems und Drusen, Baha'i-Anhänger und junge Menschen ohne eine ausgeprägte Neigung zu einer bestimmten Religion leben hier oben im Norden Israels scheinbar friedlich zusammen, teilen sich das Land und die Orte, leben ihren Glauben, ohne vom Nachbarn behelligt zu werden. Doch dieser Eindruck täuscht, das Paradies hat wackelige Fundamente, die immer wieder mal zum Schwanken gebracht werden. Und dann werden sich die hier lebenden Menschen wieder bewusst, in welch diffiziler Gemeinschaft sie sich befinden. Die schwer bewaffnete Staatsmacht ist allgegenwärtig, die professionell gesicherten Grenzen zu Syrien und dem Libanon warnen vor Leichtsinn, das Miteinander ist von Misstrauen und Angst bestimmt. Niemand kann sagen, ob sich dies je ändern kann, zu viele Veränderungen wären notwendig. Die Köpfe sind festgefahren, die Herzen verbittert. Dabei könnte es hier tatsächlich ein wenig wie im Paradies sein …

Wir statten der Verklärungskirche noch einen Besuch ab, die zwar in einer wunderschönen Umgebung steht, allerdings sehr nüchtern und kalt auf uns wirkt. Fast im Schritttempo rollen wir wieder hinunter in die grüne Ebene, so steil und eng bauen sich die Kurven vor uns auf. Quer durch das Harod-Tal, vorbei an Bet-Sche'an, dringen wir nun immer tiefer ins Jordantal hinein. Wir passieren eine Kontrollstelle und sind plötzlich in der Westbank, diesem mehrheitlich von Palästinensern bewohnten Gebiet. Sofort fällt der Unterschied zu Galiläa auf – es wirkt alles viel ärmlicher und schmutziger, die wenigen Plantagen erscheinen ungepflegter. Jüdische Siedlungen, oft auch mittels illegaler Landnahme gebaut, sind stacheldrahtumzäunt und torgesichert, eine beklemmende Stimmung breitet sich bei uns aus.

Die Gegend wird wüstenartiger, je weiter wir dem Jordan folgen, immer direkt an der mit vier aufeinanderfolgenden Zäunen gesicherten Grenze zu Jordanien. Eine fast schon skurrile Landschaft und Stimmung. Um Jericho weitet sich das Tal, große Palmenhaine verstecken die schmucklose Stadt. Und dann sehen wir auch

wieder das Tote Meer, das sich vor uns mit seiner spiegelglatten, blauen Wasserfläche zwischen die kargen Wüstenberge zwängt. Doch noch lassen wir es links liegen, denn die Autobahn schlängelt sich nun über 1.000 Höhenmeter hinauf in die judäischen Berge, vorbei an ärmlichsten Wellblechhütten und Ziegenhaarzelten palästinensischer Halbnomaden, die mit ihren Ziegen und Schafen zu den kümmerlichen Weidemöglichkeiten ziehen. Dann wieder ein schwer bewaffneter Checkpoint und plötzlich sehen wir die Türme Jerusalems! Eine mannibreite, sehr steile Straße klettert hinauf auf den Ölberg und wir stellen uns auf den Parkplatz des Aussichtspunktes genau gegenüber der goldenen Kuppel des Felsendoms. Was für ein Panoramastellplatz! Direkt gegenüber der Altstadt, umgeben von berühmten Kirchen des Christentums und der jüdischen Geschichte, vor uns der von den Moslems verehrte Tempelberg. Doch es ist auch der Treffpunkt der arabischen Jugend hier oben und so wechseln wir zum Schlafen später doch noch den Platz, da es einfach zu laut ist. Und den finden wir dann inmitten der Olivenbäume oberhalb der Gethsemane-Kirche.

Seit den fernen Zeiten der Könige David und Salomon, als der erste Tempel der Juden errichtet wurde, umgibt die Stadt zwischen den Hügeln des Kidrontales der Mythos des Besonderen. Daran änderte auch die Zerstörung der Mauern und des Tempels nichts. Zu biblischen Zeiten errang Jerusalem erstmals wichtige religiöse Bedeutung, die jedoch schon bald darauf von den Römern restlos ausgelöscht wurde. Übrig blieb allein die Westmauer des zweiten Tempels, die als Klagemauer bis in unsere Tage das heiligste Relikt für die jüdischen Gläubigen darstellt. Unglücklicherweise steht auf dem darüberliegenden Tempelberg seit der Eroberung der Stadt durch die islamischen Heere der von ihnen verehrte Felsendom, dessen leuchtend goldene Kuppel das eigentliche Wahrzeichen Jerusalems ist. Hier ballt sich innerhalb weniger Schritte das gewaltigste religiöse Konfliktpotential der Welt, umringt von einer mächtigen Mauer aus riesigen Quadern. Zu guter Letzt findet auch das Christentum in all seinen Ablegern hier seinen geistigen Mittelpunkt. Gethsemane-Kirche, Via Dolorosa, Grabeskirche und unzählige weitere heilige Stätten und Kirchen prägen das Bild um Ölberg und

Altstadt. So ist das Stadtbild bestimmt von Pilgern der drei monotheistischen Religionen, wetteifern Muezzin und Glockengeläut um Aufmerksamkeit und bilden einen Schmelztiegel von historischer Dimension.

Leider ist das heutige Jerusalem immer noch von den unschönen Begleitumständen dieser 3.000 Jahre währenden Entwicklung geprägt. So postieren schwer bewaffnete Soldaten an jeder Ecke der Altstadt, riegeln bei Bedarf das muslimische Viertel hermetisch ab, um jegliche Unruhe schon im Keim zu ersticken. Weithin sichtbar teilt eine hohe Mauer palästinensische Wohngebiete vom eigentlichen Stadtbereich, um eine bessere Kontrolle zu gewährleisten.

So sitzen wir denn mit sehr gemischten Gefühlen auf dem Ölberg gegenüber der Altstadt, erfahren von unseren palästinensischen Nachbarn – Taxifahrern, Friedhofswärtern, Souvenirverkäufern und einfachen Passanten – so manches über die frustrierenden und wenig zukunftserhellenden Umstände des täglichen Kampfes mit den jetzigen Herren des Landes. Jerusalem wird bei aller Historie, bei allem religiösen Ereifern und auch bei allen Versuchen, kosmopolitisch zu wirken, ein brisanter Schmelztiegel bleiben, wo es nur wenig braucht, um den mühsam festgehaltenen Deckel hinwegzusprengen.

Es gibt wohl kaum einen geschichtsträchtigeren Platz auf dieser Welt als die engen Gassen hinter den mächtigen Mauern aus osmanischer Zeit. Judentum, Christenheit und Islam betrachten diese Stadt als den Ort, an dem die jeweilige Religion Bedeutendes erfahren hat. Und so ist bis in die heutige Zeit dieser Platz der unzähligen Synagogen, Kirchen und Moscheen der wohl unruhigste Krisenherd der Menschheit geblieben. Als wir das geschichtsträchtige Gemäuer durch das Löwentor betreten, werden gerade einige Palästinenser von den schwer bewaffneten Sicherheitskräften aus dem Bereich des Tempelbergs in ein nahe gelegenes Polizeigebäude gefesselt abgeführt. Ein Einstieg, der bedenklich stimmt. Entlang der Via Dolorosa, auf der Jesus einst von seinen Henkern zum Kreuzigungsplatz getrieben wurde, erreichen wir die Grabeskirche, in der soeben die Ostermesse gefeiert wird. Stimmungsvolle Gesänge der gläubigen Christen aus aller Welt erfüllen die dunklen

Räume, die nur vom Schein unzähliger Kerzen erhellt werden. Lange noch sitzen wir auf den Stufen vor der Kirche und beobachten das Geschehen.

Die komplett ummauerte Altstadt ist unterteilt in das jüdische, das armenische, das christliche und das muslimische Viertel, jeweils geprägt von den verschiedenen Lebensweisen und Religionen. Fast unmerklich wandeln wir von einer Welt in die andere und einige Gassen weiter wieder zurück. Und plötzlich stehen wir vor der Klagemauer, dem wichtigsten Heiligtum der jüdischen Religion. In fast schon ekstatischer Hingabe verharren die Menschen hier im Gebet, lesen in der Thora und wiederholen in monotonem Sprechgesang nur ihnen geläufige Sätze. Den ganzen Tag lassen wir uns durch diese fremden Welten treiben, saugen dieses pulsierende Leben in uns auf. Erst als wir wieder auf unserem Platz mit der Aussicht auf die östliche Stadtmauer mit der leuchtenden Kuppel des Felsendoms sitzen, spüren wir die Müdigkeit in uns aufsteigen.

Gestern war der Tempelberg für Besucher gesperrt, da es wohl einigen Ärger gegeben hat, und so machen wir uns heute schon vor dem Frühstück auf, diese für Moslems drittwichtigste Stätte auf der Welt zu besuchen. Hier

soll der Prophet Mohammed seinerzeit gen Himmel aufgefahren sein und so bauten die arabischen Herrscher der damaligen Zeit einen prächtigen Dom über den Felsen, von dem aus dies geschehen war. Unglücklicherweise befinden sich genau unter diesem besagten Felsendom die Reste des ehemaligen jüdischen Tempels, von dem lediglich die Westmauer, die sogenannte Klagemauer, übrig geblieben ist. Und damit erklärt sich fast von selbst, warum es hier seit Jahrhunderten immer Zoff gibt.

Nach strengen Sicherheitskontrollen der heutigen Staatsmacht dürfen wir hinein in dieses islamische Zentrum, das uns sofort mit

seiner ruhigen Ausstrahlung gefangen nimmt. Mittelpunkt ist natürlich der reich verzierte Felsendom mit seiner weithin sichtbaren goldenen Kuppel, flankiert von der Al-Aksa Moschee sowie weiteren kleineren Gebetshäusern, Schulen und Brunnenanlagen. Uralte Olivenbäume spenden Schatten, in dem sich koranlesende Männerrunden und den Alltag besprechende Frauengruppen zusammenfinden. Betreten dürfen wir die alten Gebäude nicht, doch allein die Atmosphäre an sich ist beeindruckend und lässt uns den ganzen Vormittag verweilen. Nur die allgegenwärtigen, arrogant-martialisch auftretenden, jüdischen Sicherheitspolizisten mit verspiegelten Brillen und umgehängtem Maschinengewehr stören die Szenerie. Erst kurz vor dem Ende der erlaubten Besuchszeit verlassen wir dieses Zentrum islamischer Geschichte und fahren wieder hoch zum tollen Aussichtspunkt gegenüber der Altstadt. Leider ist inzwischen die Sicht dermaßen eingetrübt, dass wir kaum noch einzelne Strukturen der Stadt erkennen können. Und so verquatschen wir den Nachmittag wieder mit Abed, dem 88-jährigen, arabischen Friedhofswärter des jüdischen Friedhofs hier oben am Ölberg, der uns viele interessante Geschichten aus den vergangenen fünfundsiebzig Jahren erzählen kann:

„Seit den späten Dreißiger Jahren bin ich hier oben Friedhofswärter und ich kenne sie fast alle persönlich, die sich hier begraben haben lassen bis in unsere Zeit, denn sie suchen sich ihre Grabstelle schon zu Lebzeiten aus. Und deren Familien, sie bezahlen mich gut, damit ich die Gräber ihrer Verwandten pflege. Sie laden mich immer wieder ein, nach Kanada, in die USA und nach Frankreich und auch nach Australien. Doch langsam wir mir das Reisen beschwerlich …" Bedächtig schweift sein Blick über die Türme seiner Stadt, die seine nicht sein darf. „Sieh mal, dort hinten, siehst du die schwarze Mauer? Acht Meter ist sie hoch, höher als die Berliner Mauer früher. Sie teilt unser Land zwischen denen und uns. Dahinter, da liegt Bethlehem, da ist Hebron. Sie sperren uns aus – oder ein, ganz wie du willst." Mit ruhiger Hand bereitet er den starken arabischen Tee zu, den er uns nun in die abgegriffenen Gläser gießt. „Ich war hier schon, als die Briten uns verraten haben, ich habe mich hier oben versteckt, als die Juden 1948 die Stadt eroberten und uns vertrieben. Sie nannten es ‚Befreiung'!" Versonnen zerkaut er mit den Resten seiner Zähne ein Stückchen Würfelzucker, schlürft er seinen heißen Tee. „So viele Machthaber habe ich kommen und gehen sehen und nach jeder Eroberung ist es uns ein Stückchen schlechter gegangen, haben sie uns unsere Freiheit genommen. Sieh dir doch die ganzen jungen Menschen hier an, sie haben keine Zukunft, keine echte Chance auf ein gutes Leben. Sie bleiben Gefangene in ihrem eigenen Land…"

Und dann Yad Vashem – selten fehlten mir die Worte so sehr wie nach diesem Besuch.

Die Holocaust-Gedenkstätte soll mahnen und erinnern, erklären und helfen zu verstehen. Die Wucht der Bilder, der Filme und Dokumentationen, die persönlichen Relikte der Gepeinigten, alles ist so übermächtig, so niederschmetternd, dass mir das Denken schwerfällt. Wie von einem wirren Strudel erfasst, drehen sich meine Gedanken um diese unfassbaren Geschehnisse, unfähig, das Gesehene sofort zu verarbeiten. Was für kranke Gehirne, fern jeglicher Moral und Kultur, seelenlos und gleichgültig, konnten sich solche Grausamkeiten erdenken. Sechs Millionen Menschen wurden auf bestialische Weise gedemütigt, ermordet und vernichtet, von Vertretern eines Volkes, das sich rühmte, eines der zivilisiertesten der Welt zu sein. Diese Menschen wurden wie Vieh gebrandmarkt, gettoisiert und schließlich auf jede nur erdenkliche Weise umgebracht. Tränen der Wut, der Trauer, der Betroffenheit lassen meinen Blick auf das Unvorstellbare verschwimmen, ich friere. Ich brauche lange, um Worte zu finden, die das Gesehene beschreiben können; es brennt tief in mir und ich habe das Bedürfnis, um Verzeihung zu bitten, obwohl ich mich in niemandes Schuld befinde.

Danach verlangt es uns nach Ruhe. Wir verlassen Jerusalem, fahren hinaus in die judäischen Berge, die karg und steil hinunterfallen ins Jordantal. Doch seltsame Parallelen soeben gesehener Geschichte begleiten uns hierbei. Wir passieren schwer bewaffnete Checkpoints, die hermetisch abgeriegelte – gettoisierte – Wohngebiete bewachen, weithin sichtbare Warnschilder verbieten das Betreten dieser Sektoren, deren Bewohner verschiedenfarbige Kennkarten immer mit sich führen müssen. Arrogante Kontrollen signalisieren den Kontrollierten ihre Zweitklassigkeit. Palästinensische Autonomie oder doch nur ein besseres Gefängnis?

Wir sind verwirrt, verstehen die Welt nicht mehr.

Nur ein Flickenteppich ist noch übrig geblieben von der ehemaligen Westbank, Kriege und Siedlungspolitik haben das Staatsgebiet der Palästinenser endgültig in Einzelteile zerstückelt. „Was, da wollt ihr hinein, das geht doch gar nicht, das ist doch viel zu gefährlich!" – Solche Warnungen liegen uns in den Ohren, als wir uns zum Kloster Mar Saba aufmachen, das sich östlich von Bethlehem in den Bergen versteckt. An einer Autowerkstatt fragen wir nach dem Weg, freundlich wird uns weitergeholfen. Im ersten Ort nach den roten Warnschildern, die Israelis verbieten, hier weiterzufahren, da ihr Leben sonst massiv bedroht ist, halten wir bei einem großen Obst- und Gemüsestand, um uns wieder mal vernünftig mit Frischem einzudecken. Die Menschen dort sind überrascht von unserem Besuch und wir werden erst mal zum Kaffee eingeladen, dazu gibt es süße Melonenstücke. Was für ein Kontrast zur arrogant-unfreundlichen Supermarktatmosphäre auf der anderen Seite der Mauer. Auf unserer Weiterfahrt winken uns die Kinder immer wieder zu, wir erreichen unbeschadet unser Ziel. Am Parkplatz vor dem Kloster begrüßt uns ein junger Palästinenser: „Willkommen in Mar Saba, ich bin hier der Wachmann." – „Salaam, ist es möglich, hier zu übernachten? Wir würden uns gerne in Ruhe das Kloster und die Umgebung ansehen." – „Na klar, fahrt aber besser hinunter vor das Eingangstor zum Kloster, da habe ich euch besser im Blick heute Nacht. Manchmal kommen angetrunkene Jugendliche hier raus und wenn die euch dann für Israelis halten…" – Gesagt, getan. Die betonierte Abfahrt ist allerdings so steil und die Haarnadelkurve so eng, dass ich „Manni" rückwärts hinunterrollen lasse, um in der Haarnadelkurve nicht rangieren zu müssen. „Das Kloster ist jetzt aber schon geschlossen und morgen ist auch kein Besuch möglich. Aber wartet mal, ich spreche mal mit den Mönchen, vielleicht geht ja heute noch was." Mit einem bedauernden Seitenblick auf Conny meint er allerdings: „Frauen sind aber generell von einem Besuch ausgeschlossen, so sind die Griechisch-Orthodoxen nun mal…" Und er schafft es tatsächlich, ich darf noch hinein und zwei der Mönche erklären mir alles rund um das Kloster. Zum Abschied bekomme ich noch selbst gemachten Saft und für Conny eine Tafel

Schokolade. Unser Wachmann war in der Zwischenzeit bei sich zu Hause im nahe gelegenen Dorf und überrascht uns nun mit einem großen Topf. „Das hat meine Frau für euch gekocht, es ist Bohneneintopf. Kommt, setzt euch." Wir sind fassungslos. Schnell bereiten wir noch frischen Salat und kochen Tee und schon sitzen wir gemeinsam um den heißen Topf und genießen diese spontane Gastfreundschaft, wie sie so typisch ist in der arabischen Welt.

Natürlich gibt es auch die andere Seite der Medaille: Molotowcocktails werfende Jugendliche, die anschließend erschossen werden, ziellos abgefeuerte Raketen, die vernichtende Gegenschläge auslösen, Demonstrationen, die Gewalt und Hass beschwören. Dann ist es nicht ratsam, sich innerhalb dieser Gebiete zu bewegen, zu leicht könnte man verwechselt werden. Und so wird dieser Konflikt wohl noch ewig schwelen, da man nicht in der Lage zu sein scheint, gemeinsam die Ursachen zu bekämpfen und eine friedliche Zukunft zu schaffen.

Glockengeläut weckt uns, sonst herrscht entspannte Stille um uns herum. Unser Wachmann überrascht uns mit frischem Brot und typischen Kräutern in Olivenöl, das er aus seinem Dorf geholt hat, obwohl er heute dienstfrei hätte, und wir beginnen den Tag mit einer gemeinsamen Mahlzeit. Mar Saba liegt herrlich abgeschieden in den steilen Hängen des auslaufenden Kidrontales und bietet seit rund 1.500 Jahren orthodoxen Mönchen einen Ort des Gebetes. Vorsichtig steigen wir in das Tal hinab, queren den Bach im Grund und setzen uns auf die gegenüberliegende Seite auf Höhe des Klosters; von hier haben wir einen fantastischen Blick auf den gesamten Komplex. Zurück bei „Manni" verabschieden wir uns von unserem netten „Beschützer" und machen uns auf den Weg hinunter ins Jordantal. Dabei kommen wir wieder durch einige palästinensische Orte, die von waffenstarrendem Militär abgeriegelt sind. Doch die Menschen lachen uns zu und winken freundlich, trotz ihrer prekären Lebenssituation.

Und dann sind wir wieder am Toten Meer, diesmal auf der anderen Seite. Es ist heiß hier unten, wolkenloser Himmel und überraschend klare Luft lassen den Blick weit hinein nach Jordanien schweifen. Bei der Oase En Gedi sorgen zwei tief in die Felsen eingeschnittene Wadis und Tausende Dattelpalmen für ein überraschend

grünes Umfeld. Ein großer Rastplatz mit der Möglichkeit, oberhalb des salzigen Wassers zu übernachten, macht es uns leicht, den Nachmittag hier zu verbringen. Doch wie anders verhalten sich die Menschen hier. Rings um uns herum zelten, grillen und spazieren sie, doch niemand spricht uns an, heißt uns willkommen oder interessiert sich in irgend einer Weise für uns. Die jüdische Welt hat uns wieder ...

Wir treffen auf zwei junge deutsche Traveller, die mit ihrem Leihwagen den Spuren Jesu und der christlichen Historie folgen. Sie sind überrascht, dass wir es gewagt haben, in die palästinensischen Gebiete zu fahren: „Was, da seid ihr gewesen? Das ist doch viel zu gefährlich, was soll man denn da? Und überhaupt, diese Menschen zerstören unsere Kultur, unsere Religion. Ihr werdet es erleben, schon bald werden wir unseren Einflussbereich auch zu den christlichen Stätten in Jordanien hinüber ausweiten!" Wir schütteln den Kopf ob so viel Ignoranz und scheuklappenbewehrten Reisens, wir spüren sofort, es ist müßig, den beiden die Augen für die Realität zu öffnen – sie wollen sie nicht erkennen ...

Ein Stückchen weiter thront die historisch interessante Bergfeste von Masada auf einem steilen Tafelberg, wo sich zur Römerzeit in Erwartung des Falles der Festung rund 1.000 Juden in einem kollektiven Selbstmord vor der Sklaverei bewahrt haben. Heute ist dies der wichtigste Ort nationalen Bewusstseins für die Juden. Entsprechend ist der Andrang und da die Überreste der ehemaligen Stadt unter den Massen von Touristen wohl kaum zu erkennen wären, wie wir anhand der auf dem Parkplatz der Seilbahn geparkten Reisebusse entnehmen, verzichten wir auf den Besuch und betrachten das Ganze von den skurrilen, weißen Sandsteingebilden am Fuße des Berges aus. In En Boqeq schließlich, der Hotelmeile am Toten Meer, stellen wir uns zwischen die Urlauberghettos an den feinsandigen Strand und lassen uns wie Korken auf dem türkisfarbenen Wasser umhertreiben. Dank ordentlicher Stranddusche ist dieses Vergnügen auch ganz gut zu ertragen. Per Mail erreicht uns die Information, dass sich die Abfahrt unseres gebuchten Frachters nach Italien ein weiteres Mal um eine gute

Woche verschieben wird, und so entschließen wir uns, diese Passage wieder zu stornieren und von Haifa nach Iskenderun in die Türkei überzusetzen, da uns die Aussicht, eine weitere Woche in Israel zubringen zu müssen, nicht eben begeistert. Und noch eine Mail finden wir: „Hallo, Mantoco, wir sehen euch von unserem Hotelfenster aus und würden euch gerne zu einem Cappuccino einladen …" Kurze Zeit später steht ein österreichisches Paar vor unserem „Manni" und wir verbringen gemeinsam einen netten Nachmittag in der Cafeteria am hoteleigenen Pool. Da jedoch die neu gebuchte Fähre schon am 9. April ablegen soll, starten wir dann noch in Richtung Mittelmeer. Über 1.000 Höhenmeter geht es nun erst mal wieder hoch aus dem tiefsten Graben der Welt, durch die kargen Wüstenberge Judäas. Wir passieren Arad und lassen Be'er Scheva links liegen, wogende Getreidefelder säumen unseren Weg, sogar dichte Wälder mit mediterranem Gehölz erfreuen unsere Augen. Vorbei am immer unruhigen Gazastreifen, erreichen wir die moderne Hafenstadt Aschdod, in der sich am südlichen Stadtrand ein herrlicher Sandstrand mit schönen Parkplätzen als Standort für die Nacht anbietet.

Schon früh belebt sich der Strand vor uns, es ist Sabbat und die Menschen genießen das Wochenende bei herrlichstem Sonnenwetter. Angenehm warm ist es heute und so stürzen wir uns natürlich in die Wellen. Eine ziemlich hartnäckige Strömung und ein wenig sauberes Wasser lassen dabei allerdings keine so rechte Freude aufkommen. So behandeln wir „Manni" mal wieder mit der Fettpresse, versuchen, den Fehler in der Dieselpumpe zwischen unseren Separfiltern zu finden, sitzen faul unter den Palmen und beobachten das Leben um uns herum.

Wir wollen nach Jaffa, der alten Hafenstadt, die heute zum Vorort von Tel Aviv geworden ist. Es ist nicht weit bis dorthin und so sind wir schnell am Ziel, stellen uns auf einen großen Parkplatz unterhalb der Altstadtmauern direkt neben den Hafen und bummeln in der späten Nachmittagssonne durch die schön restaurierten Gassen. Es ist die erste alte Stadt, die uns in Israel wirklich gefällt, und so bleiben wir noch auf der Hafenmole sitzen, bis die Sonne sich unauffällig im Dunst verabschiedet.

Zwei israelische Wohnmobile parken neben uns, als wir einen ersten Blick nach draußen riskieren. Es ist Yosi mit einem riesigen, selbst ausgebauten Lkw und sein Freund mit einem alten Kastenwagen. Beide leben in ihren Eigenbauten, ihren Reisemöglichkeiten sind aus politischen Gründen allerdings enge Grenzen gesetzt. Natürlich verbringen wir den Vormittag mit Fachsimpeln und gegenseitigem Betrachten der rollenden Heime. Dann müssen wir los nach Haifa, um unsere Überfahrt in die Türkei klarzumachen. Es ist neblig trüb heute, als wir vorbei an Tel Aviv nach Norden fahren. In der Stadt der Baha'i ist das Fährbüro schnell gefunden und um rund 1.000 Euro leichter, aber mit den Tickets in der Hand sind wir schon bald wieder draußen. Da der Frachter, aus Ägypten kommend, schon jetzt Verspätung hat – wie soll es auch anders sein –, haben wir nun Zeit bis übermorgen Abend. Also fahren wir erst mal raus aus der Stadt und stellen uns direkt an den Strand, allerdings verhindern heftiger Wind und starker Wellengang das Baden und salzen „Manni" mal wieder richtig ein.

Am Nachmittag bekommen wir per Mail die ernüchternde Nachricht, dass sich die Verspätung des Frachters bis in den Freitag hinein ausdehnen wird. Na prima … Inzwischen werden wir immer wieder mal von Neugierigen besucht, die uns nun schon den dritten Tag hier stehen sehen. So ergeben sich ein paar oberflächliche Gespräche, doch zu mehr sind die Menschen hier anscheinend nicht in der Lage oder auch nicht wirklich interessiert. Ein eigenartiges Land …

Heute soll der Frachter nun endlich kommen. Auf dem Parkplatz eines Strandbades befreien wir „Manni" von seiner Salzkruste und als wir nach einer Stunde damit fertig sind, wird uns ziemlich barsch mitgeteilt, dass das Waschen von Fahrzeugen hier nicht erlaubt sei. Leider zu spät … Im Hafen wird uns gesagt, dass der Kahn erst in der Nacht gegen 23:00 Uhr eintrudeln werde. Den ganzen nächsten Vormittag sitzen wir also herum, warten auf Abfertigung und Stempel und auf das Entladen der Fähre. Dann gibt es noch eine böse Überraschung: Ein Mitarbeiter des Fährbüros teilt uns mit, dass wir noch rund 350 US-Dollar Hafengebühr zusätzlich zu den Ticketkosten zu bezahlen hätten. Das lehnen wir vehement ab, denn bei Kauf des Tickets war uns beteuert worden, dass damit alle Kosten abgedeckt wären. David, der Chef des Ganzen, muss anrücken und er entschuldigt sich für das Missverständnis, er würde die Kosten auf seine Kappe nehmen, es sei schließlich der Fehler seines Büros. Vielen Dank, so geht es also auch … Gegen Mittag ist es endlich so weit, erst fahren rund achtzig Sattelzüge und dann wir als Letzte an Bord, damit wir in Iskenderun als Erste wieder runterkommen. Entlang der Küsten von Israel und des Libanon, später in der Nacht dann vorbei am kriegsgeplagten Syrien, schippern wir gemütlich nach Norden. Doch davon bekommen wir nichts mehr mit …

Tagelang habe ich mir den Kopf zerbrochen, nicht der Gefahr zu erliegen, vielleicht ungerecht zu urteilen über ein Land und seine Menschen, das zerrissener nicht sein könnte. Doch es fällt mir unheimlich schwer, die passenden Worte zu finden.

Palästina ist ein Landstrich, der seit Jahrtausenden zum Spielball der jeweils Mächtigen wurde, angefangen bei den Ägyptern und den Babyloniern, den Griechen und Römern, bis hin zu den islamischen Eroberungsheeren, den Osmanen, den Briten und schlussendlich den Juden. Und das ist der Grund, warum es bis in unsere Tage nie einen dauerhaften Frieden zwischen den hier lebenden Völkern gegeben hat und auch nicht geben wird, denn immer ist einer der Herr und der andere der Unterdrückte.

Die Menschen hier sind geprägt von dieser Situation, sie erscheinen meist misstrauisch, verschlossen, zuweilen arrogant. Sie schützen sich mit diesen Masken vor den jeweils anderen, untereinander funktioniert es natürlich besser. Doch genau hier fangen die Probleme an, denn Toleranz und Akzeptanz für Andersdenkende und Andersgläubige sind das große Defizit. Und das betrifft sie alle, Juden wie Palästinenser. Aufgeputscht von Eiferern die einen und verfangen in der eigenen, passend zurechtgeschnittenen Geschichte die anderen stehen sie sich unversöhnlich gegenüber, denn auch der in großen Teilen scheinbar funktionierende, gemeinsame Alltag ist bei näherem Hinsehen nur notdürftig unter dem Deckel eines brodelnden Topfes gehalten, der bei kleinsten Unregelmäßigkeiten überkochen kann. Und dann gibt es wieder Tote und Verletzte, werden Raketen geschickt und Bomben gelegt und jeglicher Versuch der Annäherung ist wieder im Ansatz erstickt. So taumelten wir ein wenig benommen durch das Land, befremdet von der Vielzahl der waffentragenden Menschen und eingeengt von Stacheldrahtzäunen und weltfremden Ansichten.

Dies hier ist auch der Landstrich, von dem aus die drei großen monotheistischen Religionen ihren Anfang nahmen, doch wenn man deren Gebote liest, die den verschiedenen Propheten für die Menschheit mit auf den Weg gegeben wurden, dann müssen wir leider feststellen, dass diese scheinbar niemand hier in ihren Kernaussagen verstanden hat. Schlimmer noch, es wird munter im Namen des jeweiligen Gottes getötet, gebrandschatzt und zerstört. Und so ist es fast eine Farce, die vielen betenden und pilgernden Menschen zu sehen, wie sie den Weg ihres Gottes zu finden versuchen und dabei die knallharte Gegenwart geflissentlich übersehen.

Nach drei Wochen sind wir froh, das Land verlassen zu dürfen – das ist uns bisher noch nie passiert ...

13. April 2013 – 29. April 2013 – Der Kreis schließt sich

„Ab nach Hause …"

Tief im Inneren der alten Fähre wummern die Motoren gleichmäßig vor sich hin, die libanesische Küste verbirgt sich irgendwo im Dunst. Wir lümmeln auf den Plastiksitzen einer halbrunden Bank und überlegen uns gerade, auf welchen dieser allesamt unbequem erscheinenden Möbel um uns herum wir die kommende Nacht möglichst ohne Wirbelsäulenschaden halbwegs entspannt überstehen werden.

Vier türkische Lastwagenfahrer, die uns im Lauf des Abends immer wieder mal zugelächelt haben, sprechen uns an, die „Unterhaltung" ist ein Mischmasch aus türkisch-englischen Bruchstücken sowie Händen und Füßen. Nach dem Woher und Wohin ein unglaubliches Angebot: „Habt ihr eine Kabine?" – „Nein, wir schlafen hier auf den Bänken." – „Da kann man doch nicht schlafen!" – „Na ja, doll ist es nicht, aber wir werden die Nacht schon rumbringen. Ist ja nicht so lang …" Es folgt ein kurzes Gespräch der Trucker untereinander, dann: „Nix da, ihr bekommt unsere Kabine, da könnt ihr duschen, habt eine eigene Toilette und könnt vernünftig schlafen." – „Aber, das geht doch nicht, nein, nein, das machen wir nicht, das ist doch eure Kabine …" – „Papperlapapp, zwei von uns haben eine Viermannkabine, dahin ziehen mein Kollege und ich um und dann nehmt ihr unsere Kabine." – „Aber das ist doch viel zu eng für euch und ihr habt doch dafür bezahlt …" – „Quatsch nicht, komm mit, sieh es dir an …" Sie zeigen mir die Zweibettkabine, packen dabei ihre bereits ausgebreiteten Sachen wieder ein und wir gehen gemeinsam zur Viermannkabine. Die ist für vier ausgewachsene Trucker nun wirklich eher eine Folterkammer, doch noch bevor ich weiter protestieren kann, habe ich bereits den Kabinenschlüssel in der Hand. „So, und jetzt gute Nacht, aber verrate niemandem von der Crew etwas." – „Nein, nein, ich gebe euch den Schlüssel morgen Früh unauffällig, es wird niemand etwas davon erfahren." Fassungslos von so viel spontaner Hilfsbereitschaft gehe ich zurück zu Conny, um ihr von diesen tollen Menschen zu erzählen, wobei ihr vor lauter Rührung die Tränen kommen. Als wir uns bei den Jungs später noch mal bedanken, winken sie nur unwirsch ab …

Langsam gleitet unsere Fähre bei Sonnenaufgang in den Hafen von Iskenderun. Anfangs sieht alles ganz entspannt aus, dank der supernetten Trucker sind wir ausgeruht und fit, doch dann ist Geduld gefragt. Erst mal werden sämtliche Frachtpapiere der rund achtzig Trucker eingesammelt, anschließend werden die bereits gestern einbehaltenen Pässe gestempelt. Als wir endlich von Bord fahren dürfen, sollen wir auf den Zoll warten, der uns mit einem Stempel das Einführen des Fahrzeugs bestätigen muss. Nach längerem Warten kommt ein dicker Typ angeschlurft: „Ich mache hier für euch die Einreiseabwicklung beim Zoll, gebt mir eure Pässe, Fahrzeugpapiere und den Versicherungsnachweis. Es kann aber dauern, der Zoll macht erst wieder um zwölf Uhr auf." Spricht's und zieht wieder von dannen. Als mir das Ganze nach einer Stunde komisch vorkommt, gehe ich ihn suchen und finde ihn in einer kleinen Baracke an der Ausfahrt des Hafengeländes. „Hey, das kann doch nicht sein, ich weiß inzwischen, dass der Zoll offen hat! Was ist denn nun mit unseren Papieren?" – „Gib mir fünfzig US-Dollar, dann erledige ich das sofort." Wütend ob des Versuches, uns zu löffeln und auch über mich selbst, auf seine Tour fast hereingefallen zu sein, nehme ich ihm unsere Papiere unbeachtet seiner Proteste vom Tisch und wir machen uns selbst auf den Weg, alles Weitere zu erledigen. Das gelingt uns natürlich nicht mehr vor Mittag und so sind wir erst gegen 14:00 Uhr aus dem Hafengelände raus.

Die mautfreie Schnellstraße nach Adana geleitet uns durch herrlich grüne Landschaften, denn die Gegend ist eine der fruchtbarsten in der Türkei. Doch auch viel Industrie hat sich hier niedergelassen und so ist ein überaus dichter Siedlungsbrei entstanden, der nicht gerade die Attraktivität fördert, auch wenn am Horizont die noch schneebedeckten 3.000er des Taurus-Gebirges zu uns heruntergrüßen. Auf der Einfallstraße nach Adana hinein hupt plötzlich ein weißer Kleinbus neben uns, mindestens sechs Menschen darin winken und lachen uns ausgelassen zu. An der nächsten Ampel halten sie genau neben uns: „Willkommen in der Türkei, wo wollt ihr denn hin?" – „Wir suchen die Filiale eines großen deutschen Lebensmittelmarkts, den soll es hier in Adana geben." – „Ja, den kennen wir, da müsst ihr jetzt noch ungefähr fünf Kilometer geradeaus und bei einem großen Kreisel dann rechts ab und dann … ach was, wir fahren euch voraus, wir führen euch da hin!" Und schon sausen sie los und wir mit „Manni" mühsam hinter ihnen her. Kurz vor dem Ziel, der Markt ist schon in Sichtweite, halten sie an und steigen aus, um uns zu verabschieden. „Vielen Dank, das wäre aber nicht notwendig gewesen, das hätten wir dank eurer Beschreibung auch alleine gefunden." – „Ach was, das ist doch selbstverständlich, dass wir euch hier nicht alleine herumirren lassen. Ihr seid doch hier unsere Gäste!" Ach, wie wohltuend ist das nach der Gleichgültigkeit, mit der wir in Israel andauernd konfrontiert waren … Nach Mersin erreichen wir bereits bei Dunkelheit wieder die Küste, die sich hinter unendlichen Reihen von Wohnblöcken allerdings nur erahnen lässt, und so fahren wir noch bis Erdemli, wo wir spät einen ruhigen Platz direkt am Meer entdecken.

Ein entspannter Tag ist notwendig nach dem Zirkus und der langen Fahrt von gestern. Schon nach wenigen Kilometern sind wir in Kizkalesi, einem überschaubaren Ort mit herrlichem Sandstrand in einer sichelförmigen Bucht. Zwei Burgen beherrschen die Szenerie, eine davon auf einer winzigen Insel nur hundert Meter vom Ufer entfernt. Wir wandeln ein wenig entlang der netten Uferpromenade. „Hallo zusammen, gehört euch der Lastwagen hier in der Seitengasse?" – „Ja, das ist unserer. Stehen wir da etwas im Weg?" – „Nein, nein, wir haben euer Fahrzeug von unserer Wohnung aus gesehen und sind gleich los, um euch zu treffen. Habt ihr ein wenig Zeit? Wir möchten euch gerne zu einem Kaffee oder Tee einladen." Nur und Peter, ein türkisch-deutsches Rentnerpaar, haben hier im Ort über viele Jahre eine kleine Pension und ein Café betrieben. Wir erfahren eine Menge interessanter und lustiger Begebenheiten aus ihrem abwechslungsreichen, multikulturellen Leben, das zu ihrer Zeit noch gar nicht selbstverständlich war. Als wir uns verabschieden, verschwindet die Sonne schon so

langsam im Dunst der Berge und als sich die Dunkelheit über die Bucht legt, erstrahlt die Burg in kitschigem Licht und gibt dem Ganzen einen Hauch von Zuckerbäckeridyll. Doch nach einer Stunde erbarmt sich jemand und schaltet den Strom ab …

Hinter Silifke mit seiner mächtigen Burg schraubt sich die schmale und kurvenreiche Straße immer wieder hoch in die Berge, um kurz darauf steil in die nächste Bucht hinunterzu-fallen. Stunde um Stunde kurbeln wir so langsam dahin, erreichen endlich Anamur. Direkt am gleichnamigen Kap schmiegen sich die Reste der alten Stadt Anamurium in die grünen Flanken der Hänge oberhalb einer kleinen Bucht. Wir dürfen auf dem Parkplatz, der mitten in der Ruinenstät-te liegt, übernachten. Natürlich spazieren wir noch etwas im verwunschen wirkenden Gelände herum, bewun-dern den guten Erhaltungsgrad der einzelnen Gebäude und beobachten die Wellen bei ihrem Spiel mit den umgestürzten Säulen und Mauerresten. Erste Regentropfen treiben uns in „Manni" zurück und schon bald darauf geht ein kräftiges Gewitter über uns nieder. In den grellen Blitzen leuchten die Trümmer der Geister-stadt gespenstig auf, während gewaltige Donnerschläge und der prasselnde Regen für eine unheimliche Stim-mung sorgen.

… Bucht an Bucht, meist nur über holprige Sandsträßchen erreichbar, säumt die weitgehend unberührte Küste. Glasklares Wasser plätschert sanft über runde Kiesel, muntere Wellen verlieren sich an feinsandigen Stränden. Vergessene Reste längst untergegangener Kulturen liegen versteckt zwischen uralten Olivenbäumen, sind überwuchert von bunten Blumenteppichen, Eidechsen huschen über zerborstene Säulen. Hin und wieder stößt man auf ein winziges Dorf, in dem alte Frauen im Schatten knorriger Pinien sticken und

auf ihre Söhne warten, die mit den Herden auf den kargen Hügeln unterwegs sind, während die Männer die Netze für die nächste Ausfahrt präparieren.

Kurze dreißig Jahre sind seit meinen damaligen Erlebnissen vergangen, fast im Zeitraffer hat sich das Bild seither gewandelt. Auf vierspurigen Schnellstraßen düst der Verkehr um Neubausiedlungen, die mit ihrer durchgehenden Bebauung die Küstenlinie verschwinden lassen. Hässliche Hochhausfassaden verschandeln ganze Landstriche, die für die explodierte Bevölkerungszunahme notwendige Infrastruktur gibt der geplagten Natur den Rest. Blinkende Neonlichter erhellen die Gassen, die einfachen Lokantas sind längst angesagten Restaurants gewichen.

Die Türkei ist modern geworden, zumindest vordergründig. Vor allem hier im Westen und im Süden, entlang der Küste. Nur selten hört man noch den klagenden Ruf eines Esels oder das kollektive Blöken grasender Schafe, die Alltagsgeräusche sind längst untergegangen im Dröhnen der Lkws, deren Staubfahnen einen traurigen Schatten auf die Relikte der Vergangenheit legen …

Tourismus pur prägt inzwischen die gesamte Küste zwischen Gazipasa und Antalya. Die nahezu durchgängige Bebauung von Billigburgen bis Nobelschuppen samt all den dazugehörigen Strukturen macht aus diesem ehemals tollen Küstenabschnitt eine unansehnliche Massentourismusabfertigung. Historische Highlights wie Side oder Aspendos verschwinden im Schatten der ausufernden Bettenburgen, die wenigen noch frei zugänglichen Strandabschnitte werden von der vierspurigen Schnellstraße beschallt. Und in den kilikischen Bergen schlägt der unerbittliche Straßenbau hässliche Wunden, die nie wieder verheilen werden. So bringen wir diese Strecke emotionslos hinter uns, passieren den traurigen Touristenhöhepunkt Alanya, das ausufernde Manavgat samt Side sowie die alten Städte Aspendos und Perge und erreichen schließlich nach einem kurzen Regenschauer Antalya. Die Metropole des Südens hat sich inzwischen weit in der Küstenebene ausgebreitet, konnte dabei jedoch zumindest im alten Stadtkern noch einen gewissen Charme retten.

Den Vormittag verbummeln wir in der dezent renovierten Altstadt, in der sich dank der Vorsaison das Touristenaufkommen noch in Grenzen hält. Es fühlt sich für uns ungewohnt an, vor jedem Laden in meist akzentfreiem Deutsch angesprochen zu werden. Man merkt, wir nähern uns der Heimat. Wir fahren hinauf auf die Hochebene zwischen den Bergen, die rund um Antalya einen natürlichen Riegel bilden. Das spüren wir auch sofort an der Temperatur, von den fünfundzwanzig Grad unten an der Küste bleiben gerade mal acht übrig. Dazu bläst ein heftiger Wind und der Himmel versteckt sich über einer undurchdringlichen, dunklen Wolkenschicht. Über Denizli hängt fast immer ein unangenehmer Smog über den Häusern, die Stadt liegt in einem engen Kessel. Wir fahren durch, nach Pamukkale mit den bekannten Sinterterrassen, die schon von weither sichtbar an einem Berghang kleben. Etwas abseits der teuren Campingplätze verstecken wir uns später am Rand eines alten Friedhofes.

Die einstmals weißen Sinterterrassen Pamukkales gleichen inzwischen leider eher dem angeschmutzten Rest eines Gletschers, der träge über den Abhang hängt, wobei der heute graue Himmel sein Übriges dazu beiträgt. Bei so wenig fotogenen Erwartungen verzichten wir auf den überteuerten Eintritt und laufen ein wenig um das Areal herum, was bei diesen Lichtverhältnissen durchaus ausreicht. Mitten im Dorf Akköy kommt uns dann plötzlich ein Bremach mit Pforzheimer Nummer entgegen. Es sind Gaby und Dirk, die gerade zu einer vierjährigen Weltreise gestartet sind. Als wir so auf der Straße stehen und uns unterhalten, sprechen uns ein paar der Dorfbewohner an und laden uns ein, am heute stattfindenden Dorffest teilzunehmen. Der zentrale Platz ist mit Tischen und Bänken besetzt, kaum sitzen wir, bekommen wir auch schon kostenloses Essen und Getränke. Alle Umsitzenden nicken uns zu und heißen uns damit willkommen. Kurz darauf beginnen Musikanten zu spielen und eine aus Männern bestehende Gruppe führt einen Tanz auf, der stark an die traditionellen Tänze der Derwische aus Konya erinnert. Einer nach dem anderen fällt in einen tranceartigen Zustand, immer schneller drehen sie sich, gleiten hinüber in eine andere Welt.

Eine Stunde später verabschieden wir uns von unseren Gastgebern und auch von Gaby und Dirk, kommen jedoch gerade mal zur nächsten Tankstelle, wo wir von den Jungs gleich mal zum Tee und zu einem Snack eingeladen werden und wir „Manni" mit dem Hochdruckreiniger vom Dreck der gestrigen Regenfahrt befreien dürfen. Und so ist es bereits wieder Nachmittag, als wir durch unendliche Weinberge und Obstplantagen das fruchtbare Tal von Menderes erreichen, das sich hier bis nach Izmir an die Küste erstreckt. Später, in Aliaga, stellen wir uns direkt an der Uferpromenade auf einen kleinen Parkplatz und lassen uns den Wind um die Nasen pfeifen, genau gegenüber der griechischen Insel Lesbos, die vor uns zum Greifen nahe liegt und uns so einen ersten Blick nach Europa gewährt, während die Sonne langsam hinter der ortsansässigen Raffinerie halbwegs romantisch versinkt …

Ein Stückchen weiter, in Ayvalik, einem verwinkelten Städtchen mit buckligen Kopfsteinpflastergassen und zum Teil noch alter Bausubstanz, inmitten einer weitläufigen Buchtenlandschaft mit über zwanzig vorgelagerten Inseln, wollen wir etwas bleiben. Auf einer immer schmaler werdenden Dorfstraße schleichen wir hart an parkenden Autos und bunten Marktständen vorbei in Richtung Meer. Unser Versuch endet auf einem winzigen Platz, wir ernten erstaunte Blicke. „Mist, hier geht es nicht mehr weiter. Steig doch bitte mal aus und peil mal die Lage." Conny springt vom Lkw und steht praktisch mitten in einem Café. „Ich räum mal die Einrichtung weg, dann könnte es gehen", ruft sie mir zu. Schon mal einen Zehntonner in einer Telefonzelle gewendet? So kommt es mir ein bisschen vor, als ich unter den neugierigen Blicken der Anwesenden zum Wenden von „Manni" ansetze. Die Auslagen der Läden und die Caféhausstühle wechseln den Standort, niemand regt sich auf. Was für ein Fass hätte man da bei uns zu Hause schon wieder aufgemacht … Nach dieser schweißtreibenden Aktion also wieder hinaus auf die Umgehungsstraße und

einen neuen Anlauf wagen. Über einen Damm erreichen wir schlussendlich die Hauptinsel, wo wir gegenüber von Ayvalik inmitten grüner Wiesen direkt am Wasser einen tollen Platz für uns finden. Doch den Nachmittag verbringe ich zunächst unter „Manni", um den billigen saudischen Diesel aus dem Zusatztank Kanister für Kanister in den Haupttank umzufüllen, da die Pumpe, die für diesen Dienst eigentlich zuständig ist, schon in Saudi-Arabien den Geist aufgegeben hat. Als ich damit fertig bin, steht die Sonne schon so tief und der Wind bläst so kalt, dass wir nur noch kurze Zeit draußen sitzen, um das herrliche Panorama zu genießen. Mal sehen, ob es morgen besser wird …

Aber auch heute Früh vergällt uns der kalte und scharfe Wind ein Verweilen am Wasser, also packen wir nach dem Frühstück zusammen und machen uns auf in Richtung Norden, vorbei an unzähligen Ferienhäusern und hässlichen Hochhäusern. Erst hinter Kücükkuyu, wo sich die dreispurige Küstenstraße als schmales Sträßchen steil in die Berge windet, wird die Landschaft wieder so ursprünglich, wie sie einmal überall hier war. Dichter Wald, in dem immer wieder mal die Dächer winziger Dörfer hervorblitzen, säumt unseren Weg. Wir kommen durch die Landstädtchen Ayvacik und Ezine, die Straße wird wieder besser und senkt sich langsam hinunter zurück zum Meer. Plötzlich weitet sich der Blick, die Halbinsel Gallipoli kündigt Europa an, wir sind an den Dardanellen, dieser schmalen Wasserstraße, die das Mittelmeer mit dem Schwarzen Meer verbindet. Dichter Schiffsverkehr lässt die Wichtigkeit dieser Passage erkennen. In einem Villenvorort von Canakkale entdecken wir einen schönen Platz direkt am Meer und genießen nun im Windschatten von „Manni" die herrliche Sicht auf das maritime Treiben vor uns. Als wir uns gerade daranmachen, das Abendessen vorzubereiten, hält Ibrahim auf seinem Motorrad bei uns: „Hey, ich habe euch schon die ganze Zeit hier stehen sehen und wollte euch fragen, ob ihr nicht Lust habt, mit mir nach Hause zu kommen. Meine Freunde und ich, wir grillen heute Abend und es ist genug für alle da. Es ist gleich da hinten …" Na klar wollen wir, packen unser vorbereitetes Abendessen wieder in die Kühltruhe und folgen Ibrahim durch das Dorf. Bei ihm zu Hause erwarten uns schon fünf Jungs und zwei Kästen Bier und so wird es ein lustiger und vor allem langer Grillabend mit ihm und seinen Freunden.

Die feuchtfröhliche Nacht steckt uns noch in den müden Knochen, als wir uns mühen, so langsam in die Gänge zu kommen. Doch die Sonne weckt uns schlussendlich und wir machen uns auf nach Canakkale zum Fähranleger. Die dortigen Fähren legen nahezu halbstündlich ab und so sind wir sogleich an Bord und kurz darauf auch schon unterwegs. Eine knappe halbe Stunde später stehen wir wieder auf europäischem Boden und als wir schließlich Kesan erreichen, schließt sich der neunmonatige Kreis unserer Tour durch den mittleren und nahen Osten. Es ist schon ein besonderes Gefühl …

Erste Regenschauer begleiten uns zur türkisch-griechischen Grenze bei Ipsala und, für uns ganz ungewohnt, nach nur wenigen Minuten und ohne jegliche Kontrolle sind wir durch. Ein klarer Pluspunkt für Europa. Wir bleiben gleich auf der Autobahn, die bis Alexandroupolis mautfrei ist und stellen uns dort wieder auf denselben Platz hoch über dem Meer, auf dem wir schon vor neun Monaten standen.

Die Sonne ist zurück, als wir uns von den Kissen losreißen, das Meer liegt spiegelglatt vor uns, die Temperatur erreicht endlich mal wieder die Zwanzig-Grad-Marke und im Supermarkt um die Ecke gibt es Schwarzwälder Schinken und Paprikasalami. Was für ein Start in den Tag! Für unsere Weiterfahrt gönnen wir uns die mehrheitlich von unseren Steuergeldern finanzierte, schlaglochfreie Autobahn und so kommen wir richtig zügig voran, vorbei an Komotini, an Xanthi und an Kavala. Die Grenzberge zu Bulgarien sind zum Greifen nahe, die Felder um uns herum leuchten in sattem Grün. Am Nachmittag stellen wir uns zwischen den im Sommer völlig überlaufenen Urlaubsorten Asprovalta und Stavros direkt an den nun menschenleeren Strand und genießen die vorsaisonale Einsamkeit.

Ein tiefroter Sonnenaufgang über dem spiegelglatten Meer begeistert uns schon früh am Morgen, später cruisen wir flott entlang der beiden Seen Volvi und Koronia nach Thessaloniki, das wir großräumig auf der Umgehungsautobahn umfahren. Plötzlich schreckt uns das laute Aufeinanderschlagen von Metall auf. Wir

halten sofort an und entdecken, dass das Auspuffrohr am Topf glatt abgerissen ist – und das ohne jeglichen Rost. Vorsichtig rollen wir noch ein paar Meter von der Schnellstraße herunter direkt vor eine Landmaschinenwerkstatt. „Kalimera, habt ihr Probleme?" – „Ja, unser Auspuff ist abgerissen, gibt es hier in der Nähe eine Lkw-Werkstatt?" – „Lasst mal sehen …", und schon liegt der Meister unterm „Manni" und begutachtet den Schaden. „Also, das ist kein Problem für uns, das kriegen wir ganz schnell wieder hin. Wir müssen nur noch eben die Maschine hier fertig machen." – „Ja super, eilt gar nicht, wir haben Zeit, dann warten wir, bis ihr fertig seid." Das war wahrscheinlich ein Fehler. Sechs (!) Stunden später ist es dann endlich so weit, die Jungs haben jetzt Zeit für uns, und nach einer halben Stunde ist zwischen zwei Bier alles fachmännisch geschweißt. „Vielen Dank, das sieht gut aus, das wird halten bis nach Hause. Was bin ich euch schuldig?" – Nee, nee, lass mal gut sein. Ihr musstet so lange warten, das passt jetzt schon. Wollt ihr auch ein Bier?" Sie haben wohl mitbekommen, dass sich unsere anfänglich gute Laune von Stunde zu Stunde etwas eintrübte, und so rollen wir gegen Abend zufrieden vom Hof. Über Giannitsa und Edessa, den Obstgarten Griechenlands, erreichen wir den romantisch gelegenen Vegoritida-See ganz oben im Nordwesten nahe der mazedonischen Grenze. Leider tröpfelt es inzwischen aus dunklen Regenwolken leicht vor sich hin, doch wir können trotzdem erkennen, dass die hohen Berge im Hintergrund noch ganz ordentlich Schnee haben. In Arnissa stellen wir uns auf einen ruhigen Parkplatz oberhalb des Sees und hoffen auf besseres Wetter für morgen.

Als sich der dichte Morgennebel lichtet und die kleine Insel im See vor uns schemenhaft auftaucht, als sich die schneebedeckten Berge um uns herum dem strahlend blauen Himmel entgegenrecken und die endlos quakenden Frösche und Kröten vor den majestätisch herangleitenden Störchen Reißaus nehmen, da erkennen wir erst so richtig, wie paradiesisch schön diese Ecke ist. Wir bleiben den Vormittag noch hier, fühlen die intakte Natur und das gemächliche Leben im Dorf und aktualisieren nebenbei ein letztes Mal auf dieser Reise unsere Homepage, bevor wir so langsam weiter gen Norden rollen. Die Straße windet sich, immer schmaler werdend, über die einsamen Berge und durch kleine Dörfer mit an den Hängen geduckten Steinhäusern. In Florina biegen wir ab zur mazedonischen Grenze, die wir innerhalb weniger Minuten passieren können. Kurz darauf sind wir in Bitola, schlendern ein wenig durch die Fußgängerzone und fahren dann auf einer wirklich schlechten Straße weiter nach Ohrid. Der gleichnamige See hat es uns schon am Anfang unserer Reise angetan, er wirkt jetzt fast noch schöner, da die ihn umrahmenden Berge mit in der Nachmittagssonne weithin glitzerndem Schnee gekrönt sind und die klare Luft eine tolle Sicht erlaubt. Zum Baden ist er jedoch noch zu kalt, er wird ja vom Schmelzwasser gespeist. Abends gönnen wir uns dann mal wieder eine ordentliche Pizza und eine leckere Portion Eis zu unglaublich günstigen Preisen. Satt und müde geleitet uns anschließend der helle Vollmond zurück zu „Manni" …

Den ganzen Vormittag verbringen wir noch mal in Ohrid, spazieren durch die Altstadt mit ihren herrlichen Kirchen und besuchen Markt und Metzger, um bei den enorm günstigen Preisen ordentlich zuzuschlagen. Selbiges machen wir auch noch an der Tanke, die den Diesel für vernünftige 1,10 Euro hergibt und wir so um die 500 Liter bunkern, um bis nach Hause nicht mehr tanken zu müssen. Die albanische Grenze passieren wir innerhalb weniger Minuten und tauchen sofort ein in eine wilde Bergwelt. Die gute, aber kurvenreiche Straße windet sich nun hinunter nach Elbasan, wo uns ungewohnte einunddreißig Grad Celsius ganz schön schwitzen lassen. Dort nehmen wir die alte Passverbindung nach Tirana, wieder eine extrem schmale und kurvenreiche Strecke, die größtenteils immer hoch auf einem Bergrücken entlangführt und so herrliche Rundblicke freigibt.

Tirana selbst erreichen wir auf der hier schon fertig gestellten Stadtautobahn, doch plötzlich, ohne jegliche Vorwarnung, endet diese. „Achtung, die Straße ist zu Ende! Was soll das denn?" Conny presst sich in die Polster und ich bringe „Manni" soeben noch vor der Abbruchkante der Autobahn zum Stehen. Ein übler Schotterweg führt uns nun parallel zur Autobahn wieder ein Stück zurück, wir biegen zwischen heruntergekommenen Hochhäusern in eine schlaglochgespickte, kaum von zwei Fahrzeugen gleichzeitig zu passierende Seitenstraße. „Pass auf, da hängen Hunderte Kabel über die Straße, die sind doch viel zu niedrig für uns!" – „Nee, das passt schon, da fahren doch sicher auch andere Lkws durch …" Connys zweifelnder Blick prüft jeden Strang der gefährlich herabhängenden Strom- und Lichtleitungen, es wird zu einer echten Herausforderung für „Mannis" Ausmaße. Doch wir meistern auch dieses Nadelöhr, finden die Ausfallstraße nach Skhoder trotz fehlender Beschilderung intuitiv und rollen nun auf teilweise fertiggestellter Autobahn und guter Landstraße nach Norden. Wir erinnern uns an unseren netten Übernachtungsplatz von vor zehn Monaten, direkt an der kleinen Moschee am Seeufer von Zogaj, und nutzen das kühle Wasser des Skhoder-Sees zu einem ausgiebigen und erfrischenden Bad, bevor wir mit der untergehenden Sonne den Grill anwerfen.

Heute Früh werden wir zum vorerst letzten Mal auf unserer Reise vom Muezzin geweckt, bevor wir zum endgültigen Aufwachen gleich mal in den herrlichen See springen. Und dann geht's los mit der Länderrallye.

Durch Skhoder und vorbei an Koplik ist die neue Straße zur ersten Grenze, der montenegrinischen, inzwischen fertig. Wir mogeln uns am ziemlich heftigen Lkw-Rückstau vorbei und erreichen über Podgorica und Niksic gleich die nächste, nämlich die bosnisch-herzegowinische. Auch hier geht es zügig, wir sind die Einzigen am Schlagbaum. Die Landschaft wir immer ursprünglicher, Canyons und steile Wände, die weit hinunter in die grünen Täler reichen, prägen das Bild. Ab Trebinje fahren wir durch ein wunderschönes, dicht bewachsenes Tal. Und geraten in eine dubiose Radarkontrolle! Straßendörfer wechseln sich ab mit dichten Hecken und saftig grünen Feldern, was ist erlaubt, achtzig oder doch bloß sechzig? Plötzlich, nach einer Rechtskurve, die trium- phierende Kelle der Milizja, wir rollen aus und bleiben einfach mal auf der schmalen Landstraße stehen. Der vor uns mit gleicher Geschwindigkeit gefahrene alte Golf entschwindet am Horizont. „Papiere!" – „Grüß Gott erst mal, hab ich was falsch gemacht?" – „Ja, du bist zu schnell gefahren, kostet fünfundzwanzig Euro!" – „Oh, das würde mich aber wundern, ich fahre nie schneller als sechzig …" – „Doch, das war viel schneller, das haben wir gemessen." – „Wie denn?" – „Na, mit unserem Radargerät, österreichisches Produkt, funktioniert ganz genau!" – „Kann ich die Messung mal sehen, ist bei einem solch modernen Gerät ja sicher möglich …" – „Ja – äh – nein, haben wir schon gelöscht …" – „Ah ja, und der Golf, der vor uns fuhr, der mit der bosnischen Nummer, war der auch zu schnell?" – „Ja – äh – nein, ich weiß nicht, hat Kollege gemessen …" – „Okay, was machen wir jetzt, so ganz ohne Nachweis?" – „Ja also, pass in Zukunft besser auf, dass du nicht zu schnell fährst – und weiterhin gute Reise …" Schwein gehabt … Wir wollen abkürzen, doch diese Variante endet in einem einsamen Seitental, auf die dortige Straße passt „Manni" gerade mal so drauf. So kurbeln wir Kurve um Kurve durch die karstigen Berge, kommen zwar nicht wirklich vorwärts, werden jedoch von der tollen Landschaft versöhnt. Kurz vor Metkovic stoßen wir dann wieder auf die Hauptstraße und auch gleich auf die nächste Grenze, die kroatische. Und die Jungs hier haben es ziemlich wichtig, üben schon mal für die nahende Zukunft als Außengrenze der EU. Von uns wollen sie nichts, also Gas geben und durch, es war unsere vierte Grenze heute. Hinter Ploce erreichen wir wieder das Meer, das in der inzwischen tief stehenden Sonne herrlich glitzert. Und als wir in einem winzigen Nest unterhalb der Küstenstraße einen Platz direkt am Ufer entdecken, springen wir natürlich gleich noch hinein …

Später am Abend skypen wir noch mit meiner Mutter und erfahren, dass mein Vater ins Krankenhaus eingeliefert wurde – Verdacht auf Leukämie! Der Schock sitzt tief, unsere Gedanken kreisen wirr umher. Es ist klar, jetzt müssen wir so schnell wie möglich nach Hause.

Die Sonne versteckt sich heute hinter dichten Wolken, die sich bedrohlich über das karstige Küstengebirge wälzen. Noch ist es trocken, als wir bei rapide gefallenen Temperaturen entlang der zerklüfteten Küste starten und bei Split in Richtung Landesinneres abbiegen. Ab Sinj schlängelt sich die schmale Landstraße durch viele, meist verlassene Dörfer, zerschossene und ausgebrannte Häuser erinnern noch immer an den fürchterlichen Krieg von vor rund fünfzehn Jahren, der hier besonders heftig tobte. Ab Knin, einer ehemals von einer serbischen Mehrheit bewohnten Stadt, führt unser Weg über die ersten Ausläufer des Velebit-Gebirges und es setzt so heftiger Regen ein, dass wir kaum noch etwas von der herrlich grünen Landschaft erkennen können. Auch in Gracac, Gospic und Otocac mahnen immer noch von unzähligen Einschüssen zersiebte Häuserfronten, zeichnen ein unheimliches Bild dieser schrecklichen Ereignisse. Kurz darauf fällt die Straße 700 Höhenmeter hinunter an die Küste bei Senj. Ein Stückchen weiter, am Rand einer Feriensiedlung, stellen wir uns oberhalb der Steilküste ans Meer und lauschen ob des heute Gesehenen nachdenklich den Wellen, die hart ans steinige Ufer schlagen.

Wir lassen uns heute Morgen gemütlich Zeit, bis wir nach Rijeka und zur slowenischen Grenze weiterfahren. Von hier aus ist es nur noch ein kleines Stück nach Italien. An der Grenze treffen wir auf einige Teilnehmer der „Allgäu-Orient-Rallye", einer gemeinnützigen Veranstaltung zugunsten der Menschen in Albanien und Jordanien. Mehr als dreihundert alte Autos und ein Lkw, die anschließend versteigert werden, transportieren Hilfsgüter dorthin. Wir haben von der Aktion bereits in Israel gehört und können jetzt Grüße mit auf den Weg geben. Triest liegt in der Sonne unter uns, als wir flott um die Stadt herumfahren und ab Monfalcone gleiten wir entspannt durch die friulischen Weingüter. Die südlichen Ausläufer der Alpen grüßen uns schon durch die schwarzen Wolkentürme, als wir vorbei an Udine schließlich Tolmezzo erreichen.

Dichte Wolken und immer wieder Regenschauer begleiten uns heute auf der letzten Etappe unserer einjährigen „Probereise". Über den steilen Plöckenpass kommen wir nach Österreich und über Lienz und die Felbertauernstraße geht es endgültig auf die Zielgerade. Wir werden immer schweigsamer, was wird uns zu Hause erwarten? Es ist nicht nur die Sorge um den Gesundheitszustand meines Vaters, der uns beschäftigt, es ist auch die Unsicherheit, wie wir mit dem „wieder zu Hause" nach einem Jahr auf Achse umgehen werden. Und wie werden unsere Familien und Freunde reagieren? Werden sie sich freuen oder nehmen sie es mit einem übersichtlichen „Na, wie war's?" einfach zur Kenntnis, dass wir wieder da sind? Besonders Conny hat an dem „nach Hause kommen" zu beißen, obwohl ich ihr versuche, die Angst zu nehmen, indem ich ihr immer wieder sage: „Hey, in ein paar Wochen werden wir wieder unterwegs sein!"

Kurz vor Bad Tölz stellen wir uns an einen Waldrand, denn wir wollen ganz in Ruhe bei einer guten Flasche Wein diesen Start in unser neues Leben ausklingen lassen und uns erst morgen dem anstehenden Alltag ausgeruht stellen …

Wir sind wieder zu Hause, zumindest vorübergehend. Vor genau einem Jahr, am 1. Mai 2012, starteten wir unseren „Manni" zum ersten Mal im Rahmen unserer Lebensreise. Dieses erste Jahr, das wir unter das Motto „Wir üben Weltreise" stellten, sollte uns zeigen, ob wir mit unserer Entscheidung, alles in Deutschland aufzulösen, richtig lagen. Denn in der Theorie ist ja meist alles ganz toll, doch in der alltäglichen Praxis stellt sich dann so manches als nicht erreichbares Wunschdenken heraus.

Nach diesem Jahr, das gespickt war mit wundervollen Erlebnissen, geprägt von Begegnungen mit einzigartigen Menschen und einem intensiven Miteinander, wie es zu Hause im Alltag nie sein kann, können wir uneingeschränkt ja sagen zu unserer damaligen Entscheidung. Es ist genau die Art zu leben, die wir uns immer erträumt haben, und wir sind glücklich, das Privileg zu haben, dies in einem solchen Umfang genießen zu dürfen.

Mit „Manni" haben wir das optimale Fahrzeug für unser Leben auf Achse. Bisher gab es keine technischen Probleme und er ist wendig genug für schmale Bergpfade, kräftig genug für schwierige Passagen und komfortabel genug für lange Strecken. Wir sind zusammengewachsen zu einer perfekt funktionierenden Einheit und genießen unsere gemeinsamen Kilometer.

Die Raumaufteilung im Wohnkoffer hat sich für unsere Bedürfnisse bestens bewährt, wir fühlen uns pudelwohl und vermissen keinen einzigen der in der Vergangenheit gewohnten Quadratmeter Wohnfläche. Die Wasservorräte sind angenehm großzügig bemessen und die Solarzellen laden genügend Energie für den Betrieb der elektrischen Geräte wie Tiefkühltruhe oder Kühlschrank.

Die Schäden hielten sich in vertretbaren Grenzen. Der Ausfall der Heizung war sicher das lästigste Manko. Die Halterung der Außentreppe erwies sich in der Praxis als untauglich, das müssen wir verändern. Der Ausfall der Dieselpumpe zwischen den Tanks war nicht wirklich ein Problem. Der hintere, rechte Außenstaukasten hat sich bei einer allzu heftigen Geländefahrt verzogen, konnte aber wieder behoben werden. Der Abriss eines Reifenventils war schlussendlich auch kein Drama. Der von einem anderen Lkw abgefahrene Außenspiegel war nicht weiter notwendig, der zweite reichte aus. Und der abgerissene Auspuff konnte wieder fachmännisch angeschweißt werden. Diverse Risse in Fensterrahmen und Dichtungsgummis werden wir kitten, nur die unzähligen Kratzer von den Fahrten durchs Unterholz werden als Erinnerung bleiben ....

Für die meisten Menschen sicher die größte Herausforderung, für uns der gelebte Traum – vierundzwanzig Stunden rund um die Uhr immer zusammen zu sein. Wir genießen dieses Leben nach wie vor jeden Tag, ohne Streit, ohne Stress, ohne ein böses Wort. Wir kennen und respektieren die gegenseitigen Schwächen, versuchen nie, den anderen zu verbessern oder zu verändern, jeder darf so sein, wie er ist. Diese allgegenwärtige Nähe ist für uns nicht erdrückend, sondern sie ist eine wundervolle Lebenssituation.

Unser Alltag ist auch geprägt von klaren Aufgaben, von Pflichten, die notwendig sind, damit das Ganze reibungslos funktioniert. Dazu gehört, unseren kleinen Wohnraum penibel sauber zu halten, die Wäsche im Griff zu haben, „Manni" regelmäßig zu kontrollieren, fast täglich an der Aktualisierung unserer Homepage zu arbeiten und vor allem uns selbst so zu pflegen, wie wir es gewohnt sind und auch voneinander erwarten.

Die Umsetzung unseres Traumes ist natürlich nur möglich dank eines gewissen finanziellen Backgrounds. Der ist jedoch sehr eng bemessen und es bedarf einer genauen Buchführung, um nicht den Überblick über die Ausgaben zu verlieren. Unser monatliches Budget für die Kosten unterwegs beträgt 1.200 Euro, mehr haben wir nicht zur Verfügung. Davon müssen alle Bedürfnisse des täglichen Lebens gedeckt werden, darüber hinaus müssen davon der benötigte Diesel, Fährkosten, Reparaturen, Visa, Kleidung und was sonst noch so anfällt, beglichen werden. Bisher sind wir sogar leicht unter unserem Limit geblieben, allerdings sind unsere Versicherungen in diesem Etat noch nicht berücksichtigt.

Wir wurden oft gefragt: „Kann denn das jeder machen, so ein Leben auf Weltreise?" Klare Antwort – nein! In erster Linie ist es eine Kopfsache, es muss ein Lebenstraum sein, sonst funktioniert es nicht. Mal eben losfahren, das geht so sicher nicht. Das muss man wirklich wollen, das kann man nicht lernen. Aber man kann hineinwachsen. In zweiter Linie ist die wirtschaftliche Möglichkeit der Umsetzung ein ganz entscheidender Punkt. Und dabei ist es gleichgültig, ob man zu Fuß, mit dem Fahrrad oder mit einem Expeditions-Lkw unterwegs ist. Das Geld muss reichen, um vernünftig leben zu können, sonst macht es schnell keinen Spaß mehr, ganz sicher.

Nun werden wir einige Wochen zu Hause mit unseren Familien und Freunden verbringen, die sich alle schon riesig auf uns freuen – ein gutes Gefühl. Denn auch für sie war es eine enorme Umstellung und Gewöhnung, dass wir plötzlich nicht mehr ums Eck wohnen. Gut, wir haben regelmäßig Kontakt über Skype oder über Mail, aber das ist eben doch etwas anderes, als mal eben rumzukommen. Doch auch hier hilft schlussendlich die Gewöhnung an die neue Situation. Wir haben unterwegs viele Menschen kennengelernt, die aus beruflichen oder persönlichen Beweggründen in anderen Ländern, auf anderen Kontinenten leben als ihre Familien. Die fortscheitende Globalisierung der Lebensmöglichkeiten macht auch hier nicht Halt.

Ende Juni werden wir „Manni" wieder starten, dann heißt es endgültig: „Wir sind auf Weltreise!" In Zukunft werden wir wahrscheinlich jedes Jahr für einige Wochen mit dem Flieger nach Hause kommen, während „Manni" einstweilen an einem sicheren Platz auf uns warten wird. Und danach kehren wir zu ihm zurück und leben unseren gemeinsamen Traum weiter …

Änderung unserer Pläne

Am 1. Juni, nur wenige Tage vor seinem achtzigstem Geburtstag, ist mein Vater überraschend verstorben. Dieses traurige Ereignis nimmt natürlich Einfluss auf unsere weiteren Reisepläne. Jetzt werden wir erst mal im Kreis der Familie verweilen, um gemeinsam den schweren Weg zurück ins normale Leben zu finden.

Die Fortführung unserer „Lebensreise", unsere spannende Trans-Afrika-Tour, haben wir deshalb auf das Frühjahr 2014 verlegt.